Herausgegeben von Bernhard Roloff
und Georg Seeßlen

Grundlagen des populären Films 10

Kino, das ist Faszination, Traum und Vergnügen. Das Kino spiegelt unsere Ängste und Wünsche. Das Kino entführt uns aus der Alltagswirklichkeit und ist doch zugleich ein Kommentar zu ihr. Das Kino verstehen heißt deshalb auch die Gesellschaft und unsere Rolle in ihr verstehen.

Der populäre Film ist die Form des Kinos, die Unterhaltung für alle bieten will. Er bedient sich dazu bestimmter Genres, die von der Erwartungshaltung des Publikums geprägt sind. Sein Wesen ist die Schaffung und Aufrechterhaltung von Mythen, in denen sich moralische und kulturelle Vorstellungen verdichten.

Die zehnbändige Reihe «Grundlagen des populären Films», herausgegeben von Bernhard Roloff und Georg Seeßlen, bringt einen neuen Ansatz in die Filmliteratur. Hier werden erstmals die wichtigsten Genres des Unterhaltungsfilms erschlossen: ihre Geschichte beschrieben, ihre Merkmale erklärt und ihre sozialen Bezüge ermittelt.

Der Filmkomiker beschreibt unsere Schwierigkeiten im Alltag. Er verweist auf Widersprüche im gesellschaftlichen System, die jeder beobachten kann. Seine Komik ist eine Form des Protestes, mit der man sich gegen den Druck der Umwelt zur Wehr setzen kann.

Der komische Film gehört zu jenen Filmformen, die eine universale, jedem sofort verständliche Sprache gefunden haben, eine so einfache wie vielfältige Sprache, die vom Slapstick über die Verwechslungskomik bis hin zur Screwball Comedy reicht und in der sich die verschiedensten Temperamente ausdrücken können. Komödien standen am Beginn der Filmgeschichte, und wenn es einmal einen letzten Film geben wird, dann wird es bestimmt eine Komödie sein.

Programm Roloff und Seeßlen

Georg Seeßlen

Klassiker der Filmkomik

Geschichte und Mythologie des komischen Films

Mit einer Filmografie von Peter Horn
und einer Bibliografie von Jürgen Berger

Rowohlt

Umschlagentwurf Heinz Waldvogel
Foto: Marx Brothers in «Cocoanuts»
Für die Bereitstellung der Filmfotos
danken wir den Verleihfirmen
Veröffentlicht im Rowohlt Taschenbuch Verlag GmbH,
Reinbek bei Hamburg, Juni 1982
Die Taschenbuchausgabe erfolgt mit freundlicher Genehmigung
des Verlages B. Roloff (Programm Roloff & Seeßlen),
8919 Schondorf/Ammersee
Copyright © 1982 by Programm Roloff & Seeßlen
Satz Times (Linotron 404)
Gesamtherstellung Clausen & Bosse, Leck
Printed in Germany
1080-ISBN 3 499 17424 3

Inhalt

Vorwort

1

Grob geschätzt behauptet etwa ein Drittel aller Filme von sich, Komödien zu sein, insofern sie die Konflikte, die sie aufgebaut haben, auf mehr oder weniger amüsante, ironische, satirische oder freundlich-komische Art auflösen. Gerade der deutsche Film hat sich auf diese Art der Filmkomödie verstanden, deren Handlungen beispielsweise vom Schwank oder dem Boulevardtheater stammen und die in den Fernsehserien ihre Fortsetzung gefunden haben. In der Cinematografie fast jeden Landes gibt es ein vergleichbares Genre, gewissermaßen die Alltagskomik des Kinos, verbunden mit folkloristischem Zirat, aktuellen gesellschaftlichen Anspielungen, mit Moden und freundlichem Rückzug auf den gesellschaftlichen Konsens. Ein großer Teil dieser Komödien lebt von den «volkstümlichen» Schauspielern, die so komisch sein können wie der Nachbar, der sich über jede Kleinigkeit aufregt.

All diese Formen der Filmkomödien, gar noch ihre Entwicklung aufzuzeigen, hätte einer eigenen Buchreihe bedurft (denn daß gerade auch die «alltagskomischen» Filme von hohem Aussagewert über Zeit und Geschichte sind, soll hier so wenig bestritten werden, wie die Tatsache, daß sich unter diesen Filmen in jeder nationalen Cinematografie eine Reihe von «Juwelen» finden lassen). Aber da es in dieser Reihe ja nicht um die Materialfülle, sondern um die «Grundlagen des populären Films» geht, wurde eine Begrenzung auf die Typologie der klassischen Filmkomik vorgenommen.

Was dabei das Wort klassisch beinhalten soll, wird nicht ohne subjektive Einschätzung einzugrenzen sein: die Erarbeitung und Kanonisierung jener Formen der filmischen Komik, des komischen Film-Archetyps, um genau zu sein, auf die bezogen alle anderen ihren Sinn erhalten und ihren Wert beweisen müssen. Wie in anderen Kunstformen stellt auch hier der Bezug auf eine klassische (immer mit einer Nebenbedeutung von vollendet) Ausprägung keineswegs eine absolute Wertung oder die Leugnung jeglichen ästhetischen Fortschritts dar, sondern die Exemplifizierung der in ihr wirkenden ästhetischen und sozialen Kräfte. Mit anderen Worten: das vorliegende Buch soll dazu verhelfen, ein Verständnis für typologische, mythische, technische Konstanten der Filmkomik zu entwickeln, und es verwendet dabei eine noch mehr verdichtende, vom einzelnen Film abstrahierende Form als die übrigen Bücher in dieser Reihe. Damit sollte das Ausufern ins Episodische, das gerade bei diesem Genre so nahe liegt, verhindert und deutlich werden, daß Film-Komik nicht nur einen Platz in der Filmgeschichte, sondern auch in der Geschichte unseres Alltags, unserer «Philosophie» hat. Eine solche verdichtend-porträtierende Darstellungsweise erhält aber auch daher ihren Sinn, daß hier, im Gegensatz zu anderen Film-Genres, in denen eher Themenkomplexe die Leitlinien der Entwicklung bilden, der Geist des Genres vor allem von Personen beziehungsweise Typen kommt. Pointiert gesprochen: Das Thema der Filmkomik ist der Komiker und sein Verhältnis zur Welt selber.

Eher Einigkeit zu erzielen sein wird über den Begriff der Filmkomik, der bewußt von dem der Filmkomödie abgesetzt wird. Die Filmkomik macht uns mit den Mitteln des Film-Komikers die Welt zum Lachen; die Filmkomödie macht sie uns mit Mitteln des Theaters, des Heimatfilms in weitestem Sinn, des Melodrams, des Frohsinns, der «Charakterkomik» heil. Die Filmkomödie beansprucht einen Grad an Realismus, aber auch an Unterwerfung unter deren Gegebenheiten, den es in der Filmkomik nicht gibt: hier werden eigene Gesetze geschaffen, und im selben Vorgang eine eigene Poesie. Daher wird die Filmkomödie hier nur an einigen Punkten berührt – dort, wo sie auch solche Eigengesetzlichkeit entwickeln kann: in der Screwball Comedy, bei Lubitsch, Capra, Sturges, Wilder. Damit soll keineswegs bestritten sein, daß es auch in der europäischen Filmgeschichte Komödien in großer Zahl mit eigenen Gesetzen und eigener Poesie gegeben hat und gibt, wenn vielleicht auch nicht mit solch universalem Charakter. Die stärkere Berufung auf die amerikanische Filmgeschichte hat methodischen, nicht so sehr wertenden Charakter. Es geht um das Beispiel, das am besten an zugleich klaren und «imitierbaren» Gestaltungen zu erläutern ist.

Das amerikanische Beispiel wurde auch für den dem Buch neu hinzugefügten Teil über neue Entwicklungen gewählt. Auch hier soll keineswegs eine Geringschätzung der europäischen Filmkomik angedeutet, sondern gezeigt werden, wie aus den klassischen Formen der Filmkomik durch Variation, Multiplikation oder durch Verknüpfung mit neuen Elementen (Rock-Musik, TV ...) weiter innovatives, lebendiges Kino werden kann.

2

Das Buch deutet die mit der Filmkomik transportierten Mythen aus, die sich aus den Problemen des Alltags ableiten und oftmals auch gesellschaftliche Widersprüche erkennen lassen. Es soll gezeigt werden, daß Komik eine bestimmte Form ist, Konflikte zu «dramatisieren», Kommunikation zu betreiben, Schwächen in Tugenden zu verwandeln und schließlich Lösungsangebote zu machen. Komik ist ein Versuch, individuelle Lösungen für kollektive Probleme zu finden (auch das unterscheidet Filmkomik von der Filmkomödie), und in diesen Lösungen spiegeln sich auch gesellschaftliche Probleme. Von daher ist dieses Buch auch Illustration einer These: Der Komiker als Bild des gesellschaftlichen Außenseiters muß sein «Schicksal» stellvertretend für uns erdulden, und der Typus des Außenseiters begrenzt sowohl die Zwänge als auch die spezifischen Möglichkeiten eines Gesellschaftssystems. Oder: Das Buch wird (auch) zeigen, daß es in der filmischen Komik nicht um das «Ewigmenschliche» geht, sondern um konkrete historische und «alltägliche» Erfahrungen, denen unalltäglich begegnet wird.

Die Porträts in diesem Buch sind weder biografischer noch rein film-historischer Natur – diese werden in dem Band «Der komische Film» innerhalb der Reihe »Enzyklopädie des populären Films» geliefert. Eher geht es darum, Bedeutungszusammenhänge aufzuzeigen, Ansatzpunkte für eigene Assoziationen und Ideen des Lesers zu schaffen.

3

Dieses Buch ist zugleich das erste und das letzte in der Reihe «Grundlagen des populären Films». Das erste, 1976 als Paperback erschienen, das, durchaus mit einem Hauch «genialem Dilettantismus», sich einen Weg zu einer neuen, offenen Form der Filmgeschichtsschreibung bahnte, und in der Taschenbuchserie das letzte (wenn auch nicht im Erscheinungsrhythmus), das im letzten Kapitel mit einer kleinen Theorie des Filmgenres, entwickelt als Grundlage für die Darstellung der Parodie im Film, den Keim einer Bestandsaufnahme, einer theoretischen Schlußfolgerung aus den zuvor erarbeiteten Bänden enthält. Wie wenig oder wie viel sich die Reihe von ihren Anfängen, nun da sich das Gebäude dem Abschluß nähert, entfernt hat, soll dem Urteil des Lesers überlassen sein.

4

Teile der neuen Kapitel sind in anderer Form und in anderen Zusammenhängen erschienen in den Zeitschriften *Zoom*, *Medium* und *Film & Ton-Magazin*, deren Redakteuren unser besonderer Dank gilt. Und gewidmet ist das Buch allen, die bei den Ideen zum Film einen eigenen Weg suchen zwischen der Glanzpapier-Infantilität und der fachidiotischen Arroganz.

Die Herausgeber

Zur Mythologie
des Komikers

Komik als sozialer Konflikt

1. Der Gestörte

Auf eine Situation, die für uns nicht positiv aufzulösen ist, die uns vor unlösbare Probleme stellt, reagieren wir mit Tränen; wir weinen, wenn wir «nicht mehr weiter wissen». Eine solche Situation ergibt sich immer, wenn eine Provokation an uns gerichtet wird, die an sich mit Aggression zu beantworten wäre, die aber keine Aggression erlaubt, sei es, weil sie angesichts der Unüberwindlichkeit des Problems unsinnig wäre, sei es, daß sie auf Grund welcher Sanktionsdrohungen auch immer «verboten» ist. Harry Langdon zeigt dieses Gefühl der Ohnmacht sehr genau, wenn er (in «The Strong Man») dem peinigenden Gegenüber immer wieder drohende Gebärden macht, und das gegen seinen Willen, denn er weiß, daß er dafür geschlagen wird – dieses Ohnmachtsgefühl entlädt sich beim Zuschauer in Gelächter über den kleinen Mann. Dabei ist eine solche Demütigung durchaus eine alltägliche Situation, die jedermann kennt, ebenso wie die Tränen des ohnmächtigen Zornes, die sie zur Folge hat.

Indem wir weinen, drücken wir Hilflosigkeit und Ohnmacht gegenüber einer Situation aus, die uns überfordert. Darin verborgen ist die Bitte um Mitleid, Gnade, Verschonung. Die Aggression wird unterdrückt, und die Spannung, die dieser Vorgang hervorruft, wird im Tränenfluß abgeführt. Zugleich wird, durch das Weinen, der betroffene Mensch unangreifbar, er ist für die Dauer des Tränenflusses von jeglicher Auseinandersetzung suspendiert.

Aber wo das Nicht-mehr-weiter-Wissen zum Zustand geworden ist, wo beispielsweise ganze Lebensbereiche mit einem Aggressionsverbot belegt sind, oder wo die Ohnmacht gegenüber institutionalisierter Gewalt ständig deutlich ist, in diesen Bereichen «helfen» keine Tränen mehr. Hier versuchen wir, über das, was wir nicht angreifen dürfen, zu lachen.

Während man mit seinen Tränen um Hilfe bittet, eine Situation zu lösen, oder, sozusagen als Kommunikationsform, Hilfe, nämlich Verständnis, Mitleid, Solidarität gewährt – wie vergnüglich dieses «sentimentale» Weinen über anderes als uns persönlich Treffendes ist, weiß man nicht erst seit dem Erfolg der «Love Story» –, entfernt man sich durch das echte, wie man sagt «von Herzen kommende» Lachen von der Situation und weist das Quälende, das Leidvolle weit von sich. Indem man einen Konflikt als komisch bewertet, kennzeichnet man ihn gleichzeitig als unlösbar. Im

Gelächter lehnen wir auch eine Hilfe von außen ab, da wir das, worüber wir lachen, der gemeinschaftlichen Verantwortlichkeit entziehen.

Wo unser Lachen tief, das heißt der Kontrolle des Bewußtseins entglitten ist, da ist es auch Ausdruck der Verzweiflung. Sosehr wir uns auch einreden, über andere zu lachen, über Ungeschicktere, Tölpelhaftere, Eitlere, und sosehr uns die Clowns zu unserer Beruhigung glauben machen wollen, ihre ganz und gar unalltägliche Erscheinung, ihre Maske, habe nicht das geringste mit unserem sicheren Sitz in den Zirkus-, Kino- und Theatersesseln, vor dem Bildschirm oder dem Rundfunkgerät zu tun – wir lachen immer über uns selbst. Es wäre einfach, zu glauben, daß das Lachen über den Mann, der auf der sprichwörtlichen Bananenschale ausrutscht und sich unsanft auf sein Hinterteil setzt, nur ein Akt direkter Aggression, die Freude am Leid des anderen sei. Die Aggression in solchen Fällen – auch dem zu Schaden Gekommenen selbst bleibt ja meistens nicht viel anderes übrig, als zumindest «innerlich» zu lachen, spätestens in der erinnernden Erzählung kann er nicht umhin, die Situation komisch zu finden – richtet sich vielmehr gegen das grausame Fatum, das sich kleiner «unschuldiger» Dinge bedient, um schmerzhafte, entwürdigende Wirkungen zu erzielen. Es ist nicht zu kämpfen gegen diese Dinge, die ganz plötzlich ein fulminant zerstörerisches Potential an den Tag legen, zu dem sie gar nicht «gedacht» sind. In solchen Momenten überfällt uns die jähe Furcht, die Welt sei voll von diesen Bananenschalen, unsere Beziehungen zu den Dingen viel zu ungeordnet und chaotisch, als daß man von einer Beherrschung der Umwelt sprechen könnte, und es wäre nur eine Frage der Zeit, bis wir selbst diesen Sturz vollführten, der gerade deswegen so lächerlich ist, weil kein *Sinn* darin verborgen liegen kann. Wir *geben* dieser Begebenheit einen Sinn, wenn wir etwa einen König oder einen Diktator der tückischen Bananenschale aussetzen.

Sobald das Komische mit einer festgelegten Sympathieverteilung verbunden ist, hat es seinen Schrecken verloren. Der Lustgewinn, der die Komödie beim Publikum so beliebt macht, wird erst möglich, wenn die Komik sich in einem System von Werten entfaltet; Hieronymus Boschs Bilder wären unerträglich, wenn sie sich nicht einem theologischen Gesamtzusammenhang unterordnen würden, der das Groteske und Komische als eine Folge moralischer und religiöser Verfehlungen darstellt. Kunst und Unterhaltung stellen das Komische in den Rahmen eines ästhetischen Koordinatensystems und nivellieren so die zerstörerische Wirkung. Das Genre muß die Komik ritualisieren, also vom einzelnen Menschen auf die Maske des Komikers übertragen, um zur Unterhaltung zu werden. Der mögliche Schaden, den die Komik oder der aus ihr resultierende Spott anrichten könnte, wird durch diese Abstraktion aufgehoben. Konsumierbar wird also jede Gefühlsregung, die als symbolische Darstellung veräußerlicht und verfremdet wird. So lassen sich im Genre des Komischen die Mißlichkeiten des Alltags genießen, mit einer kleinen Portion Masochismus, einer kleinen Portion Sadismus, aber ohne Gefahr für die Seele.

Das Komische besteht aus der Darstellung gestörter Beziehungen zu der uns umgebenden Dingwelt und zu den uns fordernden Mitmenschen. Freilich ist, was «gestört» an einer Beziehung erscheint, nicht immer ohne weiteres zu definieren. Eine im konventionellen Sinne gestörte Beziehung schlägt oft in der Komödie um in einen neuen, verblüffend «sinnvollen» Gebrauch eines Objekts – am eindruckvollsten hat das immer wieder der «Pionier» Buster Keaton gezeigt –, oder die «gestörte» Beziehung zu einem Menschen erweist sich als Möglichkeit, einen höheren Grad von Freiheit in den Zuneigungen oder Ablehnungen zu entwickeln: Chaplins gestörtes Verhältnis zum anderen Geschlecht beinhaltet auch einen Anspruch nach einer Totalität der erotischen Beziehungen, die das Problem der Störung von Beziehungen an die gesellschaftlichen Instanzen zurückverweist. Und schließlich versteht sich die *Komik* der gestörten Beziehungen oft genug als Vorbereitung für die *Poesie* der neugefundenen Beziehungen: Ein Staubwedel aus Federn liegt in einem Käfig, Charlie füttert ihn ganz selbstverständlich wie einen Vogel («The Fireman»). Beim Großreinemachen fliegen Jerry Lewis plötzlich die Schmetterlinge aus einem Sammelkasten davon, Jerry pfeift, und in exaktem Formationsflug kehren die farbenprächtigen Tiere in ihr Gefängnis zurück («The Ladies' Man»). Wenn sich die Clowns gelegentlich in kleine Zauberer (besser vielleicht: Zauberlehrlinge) verwandeln, geben die Dinge, zu denen sie ein «gestörtes Verhältnis» haben, ihnen plötzlich recht und verbünden sich mit ihnen. Die Erlösung durch die Poesie ist allerdings die Ausnahme; wenn Clowns träumen, dann sind nicht sie «normal», sondern die Welt ist so «verrückt» wie sie. Da es sich in einer verrückten Welt vermutlich besser leben ließe, besticht der Traum des Clowns.

2. Der Ausgestoßene

Wenn der Clown weint, lachen wir – nicht nur, weil er so «übertrieben» weint, daß man meinen könnte, das Weinen sei an sich keine gar so ernste Angelegenheit, sondern weil der Mythos des Tragischen untergraben wird. Wenn der Clown lacht, wissen wir, daß sein Lachen auf falschen Voraussetzungen beruht, und daß schon sehr bald etwas eintreten wird, was ihm klar vor Augen führt, daß er gar keinen Grund zum Lachen, zum Triumphieren, gehabt hat. Es gibt keinen glücklichen Clown. Diese Beziehung findet sich wieder in der Beziehung des Menschen zum Clown in seiner Rolle: Der Clown hat prinzipiell ein tragisches Schicksal in seinem Leben als Mensch zu erdulden; in fast jedem Zirkusfilm ist der Clown derjenige, der die eigentliche Tragödie erleidet und am Ende scheitert. Dankbar werden in den Biografien die schwierigen Lebensumstände der Komiker dargestellt. Auf der anderen Seite werden Clowns dämonisiert, ihre Nähe zum Wahnsinn oder zur grotesken Erscheinungsweise animistischer Götzengestalten wird breit ausgespielt. Die attraktivsten Schurken, mit denen es der maskierte Comic-Detektiv Batman zu tun hat, sind verrückte Clowns: Der Joker, der Pinguin, der Riddler. Durch dieses Verhältnis des Publikums zum Clown – das selber eine gestörte Beziehung darstellt – wird der Angriff der Komik auf unsere ideellen und materiellen Grundlagen, auf die Gesellschaft selbst, abgeblockt. Das Tragische, ohne das die Komik nicht auskommt, gibt den restriktiven Normen der Gesellschaft recht und verweigert dem Komiker, soweit er als Komiker auch Rebell ist, das Recht auf die Selbstverwirklichung: Der Komiker hat als Mensch zu scheitern, oder als gescheiterter Mensch Komiker zu werden; jeder Optimismus in der Komödie wäre gefährlich.

Die Dingwelt, von der wir meinen, daß wir sie sicher in den Griff bekommen haben, kann uns zu Fall bringen. Dies ist ebenso ein Element der zum Genre gewordenen Komik wie auch die Tatsache, daß wir an der Sprache, die wir selbst geschaffen haben, scheitern können und daß die Logik, unser Mittel zur Zurückdrängung des Irrationalen, durch kleine

Batman's gefährlichste Feinde: verrückte Clowns. Der «Joker» und der «Pinguin». (© National Periodical/EHAPA Verlag)

Ungereimtheiten außer Kraft gesetzt wird. Komik drückt auch die Angst aus, daß festgefügte Ordnungen von der Neugier des Komikers zerstört werden könnten und wir ganz allein, ungeschützt und nackt der Herausforderung der Welt gegenüberstehen würden.

In der Figur des Clowns bewundert der bürgerliche Intellektuelle sein negatives Spiegelbild, den von der bürgerlichen Gesellschaft zwanghaft hervorgebrachten Außenseiter, den Vagabunden, der so heimatlos ist wie der bürgerliche Intellektuelle selbst, der den Kunstanspruch des Clowns vertritt. Der Clown weiß meistens besser als sein Bewunderer, daß die Störung nicht in der Beziehung zur Dingwelt allgemein besteht, sondern zu einer bestimmten, gesellschaftlich organisierten Systematik der Dinge, die sich selbst tabuisieren, wie sich die Gesellschaft als ganze zum größten Tabu erhebt. Die «Tücke des Objekts», von der ein Großteil der Gags lebt, ist in der Unterhaltung ein Mythos geworden, das heißt, diese Tücke wird als *Natur* der Objekte ausgegeben. Doch es ist die entfremdete Form der Dinge, ihr Verhaftetsein an die eindimensionalen Strukturen der Produktions- und Warenzyklen, die dem Clown (und uns) zu schaffen machen. Die «Torheit» des Clowns wiederum, auch diese ein Mythos, ist nicht angeborenes Unvermögen, sondern verdrängter Wille zur Veränderung der Wirklichkeit. Dieser Wille wird verdrängt, weil der Clown eben nur ein Außenseiter ist, ein von der bürgerlichen Gesellschaft *hervorgebrachter* anderer und nicht ein mit Klassenbewußtsein ausgestatteter Revolutionär.

Was die Tücke des Objekts bei den Sachbeziehungen ist, das ist die «Abgründigkeit» der Sprache in den zwischenmenschlichen Beziehungen und in der funktionalen Beziehung von sprachlicher Formulierung und sinnvollem Handeln. Einem tropfenden Wasserhahn dreht Charlie den «Hals» um. Es gibt in der Sprache überlieferte Begriffe, deren historische Bedeutung nicht mehr bewußt ist, die sich aber im alltäglichen Gebrauch als Selbstverständlichkeit darstellen. Das Mißtrauen, das wir gegenüber dieser geschichtlichen Trägheit der Sprache hegen, die geheime Bedeutungen zu verbergen scheint, entlädt sich im Gelächter über den naiven Clown, der die Sprache beim Wort nimmt. In solchen Mißverständnissen kommt ein Wunsch nach Ehrlichkeit und Offenheit zum Ausdruck, über den wir nur lachen können.

Um die Komik für die Unterhaltung praktikabel zu machen, muß ihr die gefährliche Spitze abgebrochen werden. Dies geschieht zum einen durch die Melodramatisierung oder Dämonisierung des Clowns (entweder wird, wie Charlie Caplin, er zum «Menschlichsten aller Menschen» gestempelt, oder er wird zu einer Chiffre für das Absurde wie Buster Keaton in seinen späteren Jahren), zum anderen durch die Verallgemeinerung der Aussagen der Komödien, und natürlich auch durch ihre Entpolitisierung. Die Einordnung in ästhetische Koordinatensysteme (die

Hintergründigkeit der Clowns, die *Filmkunst* Chaplins) erreicht eine zusätzliche Festlegung in Bereichen außerhalb der alltäglichen Erfahrung. So begegnet uns Charlie Chaplin – wie viele große Clowns – in zwei Funktionen: einmal als die Kultfigur der ästhetisch orientierten Intellektuellen und zum anderen als vitales Komik-Erlebnis für Kinder und Erwachsene in der Matineevorstellung und im Fernsehen, die sich aber nicht um den *Künstler* Chaplin kümmert. Der Unterschied dieser Funktionen ist mittlerweile so groß geworden, daß die beiden Aspekte des Komikers Chaplin nicht mehr zur Deckung gebracht werden können. Wird hier der Kunstanspruch der Wirkung des Komikers zum Verhängnis, so dort ein ebenso willkürlicher «Unterhaltungs»anspruch.

Diese Doppelnatur gilt auch für andere Bereiche der Komik: Wilhelm Busch existiert einerseits als – wenn auch vielleicht reaktionärer – Kritiker der bürgerlichen Verhaltensformen und andererseits als «Kinderbuchautor». Die «Gefährlichkeit» (nichts anderes als seine Gesellschaftsanalyse ist damit gemeint) seiner Komik wird dadurch nachgerade verdrängt. Man hat durch die fälschliche Zuschreibung des Zitates «Humor ist, wenn man trotzdem lacht» dem eher zynischen Humor Wilhelm Buschs eine Wendung ins trotzhaft Mediokre gegeben, die ihn zu einem Mythos kleinbürgerlicher (Bildungs-)Kultur werden ließ.

In der Unterhaltung wird das Material der Komik einer Veränderung unterworfen und durch die Festlegung in bestimmte Genres oder Kunst- bzw. Trivialitätsebenen neu (und nach den Zwängen der Unterhaltungs*industrie*) organisiert. Dem Clown wird seine Ecke in der Kunst oder in der unverbindlichen «harmlosen» Unterhaltung zugewiesen, und es ist ihm zumeist nicht unrecht, da er sich doch selbst wie jeder Außenseiter vor der Kraft seiner Ansprüche fürchten muß.

3. Der Kritiker

Unterhaltsam an der Komödie also ist eben jene Illusion, daß wir glauben, uns über andere und anderes als über die uns betreffende Bedrohung durch die in Unordnung geratene Welt zu «amüsieren». Das Vergnügen realisiert sich in der Komödie ebenso wie in der Tragödie über die Verschiebung, und mehr als in allen anderen Genres erleiden in der Komödie die Protagonisten ihr Schicksal stellvertretend für das Publikum. Dabei muß gewährleistet sein, daß die komische Figur im großen und ganzen an ihrem Schicksal selber schuld ist, ansonsten würde der Protest, der sich bei uns erheben könnte, das Vergnügen zerstören. Dem «normalen» – also nicht analytisch eingestellten – Zuschauer muß es erscheinen, als habe die komische Figur die Unordnung, die sie beutelt, selber angerichtet, oder sie habe zumindest, in sträflichem Leichtsinn, einen schlafenden Tiger geweckt. Auf der Ebene der Aussagen ist die Komödie organisiert wie ein Zeitungsartikel, der das Wichtigste (die Sensation ≙ das Lachen) an erste Stelle setzt und Schritt für Schritt in die Tiefe geht, so daß jeder Leser sich aussuchen kann, wie weit er im Prozeß der Analyse oder der «Vertiefung» mitgehen will. Ein Keaton-Film etwa läßt sich auf verschiedenen Ebenen sehen (besser: lesen): Man *kann* in ihn eindringen, das philosophische oder kritische Potential für sich «herauslesen», man *muß* es aber nicht. An der Oberfläche der Komödie herrscht die Mechanik des Gags, die die Aussage transportiert, aber auch verbirgt.

Die Unbedenklichkeit, die der Komödie gemeinhin bescheinigt wird (z. B. der Wilhelm Busch unterm Weihnachtsbaum), geht von der Voraussetzung aus, die Komödie wolle uns mit dem Alltag versöhnen. Aber wie sieht das aus? «Man tröstet sich, daß der Abgrund nicht allzu tief sei und die ‹Verzerrung› wohl pathologischer Züge nicht entbehre. Auch hier zeigt der Trivialbereich die wahren Quellen auf: Witzzeichnungen, die zutiefst zu verletzen vermögen, so daß nur noch der Umschlag ins Lachen uns vor der Betrübnis einer verdrängten Erkenntnis rettet. Ein Bewußtseinsprozeß wird eingeleitet: Mängel und Widersprüche werden ersichtlich, die Aggression wird frei, für einen kurzen Moment ist die Zerstörung der Ordnung erlaubt. Dann schlägt die Spannung um in Lachen, und der Bewußtseinsprozeß wird wieder in die heile Welt zurückgenommen» (Victor Sidler).

Was und wieviel wir von der Erkenntnis, von dem Bewußtseinsprozeß herüberretten können in unseren Alltag, das eben hängt fatalerweise mit unserer Bereitschaft zusammen, den Komiker ernst zu nehmen. Dies aber verbittet sich der Clown energisch, indem er uns mit allem, was er hat, zum Lachen bringt. «Lachen, das Erkenntnis schafft», ist ein extremer Glücksfall.

Einen Grad von Menschlichkeit und Güte erhält die Komik, wo die Lächerlichkeit des Individuums einen Zug des Heroischen aufweist, wo durch die komische Figur die Absurdität sichtbar wird, die sich aus dem Antagonismus von Individuum und Gesellschaft ergibt und wo das *happy end* für den Menschen und nicht für die wie immer gearteten Zwänge und Mechanismen der jeweiligen gesellschaftlichen Konventionen spricht. Ein Komiker kann ein positiver Held sein, der die Grenzen der individuellen Selbstverwirklichung, das heißt die Möglichkeiten der freien Verfügung über die Gegebenheiten (die ideellen wie die materiellen) auslotet, und er wird dabei Methoden entwickeln, den Spielraum dessen zu erweitern, was man der Übereinkunft gemäß die Realität nennt (er verhält sich «unrealistisch» und gewinnt dadurch die eigene Wirklichkeit).

Er wird uns beweisen, daß der uns vorgegebene Rahmen von Handlungsmöglichkeiten erweitert werden kann, und daß durch die schöpferische Interpretation von Umweltbezügen Freiheit errungen werden kann.

Er wird uns zeigen, wie man ein Ding verwandeln kann, das eben noch so tot und sinnlos schien, und plötzlich durch ihn Leben und in gewissem Sinne Freundlichkeit erhält.

Er wird uns aber auch zeigen, und das bestimmt die Tragik seiner Figur, daß es eine biologische Wirklichkeit gibt, die nicht, oder doch nur im Traum, zu verändern ist. Über die Tatsache, daß Steine schwer sind, immer von oben nach unten fallen und Schmerz verursachen, wenn man von ihnen getroffen wird, läßt sich nicht hinwegträumen. In solchen Fällen läßt uns der Clown an seinen Lernprozessen teilhaben, die so lange zu verblüffenden und irgendwo genialen Lösungen führen, solange kein «Weißer Clown» (nach Fellini die Verkörperung der Pflicht) in der Nähe ist. In seiner Auseinandersetzung mit dem Realitätsprinzip, dem er sich nicht vollständig unterordnen will, gibt dieser Komiker eine Definition dessen, was im Bereich menschlicher Möglichkeiten liegt.

Ein Komiker (oder ein Komödienautor) kann aber auch den Konventionen entsprechen, indem er vorführt, daß jede Art der Auflehnung ihre Strafe nach sich zieht, indem er das Lachen als Urteil und Strafe und nicht als Ausdruck der Betroffenheit provoziert. Dieser Komiker setzt sich in der Tat dem Gelächter aus, um seinem Publikum jede der Konvention widersprechende Interpretation der Realität als zum Scheitern verurteilt vorzuweisen.

4. Der Zerstörer

Komik geht meist von der Diskrepanz von Norm und Gegennorm aus. Je mehr die Gegennorm (der Außenseiter, das negative Spiegelbild) Gegenstand des Gelächters ist, desto mehr ist die Komik ein stabilisierender Faktor im Sinne der herrschenden Norm; die Komik kann hier durchaus reaktionäre Züge annehmen. Ohne eine gewaltsame Definition des Komischen ist keine direkte Verbindung von Komik und Humanismus zu ziehen. Es ist daher nicht sinnvoll, aus dem Bereich des Komischen auszugliedern, worüber der aufgeklärte Intellektuelle «nicht mehr lachen kann». Das Verhältnis der Komik zu den gesellschaftlichen Regeln ist durchaus ambivalent, das heißt, nicht alles, was komisch ist, ist deshalb fortschrittlich. Der Clown steht im Spannungsfeld von Norm und Gegennorm, Konvention und Protest. Erst durch unsere Reaktion und Interpretation der komischen Konflikte wird entschieden, ob der Clown (der Vagabund, der Außenseiter) ein Indikator für die Brüchigkeit der Konvention ist, oder ob er durch sein komisches Scheitern das starre Festhalten an der Norm bestätigt. Nur im ersten Fall kann die Komik zu einer Kritik des Alltagslebens werden, im Idealfall auch Modell zur Überwindung der Entfremdung für uns.

Die Komik der Dekors erhält surreale Qualitäten: «His Last Laugh» (1916) mit Mary Thurman.

Körperliche Komik, die Komik des Leibes und der Glieder, entsteht aus der Diskrepanz dessen, was der Körper tun *will*, und dessen, was er tun *soll*: Jerry Lewis, bemüht, ein guter Junge zu sein, versucht, seinen Aggressionstrieb zu unterdrücken, und zerstört in komischer Verzweiflung die Wohnungseinrichtung des Menschen, den er haßt. Wir lachen über die Vergeblichkeit, über die Zerstörung und ein wenig auch aus Genugtuung darüber, daß sich aufrichtige Sinnlichkeit gegen die restriktiven Normen durchsetzt; eine Wahrheit kommt ans Licht, und ihr Träger leidet darunter, weil sie verboten ist. Aber um wieviel größer ist das Leiden an der Unterdrückung seiner Sinnlichkeit, das wir nur spüren, wenn es kurzfristig aufgehoben ist. Es gibt den sogenannten versöhnlichen Humor, der zeigt, wie jemand furchtbar komisch ist, solange er gegen die Normen rebelliert, und plötzlich gar nicht mehr komisch ist, nachdem er sich in die Normen eingefügt hat. Als wäre es so einfach! Das Furchtbare – und deshalb das Komische – an den Normen der bürgerlichen Gesellschaft ist ja gerade, daß sie Unmögliches verlangen und daß sie gar nicht einzuhalten sind ohne die vollkommene Zerstörung der Person. So entsteht die bekannte Spaltung in die eine Person, die sich wohlverhalten will, und in die andere, die sich für dieses Wohlverhalten an der Umwelt rächen will: Charlie, der hilfreiche, gütige Mensch in «Limelight», und Charlie, der Frauenmörder als «Monsieur Verdoux». Auch Buster Keaton wird, in einem Gedicht von Federico Garcia Lorca, als Mörder dargestellt. Jeder Clown ist ein Zerstörer, der das liebgewordene Häßliche (manchmal auch das häßlich gemachte «Gute») auseinandernimmt.

Die Visualisierung des Komischen im Medium Film

Der Komiker im Film hat sich nicht mit irgendeiner, sondern mit filmischer Realität auseinanderzusetzen. Diese filmische Realität ist nicht nur ein Abbild der «wirklichen» Realität, sondern sie ist insoweit autonom, als sie eigene Gesetze, eigene Mechanismen, ja manchmal sogar eigene moralische Gebote aufweist. Oft genug ist dabei der Film nicht nur das Medium der Komik, sondern auch ihr Objekt. Von ihrer kleinsten Einheit, dem Gag, bis hin zur Komposition von Handlung und Beziehungen

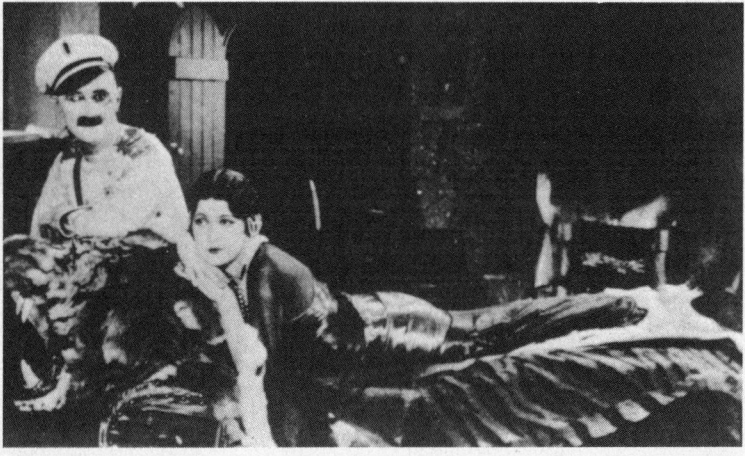

Ben Turpin in einer Parodie auf den «teutonischen Liebhaber» des amerikanischen Stummfilms, Erich von Stroheim.

der Personen untereinander bezieht sich die filmische Komik auf Technik, Organisation und «Sprache» des Films; sie verfremdet eine Wirklichkeit, die ihrerseits eine traumhaft veränderte Wirklichkeit darstellt, und sie kann dabei, ob intendiert oder nicht, durchaus Brechts Forderung nach der «Entstellung zur Kenntlichkeit» gerecht werden.

1. Die Grundmuster der filmischen Komik

Im folgenden soll nun versucht werden, eine Einteilung der Grundkonstellationen der filmischen Komik zu geben, in deren Rahmen sich der komische Archetypus zu bewähren hat. Sie folgt bis zu einem gewissen Grade Victor Sidlers «Kleiner Phänomenologie» des komischen Films.

a) Die Technik des Films als Material des Komischen

Ein Abbildungssystem, das man als realistisch bezeichnen kann, wird unter anderem durch die gleichbleibende Dimension der Bewegung definiert. Insbesondere bei einem Medium, das wie der Film von der Bewegung lebt, ist eine Aufhebung dieser Einheit mit einem hohen Maß an Überraschung, Spannung und emotionaler Aufladung verbunden. Wird die Bewegung willkürlich verlangsamt oder beschleunigt, wie das die Filmtechnik ja ohne weiteres leisten kann, so ergibt sich eine komische Wirkung immer dann, wenn die Veränderung der Bewegung in einem bestimmten Verhältnis zur dargestellten «wirklichen» Handlung steht und der Held dadurch in Schwierigkeiten gerät. (Dagegen kann eine Veränderung der Bewegung, insbesondere die Zeitlupe, sehr dramatisch oder expressiv wirken, wenn sie etwas über den seelischen Zustand des Helden aussagen soll bzw. in einer Traumsequenz angewendet wird.)

Die Veränderung der Bewegung kann im komischen Film im Sinne einer «Überdrehung» angewendet werden. So wird beispielsweise in den frühen Slapsticks immer in einem atemberaubenden Tempo gearbeitet, was einer Persiflage auf die aufkommende Fließband-Arbeit entsprach; bei dem Grundelement dieser Filme, der Verfolgungsjagd, wird die Geschwindigkeit fast traumatisch, vor allem, wenn die «modernen» Fortbewegungsmittel wie Automobile, Züge und Straßenbahnen mit einbezogen werden. Die Veränderung der Bewegung kann aber auch «gegenläufig» angewendet werden. So läuft in René Clairs «Entr'acte» eine Trauergesellschaft hinter einem Sarg her; der ganze Vorgang wird aber in Zeitlupe vorgeführt, so daß der Eindruck einer nicht enden wollenden Anstrengung entsteht. Jacques Tati irrt in «Mon Oncle» durch ein Bürohaus, er nähert sich in einem langen Korridor der Kamera, und durch eine raffinierte Kopplung verschiedener Tricks scheint es, als brauche er zur Überwindung dieser Strecke wesentlich mehr Zeit, als dies durch die Perspektive des Films möglich erscheint.

Eine andere Konvention der filmischen Realität ist die Gleichsetzung der Kulisse mit dem, was sie darstellt. Ein fast simpler Trick des komischen Films besteht darin, diese Gleichung aufzuheben, den Charakter der Kulissen als «Betrug» zu entlarven. Dieses Vorgehen kann aber auch

Jerry Lewis terrorisiert seinen Gesangslehrer. Szene aus dem Film «The Patsy».
(Foto: Paramount)

einen durchaus kreativen Aspekt erhalten, wenn beispielsweise Jerry Lewis in «The Patsy» scheinbar über eine Brüstung fällt, einige Sekunden später aber die Kulisse beiseite schiebt und den ganzen Trick erklärt. (Das Heraustreten aus der filmischen Realität findet Anwendung auch bei einigen Avantgarde-Filmen, so etwa in Godards «Pierrot le fou».) In «Sherlock jr.» kehrt Buster Keaton dieses Verfahren um, indem er sich in die filmische Realität «hineinträumt» und mit der ständigen Veränderung der Szenerie zu kämpfen hat – die Instabilität der filmischen Realität wird hier auf komische Weise erklärt. Ähnlich läßt sich verfahren mit der Kongruenz von Bild und Ton. Eine Stimme, die sich plötzlich verändert, ein Mensch, der plötzlich tierische Laute von sich gibt oder mit der Stimme eines anderen spricht, ein Tier, das spricht – solches Vertauschen von signifikanten Merkmalen wirkt komisch, wenn der Kontrast zwischen Stimme und Erscheinung groteske Ausmaße annimmt: Nicht nur im Zeichentrickfilm beliebt ist die Szene, wo der «Große» den «Kleinen» durch sein Gebrüll einschüchtern will, und der Kleine nimmt Anlauf und antwortet mit einem noch weit lauterem Gebrüll.

Die musikalische Untermalung, im dramatischen oder romantischen Film von «Angemessenheit» bestimmt, wird zum Element der Komik, wenn sie, anstatt die Szene zu begleiten, der bildhaften Aussage widerspricht oder sie durch Übertreibung verzerrt. Eine Variation des komischen Mißverhältnisses zwischen Ursache und Wirkung ist die Aufgabe der «Übereinstimmung» von bildhafter Darstellung und Geräusch (Charlies Magen knurrt so laut, daß ein Hund dies als arteigene Ausdrucksform mißversteht; beim Schlag eines Hammers auf einen Nagel hört man das Geräusch einer Detonation; Jerry Lewis «singt» mit der Stimme einer Alarmsirene etc.).

b) Phantastisches und Komisches

Die Auflösung des gewohnten Wirklichkeitsbildes löst gemeinhin ein Gefühl des Unbehagens, ja des Schreckens aus. Dieses Wirklichkeitsbild wird unter anderem durch die Stabilität der Größe, der Gestalt, durch die Einmaligkeit eines Wesens (Furcht vor dem Doppelgänger) determiniert. Im Milieu des komischen Films wird das Bedrohliche der Zerstörung dieser Konstanten durch karikierende, ironisierende und «verharmlosende» Aspekte im Lachen aufgelöst. In «Brats» sind Laurel und Hardy gleichzeitig die Väter und die Kinder. Von Szene zu Szene verändert sich jeweils nur die Größe der Dekors; nur dadurch, wie groß etwa ein Waschbecken

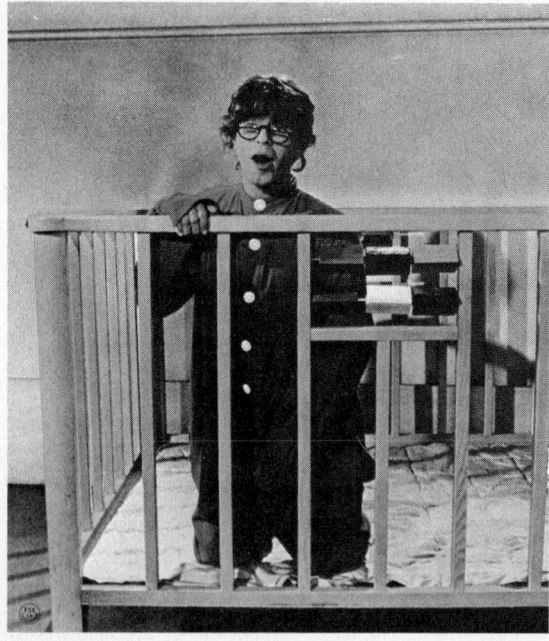

Jerry Lewis in
«The Nutty
Professor» (1962).

im Verhältnis zu den Personen ist, erfahren wir, ob es sich um die Erwachsenen oder die Kinder handelt. In vielen Filmen wird das Doppelgänger-Motiv ins Komische gewendet, so etwa in «Our Relations», wo Laurel und Hardy sich selbst begegnen, und es ergeben sich aus dieser Begegnung nicht nur die üblichen Verwechslungen, sondern auch durchaus «philosophische», jedenfalls psychische Probleme. In «The Nutty Professor» verwandelt sich Jerry Lewis in einen smarten Erfolgstypen und, zumeist im falschen Moment, in den ungelenken, schüchternen Professor zurück. «Unmögliche» Verwandlungen sind nur so lange komisch, als sie als Produkt von Zufall und Willkür, nicht aber als Strafe im Bezug eines moralischen Systems erscheinen.

c) Der «Widerstand des Objektes»

Realistisch erscheint der «vernünftige» Gebrauch der Gegenstände, der unbelebten Materie. «Unvernünftiger» Gebrauch der Objekte erscheint als komisch, wenn der Aufwand an Energie, Kraft oder Emotion nicht in einem angemessenen Verhältnis zur Funktion und Bedeutung des zu benutzenden Gegenstandes steht. Durch dieses Mißverständnis, das zumeist einem durch die Typologie vorgegebenen Mißverständnis entspricht, erhält das Ding, das Objekt, eine Bedeutung, die ihm nicht zusteht; es erscheint als beseelt (vor allem dort, wo die Naivität des Komikers dem Objekt willentlichen Widerstand unterstellt und er ein nachgerade persönliches Haßgefühl dagegen entwickelt). Ob es sich dabei um eine Konservenbüchse handelt, wie in Keatons «The Navigator» oder um einen Computer wie in Frank Tashlins «The Man From Diner's Club» (mit Danny Kaye), immer sind es Gegenstände, die das Alltagsleben oder die Arbeit betreffen, die durch das groteske Mißverhältnis von Aufwand und Ergebnis ein verhängnisvolles Eigenleben erhalten. Dieses Problem läßt sich zwar auch in anderen Medien darstellen, auflösen läßt es sich allerdings nur im Film.

d) Die Verwandlung des Objektes

«In ‹Charlot als Pfandleiher› soll Chaplin die Qualität eines Weckers beurteilen. Zu diesem Zweck setzt er einerseits ein Werk der Zerstörung in Gang, andererseits wird der Gegenstand einer sukzessiven Verwandlung ausgesetzt. Er behandelt den Wecker, als wäre er eine Konservenbüchse. Der Inhalt ist übelriechend. Der Wecker wird zum Menschen, den der Arzt Charlot abklopft und abhört. Die ‹Eingeweide› werden herausgezerrt: eine Obduktion findet statt. Der Wecker wird zum Mund, aus dem äußerst realistisch ein Zahn herausgerissen wird. Die Teile des Weckers bekommen wie in einem Trickfilm Eigenleben und beruhigen sich erst nach einer Einspritzung: eine Materialaktion im Slapstick-Stil. Zugleich aber wird der Widerstand des Objektes überwunden durch die Zerstörung des Gegenstandes. Es ist eine geradezu rituelle Freude an der Vernichtung. Als Hintergrund mag dabei die naive kindliche Freude mitspielen, einen Wecker auseinandernehmen zu dürfen» (Victor Sidler).

Die Verwandlung des Objektes ist die Antwort des Komikers auf die Tücke des Objektes. Er verwandelt es – und hier steht ihm das Medium des Films bei – von einem allgemein, aber eindeutig brauchbaren Gegenstand in ein nur noch individuell (von ihm), aber in einer Vielzahl von Funktionen brauchbares Vehikel. Diese Verwandlung muß nicht immer so destruktiv sein wie in dem zitierten Beispiel. Man denke nur an Buster Keaton, der die Objekte fortwährend so verwandelt, daß er, und nur er, den optimalen Gebrauch davon machen kann.

e) Das «Bildtrauma»

Höhen und Tiefen, Abgründe, das Balancieren auf schmalen Wegen, das Hängen in der Luft, all diese aus dem Traum bekannten Vorstellungen beinhalten sowohl die Ur-Angst vor dem Fallen in die Tiefe als auch die Sehnsucht nach dem Fliegen, der Aufhebung der Schwerkraft. Die komische Wirkung, und damit die Aufhebung des Furcherregenden, erreicht der Komiker vor allem durch einen ständigen und überraschenden Wechsel von Tölpelhaftigkeit und akrobatischer Geschicklichkeit. Der Angst vor dem Fallen in die Tiefe begegnet der Komiker oft mit einer Naivität, die die Gefahr negiert, sie nicht sehen will oder kann. Wenn Chaplin etwa mit verbundenen Augen auf Rollschuhen immer haarscharf an einem architektonischen «Abgrund» vorbeifährt und erst dann unweigerlich hinabfällt, nachdem er sich die Binde abgenommen hat und sich somit der Gefahr bewußt geworden ist, so wird deutlich, daß seine Komik hier Vorsicht und Ängstlichkeit desavouiert. (Ähnliches vollzieht sich im Zeichentrickfilm, wenn eine Figur über eine Klippe läuft und erst dann hinunterfällt, wenn sie merkt, daß sie keinen festen Boden mehr unter den Füßen hat – eine kindliche, aber bestechende Umkehr des Verhältnisses von Bewußtsein und Natur.) Mit dem Eifer und dem Ernst des Akrobaten kämpft Harold Lloyd noch in fast jedem Film gegen den Sturz in die Tiefe; seine «Wolkenkratzerangst» wird im Komischen aufgelöst, indem sie irreal überzogen wird.

Mit dem Bildtrauma ist gewissermaßen ein Tabu-Bruch verbunden, denn die Darstellung des Abgrundes steht, wenn es nicht innerhalb eines strengen Codes geschieht, unter einer Art Abbildungsverbot. In den dramatischen Genres – etwa in zahllosen Western, in denen ein hinterhältiger Wegelagerer, von einer Kugel getroffen, einen Felsen herabstürzt, oder in Katastrophen-Filmen wie «The Towering Inferno» – ist der Sturz in die Tiefe immer eine moralische Bestrafung, gleichsam ein Sturz in die Hölle. Einen positiven Helden kann man erschießen lassen, aber in die Tiefe darf man ihn nie fallen lassen. Diese Moral stellt der Komiker auf den Kopf, wenn er dem Fall immer wieder entgeht oder ihn unbeschadet übersteht. Möglich wird diese Darstellung erst durch die Rückprojektionstechnik des Films.

2. Die Erzählmuster der Filmkomik

Die dargestellten Elemente der filmischen Komik, zu denen noch solche kommen, die nicht ausgesprochen filmischer Natur sind, wie die Komik des Dialogs, der Verkleidung, der Verwechslung, der Parodie und Satire, beziehen sich auf einzelne Sequenzen des komischen Films, also auf die Darstellung einer komischen Situation. Wie es zu dieser Situation kommen konnte, wird durch die Struktur einer Filmkomödie, durch ihre – im weitesten Sinne – Handlung bestimmt. Der Slapstick-Film vernachlässigt eine solche Handlung oft, sie wird zum Vorwand für die Aneinanderreihung von komischen Situationen. Oder es wird eine (gelegentlich aus einem anderen Filmgenre entliehene) Story der Zerstörung ausgesetzt. Die Tonfilm-Komödie, sei sie «romantischer», sozialer oder erotischer Natur, ist dagegen bestrebt, komische Elemente in die Handlung selbst einzubringen; der Dialog kann einen Gag auch stärker aus der Handlung selbst entwickeln, eine Klammer zwischen Vergangenem und Gegenwärtigem sein. Beiden Formen der Film-Komödie gemeinsam ist, daß grundsätzlich eigentlich jede Geschichte als Ausgangsmaterial verwendet werden kann. Die «realistische» Komödie verwandelt das filmische Material dabei nur insoweit, als die Konventionen der filmischen Sprache nicht berührt werden. Wenn auch alles, was sich dramatisch oder romantisch erzählen läßt, auch komisch erzählt werden kann, so gibt es doch einige Erzählmuster, die besonders geeignet sind, Komik zu transportieren. Die folgende Darstellung der wichtigsten dieser Erzählmuster folgt in groben Zügen der Gliederung von Gerald Mast.

a) Ein Mann und eine Frau

Es ist eigentlich die Geschichte aller Geschichten: Bevor Mann und Frau sich kriegen, gibt es Verwicklungen. Probleme müssen gelöst, Nebenbuhler ausgeschaltet, Eltern überzeugt werden. Ins Komische wird diese

Marilyn Monroe und Tom Ewell in «The Seven Year Itch» (1955) von Billy Wilder.

Konstellation schon dadurch gewendet, daß einer der Partner – zumeist
der Mann – auf Grund seiner Erscheinung und seines Verhaltens im Widerspruch zur Rolle des romantischen Liebhabers steht. Andere komische Konstellationen sind etwa: Einer der beiden Partner bemerkt das
Werben des anderen gar nicht. Das Paar muß sich gegenseitig erziehen.
Einer der Partner muß erotisch «aufgeweckt» werden. Komische Situationen entwickeln sich in dieser Form der Handlungsführung oft aus der
Ungeschicklichkeit, mit der die Partner traditionelle Formen des Liebes-
werbens imitieren, oder aus der komischen Auflösung «zweideutiger»
Situationen.

b) Parodie eines anderen Genres

Die Strukturen, Heldengestalten und die «Moral» eines anderen Genres,
etwa des Western, des Gangster-Films oder des Melodrams, werden
durch die Verbindung mit einem komischen Milieu oder mit einer komischen Gestalt parodiert. Komische Wirkungen ergeben sich etwa dabei,
wenn Dinge gezeigt werden, die im Genre zumeist ausgespart werden,
oder wenn der Held sich nicht so verhält, wie es dem Code des Genres

«The World's Greatest Lover» (1977) von und mit Gene Wilder.

entspricht (Buster Keaton reitet in «Go West» auf einer Kuh statt auf einem Pferd). Ein «Feigling» im Western, ein «braver Mann», der für einen Gangster gehalten wird (Edward G. Robinson in John Fords «The Whole Town's Talking»), geben Initialzündungen, die nicht selten im Verlauf der Handlung auch die Gestalten des Genres als komisch erscheinen lassen.

Manche komischen Filme beziehen sich nicht auf ein Genre, sondern auf einzelne Filme; so ist Buster Keatons «The Three Ages» eine Parodie auf D. W. Griffiths «Intolerance». Schließlich lassen sich auch in einer einzelnen Szene Verweise auf andere Genres oder Filme unterbringen, auch wenn der Film als Ganzes nicht eine Parodie sein muß.

c) «Reductio ad absurdum»

«Eine einfache menschliche Fehlleistung oder ein Problem wird ins Gigantische gesteigert, die Handlung wird zu einem Chaos und das Problem selber wird ad absurdum geführt. Der typische Fortgang einer solchen Geschichte ist – rhythmisch – der von eins bis unendlich. Geeignet, die Lächerlichkeit mancher sozialen oder menschlichen Haltung zu entlarven, wird diese Form oft für didaktische Zwecke eingesetzt. Schließlich ist die Zurückführung auf das Absurde eine Form der Rhetorik» (Gerald Mast). Ein berühmtes Beispiel für diese Form ist Chaplins «Monsieur Verdoux»: Die ganze Handlung läuft in ihrer (komischen) Form ab, weil von der im Verlauf der Handlung ad absurdum geführten Voraussetzung ausgegangen wird, daß Mord eine sozial positive und menschlich vertretbare Sache ist.

Ein Mißverständnis, und mag es noch so gering sein, kann einen ganzen Film lang immer wieder den Helden in komische Situationen bringen. Weil man ihn für jemand anderen hält, wird er zum Helden wider Willen, oder er muß sich, weil er sich einer gegebenen Situation nicht anpassen kann, auf immer unkonventionellere Weise durchsetzen. Nur weil einer von ihnen ein Wort falsch verstanden hat, können die Marx Brothersganze Institutionen (Opern, Warenhäuser, Rennplätze etc.) lahmlegen.

d) Soziale Gruppen und Klassen

Da in verschiedenen sozialen Gruppierungen oft voneinander unterschiedliche Kommunikationsstrukturen und «Sitten» herrschen, führt es unweigerlich zu Konflikten, wenn jemand sich in einer «fremden» Gruppe behaupten muß. Während wir die Fehlleistungen und Kommunikationsschwierigkeiten, die sich in einer solchen Situation ergeben, im Alltagsleben durchweg als peinlich empfinden, werden sie im Film oft zum Ausgangspunkt für komische Situationen. Blake Edwards' «The Party» (Der Partyschreck – 1968) zeigt Peter Sellers als einen Inder, der eine Party reicher europäischer Filmleute durch seine Unbeholfenheit und gerade durch den Wunsch, sich anzupassen, heillos durcheinanderbringt. (Dieser Film ist übrigens auch ein Beispiel für die «Reductio ad absurdum», da, ausgelöst durch den «falschen» Gast, das gesamte gesellschaftliche System mit seinen eigenen Regeln überquer kommt.) Ähnlich verhält es sich in Gérard Ourys «Les Aventures du Rabbi Jacob» (Die Abenteuer des Rabbi Jacob – 1974), wo sich Louis de Funès als engstirniger, borniert Spießbürger als Rabbi verkleiden und die Gebräuche und Formen des Judentums improvisieren muß, um nicht erkannt zu werden. René Clairs Filme bringen oft Arbeiter und Kapitalisten zusammen; viele französische Komödien zeigen, was passiert, wenn ein Clochard durch einen verrückten Zufall (eine Erbschaft) in die «gutbürgerliche» Gesellschaft aufgenommen wird und hier nicht zurechtkommt.

e) Der Held schlägt sich durchs Leben

Die «Picareske», die Geschichte eines Menschen, der mit allen Mitteln versucht, am Leben zu bleiben, und dabei möglichst keine Freude auslassen will, eignet sich für den komischen Film wie kaum ein zweites Handlungsmuster. Die Figur eines Komikers kann der des Picaro ähneln, so wie etwa die von Charlie Chaplin oder Jacques Tati. Aber auch in Filmen, deren Grundstruktur eher romantischer oder abenteuerlicher Natur ist, wird durch den Aspekt der Picareske ein Element des Komödiantischen hinzugefügt («Tom Jones», 1963, von Tony Richardson).

f) Die Aufgabe

Der Held muß eine Aufgabe lösen, die er sich selbst gestellt hat oder die ihm von jemandem übertragen worden ist. Da er auf den ersten Blick nicht «geeignet» erscheint, diese Aufgabe zu lösen (er ist zu klein, zu unwissend, zu naiv etc.), ergibt sich eine komische Grund-Situation; die «Problemlösungen» vollziehen sich innerhalb komischer Situationen. Diese Form der Handlungsführung hat Buster Keaton bevorzugt, aber auch etwa Harry Langdon.

Eine ähnliche Form der filmischen Komödie basiert auf dem Prinzip der Wandlung des Helden, der einsieht, sein Leben falsch geführt zu haben, und sich vornimmt, «ein neuer Mensch» zu werden. Die Komödien von Capra, Wilder und Preston Sturges verwenden diese Form.

g) Die Gag-Partitur

Manche Filme sind gekennzeichnet durch die Aneinanderreihung von Gags und kurzen Sketches, die untereinander nur durch die wiederkehrenden Hauptfiguren und eine starke Rhythmik verbunden sind. Die Entwicklung dieser Struktur reicht von Chaplins frühen Filmen bis zu den Komödien von Richard Lester.

Die Typologie des Komikers und das Klima des Komischen realisieren sich in diesen grundlegenden *plots* (Geschichten), die gleichsam das dramaturgische Rückgrat jeder Komödie bilden. Natürlich kommt jeder dieser *plots* nur selten in «Reinform» vor; sie sind untereinander fast unerschöpflich variierbar. Für den Komiker selbst oder für die «Botschaft» des Regisseurs sind sie indes nicht mehr als ein Gerüst; für sich allein beinhalten sie keine Aussage.

Sind die Grundkonstellationen der filmischen Komik (die komischen Situationen) das Material des Komikers, so schaffen die *plots* das Umfeld, den filmischen «Raum», in dem das Material bearbeitet wird. Was die Film-Komödie dazu braucht, ist das komische Klima, das evoziert wird durch den Titel, die Erscheinungen der Protagonisten, den Rhythmus des Bildes und des Dialogs (das schnelle Sprechen gehört zu vielen Komödien), die Musik und die Form der Bauten und Dekors. Der eigentlich kreative Akt der Komik realisiert sich aber erst, wenn dieses Material mit der Typologie des Komikers oder der vom Regisseur geschaffenen Mythologie konfrontiert wird.

Bausteine
zur Geschichte
der Filmkomik

Typologie der klassischen Filmkomik

1. Die Pioniere: Lumière, Méliès, Max Linder, Mack Sennett

Einer der ersten Filme, die öffentlich gezeigt wurden, war Filmkomik: Der Erfinder Lumière führte «L'arroseur arrosé» vor. Ein Gärtner spritzt seine Rosen, als ein Junge ihm einen Streich spielt. Der Gartenschlauch, getrieben durch den Wasserdruck, bespritzt den Gärtner und macht sich selbständig. Daß der erste Gag der Filmgeschichte gerade von jenem Lumière stammt, der dem Film ausschließlich die Abbildung der Wirklichkeit, nicht aber eine Funktion als unterhaltsam inszenierte Fiktion zubilligte, mag Zufall sein, kann aber als Hinweis auf die zwiespältige Haltung der Filmkomik zwischen genauer Beobachtung des Alltäglichen und artistischer Inszenation mechanischer Gags gedeutet werden. In jedem Fall

Einer der ersten komischen Filme: Lumières «L'arroseur arrosé» auf einem zeitgenössischen Filmplakat. (Foto: Cinémathèque Française)

steckt in diesem Urbild aller filmischen Gags bereits das Element, das auch späterhin zu einem nicht unbeträchtlichen Teil die Filmkomik bestimmen sollte: Das «Handwerkszeug» des Menschen, statt hilfreich zu sein, macht sich selbständig und bedroht seinen Benützer. In welchem anderen Medium als dem Film ließe sich die Angst vor und das Vergnügen an der «Tücke des Objekts» so klar darstellen?

Der andere Pionier des französischen Films, Georges Méliès, entdeckte die Möglichkeiten des jungen Mediums für das Phantastische; er, der früher Zauberer im Varieté war, führte in seinen Jules-Verne-Adaptionen und anderen Science-fiction-Themen das Groteske in den Film ein. Das Phantastische – das Vorfeld des Grotesken – hat im Film eine andere Funktion als das Phantastische etwa in der Literatur oder im Comic strip. Es ist gleichsam immer vom Lachen bedroht, denn «der Widerspruch zwischen der Erfahrung des Alltags und der Tatsache, daß das Unvorstellbare, bis anhin nur der sprachlichen Imagination verpflichtet, bildliche Realität wird, baut jene Spannung auf, die im Überschlag in eine verfremdende poetische Phantastik märchenhaftes Staunen und die naive Betroffenheit des Lachens auslöst» (Victor Sidler).

Das Lachen und das Phantastische, die Heiterkeit und der Schrecken, haben auch im Film gemeinsame Ursprünge. In Méliès' Filmen gibt es Bilder, die zwischen grotesker Komik und makabrer Surrealität liegen: Da ist der Mond das Gesicht eines Mannes; es wird von einer Rakete im Auge getroffen, aus der Menschen steigen. Da sehen die Sterne wie Ochsenaugen aus, und sie sind von Badenixen bevölkert. Die Fülle der Beziehungen reizt zum Lachen, behält aber gleichzeitig eine surrealistische Komponente bei, die, wie alles Groteske, irritiert.

Noch ein anderes Element der Filmkomik war in Lumières «L'arroseur arrosé» präformuliert: Der Junge, der auf den Schlauch tritt und damit den Aufstand des Handwerkszeuges provoziert, wird von dem zu Schaden gekommenen Gärtner gejagt, erwischt und jämmerlich verdroschen. Die Verfolgungsjagd, also die am meisten mit Emotionen beladene Form des Wettlaufs, ist die filmischste aller Aktionsformen. Ein System von aufeinander bezogenen Bewegungsabläufen, immer so weit kompliziert, daß sie gerade noch durchschaubar sind, bietet den Rahmen für die Spannung, die sich als sinnlich-körperliche Aktion in einem räumlichen und zeitlichen Kontinuum realisiert. Die Dimension des Films ist die Bewegung, die Jagd ist ihre Dramaturgie, und die komische Jagd ist die Seele der Filmkomödie. Sie fehlt weder in den frühen französischen Filmgrotesken (Kracauer zitiert «Course des Sergeants de Ville» von 1906, wo ein Hund von Polizisten verfolgt wird, schließlich den Spieß umdreht und seinerseits Jagd auf die Polizisten macht, und «La Course des Potirons» von 1907, wo ein Gemüsehändler, sein Esel und eine Menge Straßenpassanten hinter Kürbissen herlaufen, die von seinem Karren gerollt sind und ihren Weg durch Rinnsteine und über Dächer nehmen) noch in den Hollywood-Slapstick-Comedies. Auch in den späteren (Ton-)Filmkomödien ist weiter die komische Jagd der Mittelpunkt des Geschehens, so, um nur einige zu nennen, in «Le Million» (1931) von René Clair, in «It Happened One Night» (1934) von Frank Capra, der ein wesentliches Element der Slapsticks wiederholte, nämlich die Improvisation der komischen Verfolgungsjagden, in «Sullivan's Travels» (1943) von Preston Sturges, in «Whisky Galore» (1948) von Alexander Mackendrick, in «It's a Mad, Mad, Mad, Mad World» (1963) von Stanley Kramer, in «The Great Race» (1966) von Blake Edwards, in «A Funny Thing Happened on the Way to the Forum» (1967) und in «Les aventures du Rabbi Jacob» (1974) von Gérard Oury. In all diesen Filmen wird jemand gejagt und muß seinen ganzen Witz und seinen Mut (auch den zur Demütigung durch absurde Verkleidungen) aufwenden, um den Verfolgern zu entkommen: Liebespaare in «Le Million» und «It Happened One Night», ein Regisseur in «Sullivan's Travels», der sich, um das wirkliche Leben kennenzulernen, als Tramp verkleidet, unters «gemeine» Volk mischt. In «It's a Mad, Mad, Mad, Mad World» geht es um einen Wettlauf um einen 350000-Dollar-Schatz, in dem alle Mittel erlaubt sind, in «The Great Race» um ein Oldtimer-Autorennen nach Slapstick-Manier von Paris nach New York, und schließlich muß sich in «Les aventures du Rabbi Jacob» ein bieder-ignoranter Fabrikbesitzer auf der Flucht vor arabischen Freiheitskämpfern und seiner eigenen Familie in verschiedenen Verkleidungen und Rollen – darunter der eines Rabbi – bewähren. Jeder Mensch ist Jäger und Gejagter; ein kleiner, dummer Zufall, ein Mißverständnis oder die Schrulle eines Millionärs kann dazu führen, alles, was sich bewegt, in eine Massenverfolgungsjagd einzuspannen, bei der bald niemand mehr weiß, wer der Gejagte und wer der Jäger ist, und oft nicht einmal den Anlaß der Verfolgungsjagd kennt. Diese Mechanik, der Ansteckungseffekt des «Jagdfiebers», die unsinnige Eskalation (die auch bei «komischen» Prügeleien immer wieder auftritt) ist jeder komischen Jagd inhärent, die es bewerkstelligt, alles ins Laufen zu bringen. Diese Jagd kennt keine physikalischen Grenzen, sie führt über Straßen, durchs Wasser, über Dächer und Berge, setzt sich in der Luft fort und läßt dem Fliehenden keine Zeit, sich von einem aufs andere umzustellen. Es wird in der Luft gelaufen, auf dem Boden gerudert, durch Wände gegangen, es werden Häuser zu Durchgangsstationen und Dächer zu Rutschbahnen. Man wechselt ebenso schnell die Fortbewegungsmittel; Autos jagen Eisenbahnen, Ballons Schiffe, zu Fuß überholt man Rennwagen, und alles, was sich irgend bewegen kann, wird zum Fluchtvehikel: Kinderwagen als Kutschen, Kühe als Reittiere, Bettlaken als Fallschirme usw. Das alles wurde nur möglich durch das neue Medium des Films.

Die genannten Elemente der Komik, der Gag als aus dem Moment entstehende Spannung, die «Tücke des Objekts» und die komische Jagd, entwickelten sich parallel zu den technischen Möglichkeiten des Films. Ein anderes Element jedoch, das für die Herausbildung der Filmkomik von großer Bedeutung war, wurde vom damaligen Konkurrenzmedium des Films, dem Theater, entliehen: die feststehende Typisierung einer Figur. Erst mit einer feststehenden Figur, die ihrer eigenen Mechanik und ihrer eigenen Psychologie folgt, läßt sich mit der Komik des Films etwas aussagen, eine Beziehung von Individuum zu Gesellschaft herstellen und beim Zuschauer mehr als vorübergehende Anteilnahme erwirken. Dieser Typ, Mittelpunkt einer eigenen filmischen Commedia dell'arte, ist schon durch seine Charakterisierung zum Träger von Komik bestimmt, sei es durch eine äußerliche Eigenschaft, die der Lebensorganisation des Typus sichtlich im Wege steht (etwa die ungeheure Ernsthaftigkeit eines Buster Keaton in den komischsten Situationen, die behäbige Leibesfülle von W. C. Fields, der sich mit katzenartiger Behendigkeit zu bewegen wußte), sei es durch eine vorgebliche Errungenschaft, die der komische Rollenträger nicht oder nicht mehr erfüllen kann (die Pseudo-Eleganz des Tramps Chaplin die Erfolgsfixierung und der Optimismus von Harold Lloyd).

Um sich weiterzuentwickeln, brauchte der komische Film den Star. Der Franzose Max Linder erreichte nach der Jahrhundertwende internationalen Ruhm. Schon 1905 erhielt Linder die für damalige Verhältnisse unvorstellbar hohe Jahresgage von 150 000 Franken, während zur selben Zeit der deutsche Schauspieler Ernst Reicher von sich behaupten konnte, er sei «teuer», da er, als einziger in Deutschland, 25 Mark je Drehtag verlangte. Linder verkörperte einen immer gleichen Typ und trat immer in ähnlichen Kleidungen auf. Wie viele große Filmkomiker nach ihm, war er die Karikatur eines Mythos. Seine Rolle war die des Gigolos, des Nichtstuers großbürgerlicher Provenienz; ein Mythos, der damals bereits im Stadium der Zersetzung begriffen war, denn das bürgerliche Selbstbewußtsein verlangte, daß man sich von der Vorherrschaft pseudo-adeliger Verhaltensweisen löste. Die Figur, die der Komiker in seiner Rolle anstrebt, ist immer anachronistisch und erleichtert das Abschiednehmen von geschichtlichen Phänomenen. Daß Linders Filme der Struktur nach die meisten Elemente der späteren Slapsticks bereits enthalten, zeigt die Geschichte von «Amerikanische Hochzeit»: Max will heiraten und hat sich zu diesem Zweck an ein Heiratsinstitut gewandt. Er erhält die Nachricht, daß eine junge, sehr reiche Frau im Büro des Vermittlungsinstituts auf ihn wartet, die ihn zu heiraten gewillt ist. Vor Aufregung macht Max nun falsch, was falsch zu machen ist; er verwandelt seine Wohnung in ein Schlachtfeld, rempelt auf der Straße Leute an, beleidigt sie und kommt schließlich mit zerlumpter Kleidung im Heiratsbüro an. Hier wird ein emotionales Element sichtbar, das die Filmkomik auch weiterhin bestimmt: die «komische» Operation gegen geplante oder geforderte Handlungen, die sich in groteskem Fehlverhalten äußert. Prompt will dann auch das Mädchen von Max nichts mehr wissen, als es ihn in seiner Abgerissenheit vor sich stehen sieht. (Daß Kleider Leute machen, daran glauben sie alle, von Charlot bis Woody Allen.) Max erhält die Kleider des Heiratsvermittlers und präsentiert sich nun als der Gigolo, der er ist. *Happy end* – für ihn und das reiche Mädchen! Der Heiratsvermittler, der inzwischen Max' Kleidung angezogen hat, wird von den aufgebrachten Leuten, die Max unterwegs belästigt hatte, gejagt und schließlich verprügelt.

Max Linder nahm in seinen Filmen aufs Korn, was wohl den Durchschnittsbürger seiner Zeit am meisten bedrückte: das auf rein wirtschaftlichen Gesichtspunkten basierende Heiratsverfahren der Bürgerschicht und, damit verbunden, die denaturierte, entfremdete Sexualität, die sich nur durch Betrug und Vorspiegelung falscher Tatsachen realisieren ließ. Max, der vorgebliche Gigolo, der sich über die Moral hinwegsetzen will, oder vielmehr diese zu seinen Gunsten ausnützt, ist immer wieder der betrogene Betrüger, der erst einmal ein paar kräftige Demütigungen einstecken muß, und dann doch, den Konventionen gemäß, «im Hafen der Ehe landet». Diese Dramaturgie der komischen Handlung entlehnte Linder von den Boulevardstücken des Theaters, welche denselben Konflikt mit verbalen Mitteln darstellen, ohne allerdings ganz auf körperliche Komik zu verzichten. Was aber auf der Bühne Beiwerk ist, die «Komik des Leibes und der Glieder», wird im Film zum Zentrum der Aussage: Die Wahrheit des Leibes kämpft mit der Lüge der gesellschaftlichen Regel. Eine ganz ähnliche Haltung wird später die Filme von Ernst Lubitsch auszeichnen.

Mack Sennett, der großartige Organisator komischer Talente in Amerika, hatte sicherlich die Filme Linders studiert, wie auch alle Komiker in seinem Team, einschließlich Charlie Chaplin. Anders als Linder jedoch hatte Sennett sich auf einem bereits existierenden, von «realistischen» Dramen überfüllten Film-Markt durchzusetzen. Bezog sich Linder auf das Theater, so Sennett auf den dramatischen Film, den er in den Jahren zwischen 1908 und 1912 studieren konnte, als er Assistent bei David Wark Griffith war. Die handwerklichen Grundzüge des Werkes von Griffith, die vollständige Illusion, die erzählerische Kontinuität und die Tradition der epischen Literatur des neunzehnten Jahrhunderts übernahm Sennett von Griffith, allerdings nur, um sie gegen dessen Stil und vor allem gegen den seiner Epigonen zu verwenden: Sennett schuf die filmische Parodie.

Die Slapstick-Comedy, die sich um 1915 zum Genre entwickelte, war bei den Zeitgenossen keineswegs so «anerkannt» wie heutzutage, und von Kunst sprach niemand. Die turbulente Komödie war eher ein Filmgenre, das sich im Verborgenen, selbst von seinen treuesten Zuschauern nicht voll akzeptiert, entwickelte. Die Haltung des Publikums war vergleichbar mit der Haltung des Publikums heute zum Sexfilm, oder, vor noch nicht allzu langer Zeit, zum Western. (Man vergleiche dazu nur Filmkritiken aus den fünfziger Jahren!) Die Filmkomödie war ein anrüchiges Vergnügen, ihrer Derbheit wegen, ihres Anti-Puritanismus, aber auch der mehr oder weniger offenen Sozialkritik wegen und schließlich wegen ihrer Nähe zur Burleske und zum Zirkus.

Die Keystone Corporation, deren künstlerischer Leiter Mack Sennett war, schuf eine Schule des komischen Films, die die meisten der späteren «Großen» der Filmkomödie – Chaplin, Keaton, Turpin u. a. – durchlaufen mußten. Gleichsam die erste Klasse bildeten, für die männlichen Komiker, die «Keystone Cops», die in vielen Filmen auftretende Truppe von Polizisten, die wohl einer insgeheimen Abneigung gegen die Staatsgewalt ihren Erfolg verdankte. Statt, wie es ihrer Funktion als Hüter der Ordnung gemäß gewesen wäre, Ordnung zu schaffen, wo diese in Frage gestellt wurde, richteten sie selber, wo immer sie auftauchten, ein heilloses Durcheinander, eine Unordnung nahe der vollständigen Anarchie an. Ein Haufen mechanischer Kasperle, die, wenn sie einmal «aufgezogen»

Die «erste Klasse der Mack Sennett-Komiker»: Ford Sterling, Al St. John, Hank Mann, Roscoe «Fatty» Arbuckle als Keystone-Cops.

im Einsatz waren, ihre Aggressionen im Dienst – auf der Jagd nämlich – austobten. Vor diesen «Cops» (entspricht etwa unserem Umgangswort «Polypen») mußte sich der sogenannte brave Bürger mehr fürchten als der fliehende (zumeist sehr, sehr «kleine») Verbrecher. Der *Zweck* ihrer Verfolgungsjagden war es, beispielsweise einen Dieb zu fassen, der einem ehrbaren Geschäftsmann einen Apfel gestohlen hatte, ihr *Sinn* jedoch war die totale Zerstörung. Insbesondere den Straßenverkehr, den zu regeln sie vorgeben mußten, brachten die Keystone Cops oft vollständig zum Erliegen; das Chaos, vor dem die Obrigkeit beschützen sollte, richtete sie selber an.

Das weibliche Pendant zu den Keystone Cops waren Mack Sennetts Bathing Beauties, eine Gruppe von für damalige Verhältnisse leichtgeschürzten Mädchen, die sich so frivol wie irgend möglich zu bewegen hatten. Gleichzeitig aber hatten sie die beliebte neckische Art zu parodieren, mit der die Pin-ups die Zensur umgingen, indem sie die – unschuldige – Kindlichkeit der Frau betonten. Auch die Verbindung von Komik und Revue-Girl-Sex entstammt dem Vaudeville- und Burlesktheater. Schließlich hatten die Bathing Beauties als Zulieferer für solche Pin-up-Magazine wie etwa «Picture Play», «Screen Book», «Screenland», «Silver Screen» usw. zu dienen.

In den seriösen Dramen gab es die gute Frau, die treu war, tapfer und immer ein wenig masochistisch, und die böse Frau, den Dämon, den Vampir in Frauengestalt. Die Bathing Beauties waren jenseits von Gut und Böse und schon deshalb ein Skandal. Wie ihre Vorgängerinnen, die Tanz-Girls der Burlesque-Shows und Varietés, hatten sie einen Hang zur Obszönität, oder, anders ausgedrückt, zur Ehrlichkeit, der freilich in den Filmen immer mehr zur Pose versteinerte und sich schließlich ins Gegenteil, in die Unterwerfung als Status-Symbol, verkehrte. Sosehr das Sennett-Girl versuchte, die Rolle der Frau als Sexual-Objekt zu parodieren, konnte es doch nichts dagegen tun, gleichzeitig eines zu sein. Jedenfalls waren die Bathing Beauties, was die Frauen dieser Zeit kaum sein konnten, immer heiter, ausgelassen und sadistisch.

Die Slapsticks waren eine Sache des Proletariats, und sie waren, wie alles Lachen durch die Geschichte hindurch, Ausdruck des Protestes – vor allem gegen die hehren Tugenden, die ihm in Permanenz von den gesellschaftlichen Institutionen «nahegebracht» wurden, und gegen die großen Gefühle, die, in Literatur, Theater und eben im Kino, dazu benutzt wurden, die wahren Konflikte zu verschleiern. Die Slapsticks waren auch ein Mittel, sich gegen die Bourgeoisie abzusetzen: Die Anrüchigkeit der Slapsticks zeugt von diesem Prozeß, der, unter dem starken kulturellen Druck insbesondere auf die Einwanderer, nicht ohne Schuldgefühle vonstatten gehen konnte. War das beginnende Starsystem des amerikanischen Films durchaus eine Sozialisationsinstanz des «Schmelztiegels» der

Vereinigten Staaten und Ausdruck der Ideologie des bedingungslosen und erfolgverheißenden Individualismus, so waren die Slapsticks die Kritik daran, vielmehr noch, das Publikum teilte die Ansicht, daß das Leben nicht so rosig und nicht so edel war. Auch der Held des Slapsticks war Individualist, aber nicht einer, der sich durchsetzt, sondern das in der Menge der Menschen und Dinge verlorene Individuum, das ums Überleben kämpfen muß.

Als in Frankreich das Kino-Publikum respektabler wurde, das Kino sich zur siebten Kunst mauserte und dadurch dem Proletariat fast verlorenging, wurden auch die Komödien «psychologischer» (die Psychologie ist das Gegenteil der Slapsticks). Das Thema der Filme von René Clair, der den Slapsticks noch am nächsten stand, war die dialektische Spannung von Individuum und Gesellschaft und der Konflikt des Menschen mit dem Nächsten. Womit der Mensch in den französischen Komödien zu kämpfen hatte, war also mehr die Einsamkeit in einem quasi philosophischen Sinne, während der amerikanische Slapstick von der ganz und gar materialistischen, pragmatischen Verlassenheit des Menschen sprach, der ohne genügende Vorbereitung mit einer Welt zurechtkommen mußte, die alles andere als sein Glück wollte. Entsprechend hatte sich der Held der Slapsticks mehr mit den Dingen, den Instrumenten und den Anforderungen herumzuschlagen als mit den Menschen, und die Menschen selbst verwandelten sich in Instrumente und Anforderungen, sie gingen ganz in ihren Funktionen auf. «Die französischen Filme handelten vom Chaos, das durch Menschen verursacht wurde, Sennetts Filme von Menschen, die in einem Chaos gefangen sind», schreibt Raymond Durgnat.

In diesen Jahren kamen den Arbeitern und Angestellten in Amerika (aber auch in Europa) zwei Probleme zum Bewußtsein: Sie selber waren zum bloßen Produktionsmittel herabgesunken, waren mehr oder weniger zur Maschine verdinglicht worden und konnten sich auf eine Änderung dieses Zustandes keine großen Hoffnungen machen – der Traum vom Millionär war für viele ausgeträumt. Das zweite Problem war das Tempo von Leben und Arbeit, das sich radikal geändert, dem Rhythmus der Maschinen angeglichen hatte. Besonders die Einwanderer hatten darunter zu leiden, da sie diese Hektik, wie sie sie hier vorfanden, nicht kannten. In Mack Sennetts Komödien verwandeln sich ständig Menschen in Dinge oder Maschinen: Ben Turpin bekommt vom Anästhesisten so viel Betäubungsgas eingepumpt, daß er sich in einen (steuerbaren!) menschlichen Luftballon verwandelt. In einem Film von Hal Roach, der eine Zeit der schärfste Konkurrent von Mack Sennett war, verwandelt sich Oliver Hardy in einen wasserspeienden Brunnen. Charlie Chaplin bewegt sich oft mechanisch wie ein Roboter. Mack Sennett und seine Nachfolger machten zu ihrem Gestaltungsprinzip, was Henri Bergson so beschrieb: «Die Haltungen, die Bewegungen und die Gesten des menschlichen Körpers sind in eben dem Maße lächerlich, als dieser Körper uns an eine Maschine erinnert.» Für das Publikum der Slapsticks war diese Verdinglichung freilich keine philosophische, sondern eine ganz konkrete Erfahrung.

Noch ein Problem war die mörderische Geschwindigkeit der neuen Verkehrsmittel, die ins Stadium ihrer Massenproduktion eingetreten waren. Die Geschwindigkeit war ein Rausch, eine Gefahr, eine Hoffnung, ein Fluch, ein Abenteuer und, vor allem, ein Zwang. Die Geschwindigkeit war ein Schock. Und schließlich bedeutet auch Geschwindigkeit, insbesondere die unkontrollierte, eine Art von Anarchie. Die Helden der Slapsticks scheinen alle von einem ungeheuren Bewegungsdrang erfüllt zu sein, der nicht nur dazu dient, das Medium «auszufüllen», sondern auch – gleichsam rauschhaft – einen Kraftüberschuß abzubauen. Die Bewegungen der Slapsticks setzen sich zusammen aus Elementen des Kampfes, des Tanzes und der Flucht. Einen Kraftüberschuß verzeichnen die Helden, weil es ihnen verwehrt ist, einer sinnvollen Arbeit (als Medium der Selbstverwirklichung) nachzugehen. In den Filmen (etwa von Chaplin und Keaton), in denen gearbeitet wird, verläßt die Komödie bereits das Gebiet des reinen Slapsticks, weil der von seiner Arbeit erschöpfte Mensch nicht mehr als «Typ» oder «Maske» dargestellt werden kann.

Die Slapsticks waren kein politischer Protest, weder gegen den Schock der Geschwindigkeit noch gegen die Mechanisierung und Verdinglichung des Lebens; sie zeigten im Gegenteil, wie man sich dieser Elemente bedient, um sich mit ihrer Hilfe an der sie erzeugenden Gesellschaft zu rächen. Dies, so scheint es, ist ein Wesenszug der Unterhaltungsindustrie: den Protest zu ersetzen durch die (phantasierte) Rache. (Nicht zufällig hat sich das Kino der Rache, der Italo-Western, konsequent zu Kalauer- und Slapstick-Filmen entwickelt.)

2. Der Verlorene: Charlie Chaplin

Ein Naiver gerät in eine perfektioniert ablaufende Maschinerie, einen festgelegten Funktionszusammenhang von Menschen, Dingen und Gedanken. Die Ungeschicklichkeit des Naiven bringt ihn immer wieder in mißliche Situationen; offensichtlich begreift er diesen Funktionszusammenhang nicht. Seine Herkunft liegt im dunkeln. So wie er aussieht, entstammt er einer anderen, vermutlich untergegangenen Kultur. Doch offensichtlich kann man «nicht alles mit ihm machen», denn so ungeschickt er sich benimmt, so geschickt setzt er sich mit seinem wendigen Körper, seiner tänzerischen Anmut zur Wehr, geht selbst zum Angriff über und nimmt grausame Rache. Wenn er sich so Respekt verschafft hat, möchte er wieder als normaler Mensch anerkannt werden, will integriert werden, und schon ist er wieder in die Falle getappt: Man lacht über ihn, und alles beginnt von vorn.

Die Schwierigkeiten, in die man – jeder von uns – im Alltagsleben gerät, sind gleichzeitig vorhersehbar und unberechenbar. Man kann sich, sosehr man sich auch bemüht, nicht auf sie einstellen. Nur der Naive ist darüber erstaunt. Er bewundert den Reichtum und die Fülle der Beziehungen und Funktionen der Dinge, und er versteht nicht, daß er damit bereits das Sakrileg begeht, das ihn leiden läßt. Denn die Dinge (die Handwerkszeuge, die Vergnügungsapparate, die Statussymbole) sind, was «gängige Praxis» vorschreibt.

Der Naive hat keinen Willen. «Ihm ist», so schreibt Kracauer, «das Ich abhanden gekommen, darum kann er, was so Leben heißt, nicht mitleben. Er ist ein Loch, in das alles hereinfällt, das sonst Verbundene zersplittert in seine Bestandteile, wenn es unten in ihm aufprallt.» Auch ein Selbst-Bewußtsein hat er nicht, weil er dazu auf die anderen angewiesen wäre, die sich ihm aber verweigern; und die wenigen Verbündeten, die er findet – ein Hund, ein Kind, ein Mädchen –, sind meistens noch schlimmer dran als er, weil ihr Ausgestoßensein wohldefiniert und deshalb nicht einmal träumerisch zu überwinden ist. Ihnen ist verlorengegangen, was den Naiven immer wieder von seiner Misere entfernt, eine unbändige Freude. Wenn er glücklich ist, dann in einem Maße, das ihn beinahe verrückt werden läßt. Er möchte eigentlich nichts anderes als glücklich sein. Aber dazu müßte man gelernt haben, sich mit der Gesellschaft zu arrangieren, indem man sich einen Platz in ihr zuweisen läßt und den Dingen ihren «gemäßen» Platz läßt; man müßte gelernt haben, die Beleidigungen und die Demütigungen, die dem Menschen angetan werden, nicht so ernst zu nehmen, wie es der Naive dauernd tut; man müßte gelernt haben, nicht herauszufordern, was doch viel stärker ist als man selbst: die Ordnung. All das zu ertragen, lernt man in einem «Zuhause», und man lernt,

Ganz er selbst ist Charlie im Umgang mit Kindern: Szene aus dem Film «Sunny-side» von 1919.

was das «Beste» ist, was man daraus machen soll. Aber der Naive hat ein solches Zuhause nicht gehabt.

Er ist nicht konditioniert worden, weiß nicht, was er zu wollen hat, weiß nicht, daß das Glück, welches die Ordnung für uns parat hat, nicht dasselbe ist wie das Glück, das man nicht erobern, nicht jemandem wegnehmen muß. Da, wo der Naive hingekommen ist, da muß man das Glück *besitzen*.

«Mit der gleichen Notwendigkeit, mit der sie Maschinen und Maschinenmenschen hervorbringt, erzeugt die bürgerliche Welt den Außenseiter und Abweichler. Sie bringt den Vagabunden hervor, ihr *Gegenbild*. Die Beziehung des Vagabunden zur bürgerlichen Ordnung unterscheidet sich von der Beziehung Proletariat – Bourgeoisie. Sie ist vor allem viel unmittelbarer und sichtbarer und lebt mehr von Bildern als von Ideen und Ansprüchen» (Henri Lefèbvre). Die Konfrontation des Proletariats mit der Bourgeoisie läßt sich in den Grenzen «bürgerlicher» Ästhetik nicht

In den Schützengräben des Ersten Weltkriegs ist Charlie ein Unbehauster unter vielen: Chaplin in «Shoulder Arms».   (Verleih: Tobis)

ausdrücken, wohl aber die Konfrontation des Vagabunden mit der bürgerlichen Gesellschaft. Dieser Konflikt tarnt sich als existentieller; daher darf in der bürgerlichen Gesellschaft die Entfremdung des Menschen dargestellt und «kritisiert» werden, solange sie dem Mythos des tragischen Scheiterns alles Menschlichen verhaftet bleibt.

Von solcher Natur ist auch der Mythos Charlie Chaplin.

3. Der Überwinder: Buster Keaton

Zu dem, was man so Leben heißt, hat die Seele Buster Keatons keine Beziehung. Seine Augen sind in die Ferne gerichtet, er späht nach Indianerart, die Hand zum Schutz vor der grellen Sonne über die Stirn gehalten, in eine Landschaft, deren gefährliche Leere er wie kein zweiter kennt.

Was Buster sucht, enthält die Welt nicht. Darum möchte er sich am liebsten nicht um sie kümmern, aber die Welt läßt ihn nicht. Sie stößt ihn, sie verwickelt ihn, sie verstört ihn. Und er weicht ihr aus, paradoxerweise wie ein Held, indem er alle Aufgaben, die ihm gestellt werden, löst, in der Hoffnung, dann in Ruhe gelassen zu werden. Um seine Aufgaben zu lösen, muß er sich mit den Dingen verbünden. Im Gegensatz zu Charlot benutzt er die Dingwelt nicht, um sich an der Gesellschaft zu rächen, sondern um ihr zu entkommen. Mit dem «General», einer eigenwillig konstruierten Dampflokomotive, oder dem veralteten Mississippi-Dampfer in «Steamboat Bill jr.» verbindet ihn ein geheimes Einverständnis: Er beherrscht diese Maschinen – nach anfänglichen Widerständen – wie im Traum, das heißt nicht technisch, sondern kreativ. Da er sich an nichts zu erinnern scheint, alles zum erstenmal sieht, muß er alles neu erfinden. Doch ist ihm dies kein Aneignungsprozeß, er «besitzt» am Ende nicht mehr Erfahrung, er verändert sich nicht, sondern muß im Gegenteil all diese Arbeit, diese Strapazen und Gefahren auf sich nehmen, um sich treu zu bleiben.

Buster muß sich daher konzentrieren auf das, was er tut. Er ist ganz bei der Sache. Das heißt: Jedes Ding erscheint ihm nicht als durch gesellschaftliche Vermittlung in bestimmte Funktionszusammenhänge Gebrachtes, sondern als Ding an sich. Darin liegt die Poesie – und ein Stück Metaphysik. Was Buster tun muß, tut er mit Ehrfurcht und Geduld. Je größer die Anforderungen, je aussichtsloser die Situation, desto größer seine Ruhe, mit der er Handgriff auf Handgriff verrichtet, nach einem Plan, der für alle außer ihm unvorstellbar ist. Plötzlich scheint es, als habe er die ganze Geometrie der Welt im Kopf. Die großen Zusammenhänge, die ihm sonst so gar nicht vertraut sind – er hält stets das, was ihn gerade umgibt, für die Welt –, meistert er plötzlich in einer konzentrierten Tat.

Wie Buster Keaton selber sagte, mußte er nie lachen, weil er andere Möglichkeiten hatte, seine Gefühle auszudrücken. Das «stone-face», «dead-pan» des «Mannes, der niemals lachte» («Frigo» im Französischen), war jedoch mehr als ein Markenzeichen oder ein wirksames Kontrastmittel für komische Situationen. Es gibt uns zu verstehen, daß an den Schwierigkeiten, die der Held der Slapstick-Komödie zu überwinden hat, eigentlich nichts Lächerliches ist.

Der feierliche Ernst, mit dem Buster tut, was er tun muß, erinnert an zwei Arten der ganz frühen Amerikaner: den indianischen Krieger und den calvinistischen Pionier. Heroisch, stolz, in einem direkten Verhältnis zur Natur stehend, loyal allen Geschöpfen gegenüber, die er auch in den unbeseelten Dingen sieht – der indianische Krieger. Und ernsthaft auf seine Aufgabe, Leben in einem fremden Land zu ermöglichen, konzentriert, erfinderisch, ohne Konventionsdruck, aber mit einem zwiespältigen Verhältnis zur alten Kultur, die ihn verstoßen hat – der calvinistische Pionier. Weil Buster dieses sich gegenseitig bekämpfende Unvereinbare vereint, muß er abwesend sein; sein Geist könnte in einer Art unzerstörbarer Seifenblase die Welt umkreisen. «Ich war weder Clochard noch Unangepaßter», schreibt Keaton, «wenn ich Arbeit fand, so war es meine Verhaltensregel, mein Bestes zu geben, als ob ich diese Arbeit bis zum

Leistungen, die ihn zunächst zu überfordern scheinen, erbringt Buster, wenn er seine Aufgabe gefunden hat: «The General».   (Foto: Atlas)

Ende meiner Tage machen würde.» Aber nicht er ist es, der sich seine Arbeit sucht, sondern die Arbeit sucht ihn: In «Go West» fällt ihm das Ausrüstungszeug eines Cowboys vor die Füße, und er, wie selbstverständlich, zieht es sich an und hat damit gleichzeitig die Aufgaben (die Arbeit) des Cowboys übernommen. Ebenso verhält es sich mit dem Glück; nicht Buster sucht es, sondern das Glück sucht Buster, und es findet ihn am Ende immer, obwohl man nicht weiß, ob Buster glücklich darüber ist. Er ist die exakte Umkehrung des amerikanischen Mythos von dem jungen Mann, der sein Glück macht. Es ist aber nicht *seine* Arbeit, und es ist nicht *sein* Glück; er nimmt es hin, aber er eignet es sich nicht an.

Buster Keaton lachte nicht. Denn im Lachen verbinden wir uns mit der Welt. Der Welt verbunden aber war Buster nicht, eher der Leere weiter Horizonte. Innerhalb der bürgerlichen Mythologie wird eine solche Existenz als absurd bezeichnet.

4. Der Kind-Mann: Harry Langdon

Die meisten Filmkomiker sind dadurch gekennzeichnet, daß ihnen ein bestimmtes Element des Erwachsenseins abgeht – Chaplin fehlt die Ich-Stärke für ein stabilisiertes Leben, Buster Keaton kann sich nicht fürs Realitätsprinzip entscheiden, Jerry Lewis laboriert an seiner Mutterbindung usw. –, Harry Langdon aber ist zur Gänze ein erwachsenes Baby. Er ist nicht nur naiv, sondern manchmal regelrecht dumm. «Dieses zerbrechliche Geschöpf evoziert Lacher und Sympathie, wenn es sich physisch und geistig Überlegenen konfrontiert sieht. Wir kichern bei seiner angestrengten Neugierde, mit der er Dinge wie Maschinen, Gebäude oder Landschaften, aber auch Tiere, eine fette Frau oder den Bart eines würdigen Herrn untersucht. Er tut dies, die Augen weit aufgerissen, mit der Verwunderung eines Vierjährigen» (Donald W. McCaffrey). Er scheint, wie viele Kinder, anderen immer im Wege zu stehen; keiner nimmt seine Bedürfnisse und Wünsche ernst. «Sein einziger Verbündeter», sagte sein Regisseur Frank Capra, «war Gott. Langdon mochte durch den Ziegelstein gerettet werden, der dem Polizisten auf den Kopf fiel, aber es war verboten, daß er das Fallen des Ziegelsteins in irgendeiner Weise verursachte.»

Harry Langdon war ein Moralist. Sein großes Problem sind die Frauen, die ihm viel mehr Kummer bereiten als alle Schurken und Gefahren zusammen, die an seiner Naivität scheitern müssen. In «Long Pants» versucht er vergeblich (im Traum), seine Braut zu erschießen, um für eine angebetete Frau frei zu bleiben, die sich später als Gangsterbraut und bösartige Betrügerin entlarvt. In «His Marriage Wow» versucht sich Harry, bereits vor dem Altar, der Trauung dadurch zu entziehen, daß er den Ehering fortwirft. Er wirft ihn jedoch exakt in das Glas Wasser, das der Braut gereicht wird, nachdem sie in Ohnmacht gefallen ist. In beiden Fällen kommt es schließlich doch noch zur Heirat; auch das hartnäckigste Kind muß seine Träume irgendwann aufgeben und sich in den Produktionszusammenhang eingliedern. Und schließlich sind die Frauen, die Harry bekommt, immer sein wirkliches Glück, denn sie sind verständnisvoll und nachsichtig. Sie erwarten von ihm, so ist zu vermuten, nicht mehr, als er leisten kann. Harry bewährt sich, mit Hilfe seines mächtigsten Verbündeten, des Zufalls, in seiner Traumwelt, die voller Gefahren und gar nicht heil ist, um schließlich zu einem gesicherten Platz in der Wirklichkeit zurückkehren zu können. Die Anerkennung und die Zuneigung, denen er in seiner Traumwelt vergeblich nachjagt, besitzt er in seiner realen Existenz längst, kann aber gar nicht viel damit anfangen. Aus Träumen kann nicht Wirklichkeit werden, und wenn doch, so hat dies nichts mit Glück zu tun.

Harrys Versuche, ein Heim zu schaffen, scheitern in «Three 's a Crowd» an der Diskrepanz zwischen Traum und Realität.   (Foto: ARD)

Harrys Lächeln richtet sich an seine Mitmenschen, an alle, die ihn ansehen. Er lacht nie über etwas, sondern nur für jemanden. Wenn er etwa wieder etwas angestellt hat mit der Tolpatschigkeit eines Kindes, das zwischen dem Wunsch, um jeden Preis Aufmerksamkeit zu erwecken, und dem nach Anerkennung durch Wohlverhalten hin und her gerissen wird, dann lächelt er uns an, schüchtern und ein wenig aufdringlich zugleich, so als wollte er sich vergewissern, daß wir nichts gesehen haben und alles in Ordnung ist. Aber eben diese Geste, diese Aufforderung zu einem begütigenden Lächeln, verrät ihn, und er wird sich dessen gewahr, sein Lächeln verschwindet und macht einer großen, resignativen Traurigkeit Platz. Er ist ein verwirrtes Kind, das niemand besänftigend streicheln kann, weil es sich in den Kopf gesetzt hat, von den falschen Menschen gestreichelt zu werden. So definitiv er, wenn auch aus unerfindlichen Gründen, sich ein Triebobjekt auswählt, so sehr ist er bei allem, was er zur Erreichung dieses Ziels tut, ein Zögerer. Nur moralische Entscheidungen fällt er auf Anhieb: Wenn er einen Menschen, auch wenn er ihn gerade noch bewundert hat, als «böse» erkennt, zieht er sofort die Konsequenzen. Praktisches Handeln jedoch überfordert ihn immer. Jede Aufgabe stellt ihn erneut vor die schwierige Entscheidung, ob es besser ist, wegzulaufen oder sich ihr zu stellen. Meistens tut er etwas, was in der Mitte liegt, und somit bricht das Chaos über ihn herein.

Diese Form der Filmkomik entsteht aus der Unfertigkeit des Darstellers; sie macht aber auch die erotische Ausstrahlung aus, die Harry im Guten wie im Bösen an die Frauen bindet. Der Kind-Mann ist ein fester Bestandteil der erotischen Mythologie, der in allen Komikern zu entdekken ist; bei Harry Langdon erfährt er seine Apotheose.

5. Der Amerikaner: Harold Lloyd

Harold Lloyd ist der Komiker der «Hilf-dir-selbst-Generation» (Raymond Durgnat), deren kategorischer Imperativ der Optimismus ist, der Glaube an die Machbarkeit des Glücks in fröhlicher, «gerechter» und «fairer» Konkurrenz der Menschen untereinander. Den Zweifel kennt Harold nicht – seine Existenzangst äußerst sich vielmehr in traumatischem Erleben von Abgründen, schwindelerregenden Höhen und aussichtslosem Ausgeliefertsein. Er klettert an den Hochhäusern, den Macht- und Erfolgssymbolen des American Way of Life, herum, hängt an Uhren, den wichtigsten Instrumenten der Lebensgestaltung und Lebensverunstaltung, und ausgerechnet er muß sich im Football-Spiel durchsetzen, jener Metapher auf die Ideologie des amerikanischen Puritaner-Kapitalismus, die im Universitätsbereich ganz real über die Erfolgsaussichten eines Menschen entscheiden kann.

Harold ist das genaue Gegenbild zu dem Pionier, dem Mann der Grenze, Buster Keaton. Er ist der konformistische, ganz und gar adaptierte Möchtegern-Karrierist, der alle Nackenschläge hinnimmt, weil er glaubt, es seien notwendige Erfahrungen auf dem Weg zum Erfolg.

Lloyd entsprach mit dieser Haltung so sehr dem Erfahrungsschatz des amerikanischen Durchschnittsbürgers der zwanziger Jahre, daß dieser oft genug in ihm nicht die Karikatur, sondern das Ideal erkannte. Folgerichtig war Lloyd in den zwanziger Jahren populärer als Chaplin und Keaton, nicht zuletzt deshalb, weil seine Karriere so exakt dem Wunschbild des Aufstiegs aus kleinen Verhältnissen entsprach: Lloyd war Kulissenschieber, Milchkannenfahrer, Erdnußverkäufer und Zeitungsausträger, bevor er, anknüpfend an einen Job als «Bühnenkind», unter der Ägide von Mack Sennett, eine Serie von eigenen Filmen realisieren konnte. Nachdem ihm seine Filme ein Vermögen eingebracht hatten, lebte er das Leben eines Millionärs, dessen Lebensinhalt das Vorzeigen seiner Statussymbole, Prachtvillen, kuriose Swimming-pools, Autos und kostspielige Hobbies, war. In dieser Funktion spielte er noch eine Rolle in den Medien, lange nachdem er, bedingt durch die Verbreitung des Tonfilms, seine Filmkarriere aufgegeben hatte. Durch den Erfolg des Selfmademan Harold Lloyd erhielt die durch und durch opportunistische Lebensform der Filmfigur Harold Lloyd ihre Rechtfertigung.

Alles an Harold Lloyd war durchsichtig, einfach und ohne «grüblerische Hintergedanken». Er trug enge Kleidung, einfach deshalb, weil Chaplin damit Erfolg gehabt hatte, zu große Kleidung zu tragen. Eine Hornbrille ohne Gläser und der kreisrunde Strohhut waren in den Tagen der Burlesque-Shows bestimmt nichts aufregend Neues. (Es gibt in amerikanischen Filmen immer wieder die Szene, wo dem kleinen schmächtigen

Brillenträger, der als Intellektueller, als Bücherwurm verdächtigt wird, die Brille von der Nase geschlagen und zertreten wird.)

In komische Situationen gerät Harold dadurch, daß er sich erkenntlich zeigen will, was soviel heißt, daß er sich kenntlich *machen* will, sich anbietet. Er will um jeden Preis, obwohl er von Furcht und Mißtrauen erfüllt ist, in der großen Stadt und in der großen Gesellschaft reüssieren. Und er bewährt sich schließlich, nicht durch eine charakterliche Eigenschaft oder ein Bündnis mit höheren Mächten, sondern ausschließlich auf Grund seiner Sportlichkeit. Harold hat vielleicht Pech, aber er ist nie verzweifelt und nie wirklich unglücklich. Der sanfte Kleinbürger, der auch als Pechvogel unbeirrt an die unbegrenzten Möglichkeiten glaubt, wird dadurch, bei aller Komik, zum positiven Leitbild.

Versucht man diese «vier Könige der amerikanischen Stummfilmkomödie» (McCaffrey) synoptisch zu erfassen, so erkennt man, daß sie zusammen die wesentlichen Elemente der mythologischen Vorstellung des amerikanischen Mannes repräsentieren: Charlie Chaplin ist der Einwanderer, der Fremde, der Züge einer nicht ganz zu erfassenden Kultur in die Gesellschaft der «Amerikaner» trägt (er wirkte immer ein wenig als mediterraner Typ) und dessen vollständige Adaption noch aussteht. Buster Keaton ist der Pionier, der aus den Lebensumständen der Erforschung

Harold Lloyd versucht, sich dem Image eines erfolgreichen College-Studenten anzupassen: «The Freshman».

und Erprobung neue Lebensformen entwickelt und dessen Geistesabwesenheit das zwiespältige Verhältnis des Pioniers zur durch die Landnahme möglich gewordenen Utopie charakterisiert: eine gleichsam von der Praxis verschüttete Utopie, die nur als vage Sehnsucht und soziale Ungebundenheit überlebt. Harry Langdon verkörpert die Nachwirkungen des Matriarchats, die sich in dem populären Ausspruch niederschlagen: «Amerikaner sind nichts als große Kinder.» Harold Lloyd ist der vollendete Ausdruck des Erfolgsdenkens und des tapferen Optimismus, der später den «New Deal» ermöglichte, «der fixe und unfertige Amerikaner» (Siegfried Kracauer). Er bereitet jene Reihenhaus-Trabantenstadt-Apfelkuchen-Kultur des mittelständischen Amerikas vor, in der die Möglichkeiten zwar nicht mehr unbegrenzt sind, in der man aber doch festhält an den Idealen von Aufstieg und Erfolg.

Daß diese vier amerikanischen Komiker zum Inbegriff der Stummfilmkomik überhaupt wurden, liegt nicht nur am amerikanischen Kino-Imperialismus und der Internationalität des Stummfilms, sondern auch daran, daß diese Elemente in allen bürgerlichen Gesellschaften vorhanden waren und sind. Indem man sie in andere Länder exportierte, erhielten diese Mythen freilich eine neue Qualität, das heißt, der Bezug zur konkreten Lebenserfahrung des Publikums war in Deutschland oder Frankreich weniger eng als in den Vereinigten Staaten, die Mythen waren abstrakter; was als Verarbeitung von Erfahrungen wirkte, wurde nun zum Gleichnis, das in Klamauk und Aktion eingebettet war. Die historischen Erfahrungen, die in die Figuren der Stummfilmkomiker einen Abglanz von Bewußtsein brachten, verloren sich nun zur Gänze, und was übrig blieb, war die Technik des Gags und die Aussage über die Existenz des Menschen – der globale, geschichtslose Mythos.

6. Das Paar: Laurel und Hardy

Diese vier waren mit einer Welt zerfallen, deren Gesetze unergründlich, hochkompliziert und voller Tücken waren. Die Welt, in der sich Laurel und Hardy zurechtfinden müssen, ist hingegen einfach, reduziert auf ein paar Typen und Chiffren. Doch ist diese ihre Außenwelt nur deswegen auf einfachste Formel gebracht, weil sich in der Beziehung zwischen den beiden und der Haltung, die sie zu ihrer Umwelt einnehmen, die Komplexheit und die Widersprüchlichkeit ihrer Existenz vollkommen ausdrückt: Die Welt, das ist für jeden der beiden immer der andere. Die Ansicht, die sie von der übrigen Welt haben, ist nichts als eine alles umfassende, unüberwindliche Abneigung. Was Laurel und Hardy von den Frauen, von den Errungenschaften der Zivilisation und von den Konventionen der amerikanischen «guten Gesellschaft» halten, grenzt an Beleidigung.

«Die Grundstimmung der Laurel-und-Hardy-Filme ist meist die einer freundlich-bürgerlichen Ordnung; dahinter aber lauert die Anarchie. Zu ihr hin verwandelt sich die Welt, wenn das Freundespaar auftritt. Laurel und Hardy sind keine Outsider wie Chaplin, sie haben vielmehr eine latente Sehnsucht nach dem Establishment; sie biedern sich an, sind jederzeit zu jeglicher Hilfe bereit, sind im Grund genommen ahnungslose Spießer; Hardy immer mit der angelernten Geste des Weltmanns, Laurel immer gestört durch die Diskrepanz zwischen seinem kindlichen Eifer und seiner verständnislosen Tolpatschigkeit. Zufall, Ungeschicklichkeit oder ein kleines Mißverständnis stören die manifesten Systeme, zu denen Laurel und Hardy eigentlich nur ihr Scherflein beitragen wollen; gnadenlos erweisen sie sich als brüchig, als zutiefst labil» (Alf Brustellin in der «Süddeutschen Zeitung»).

Nur zwei Spießer können so exakt die Welt der Spießer entlarven. Das einzige, was sie von dem Gros der bürgerlichen Monstren und Matronen, die ihre Aggressivität hinter einer schäbigen Eleganz verbergen, unterscheidet, ist ein fast kindlicher Gerechtigkeitssinn. Sie wollen für ihren Eifer belohnt werden, und sie wollen, daß Gemeinheiten nicht ungestraft bleiben. Aber Polizisten und Kaffeetanten sind nun einmal böse, so bieder und unschuldig Ollie sie auch anlächelt, so hilflos und unterwürfig Stan es ihm nachmacht.

Ausdruck dieser Gerechtigkeits- und Offenheitssehnsucht ist in ihren Filmen die Gag-Form des *slowburn*, die die exakte Registrierung jeden Regelverstoßes einschließt. Mit mühseliger Beherrschung kämpft das Opfer seinen Drang nieder, eine Aggression sofort zu erwidern, und wartet, bis der Gegner seine zerstörerische Aktion abgeschlossen und genau gezeigt hat, wie weit er gehen will. Erst dann bemessen die beiden den

Umfang ihrer «Strafmaßnahmen», die nun der Gegner seinerseits über sich ergehen lassen muß, ohne sich zu wehren. Nachdem Stan und Ollie ihre Racheaktion abgeschlossen haben, wird ihr Gegner wieder aktiv, und seine Destruktivität geht nun einen Grad weiter. Auf diese Weise gehen Anzüge, Autos, Häuser kaputt, und zum Schluß stehen die streitenden Parteien vor einem Trümmerhaufen. Eine andere Form des *slowburn* entwickelt sich oft aus Widersprüchen zwischen Stan und Oliver: Das Opfer, zumeist Ollie, dem Stan aus Tolpatschigkeit etwas angetan hat, kämpft seinen Wunsch nach Rache nieder und zwingt sich zu «verständnisvoller» Resignation. Peinlich genau registriert die Kamera dabei das Mienenspiel und bleibt – fast unerträglich lange – starr auf das Opfer gerichtet.

Diesen Inszenierungsstil der Retardierung entwickelte Hal Roach, der Produzent der Laurel-und-Hardy-Filme, als Alternative zu Mack Sennetts Stil des an kinematografischen Irrwitz grenzenden Tempos. Die Langsamkeit, das Auskosten von Aggression und Verzweiflung, entspricht einem Paar, das sich gegenseitig Schicksal ist. Beider Sehnsucht nach einem unkomplizierten, aggressionslosen Leben scheitert an der komplementären und doch auch konträren Beschaffenheit des andern, den man nicht

Oliver Hardy in «Blockheads» (1938) von John G. Blystone.

Stan Laurel und Oliver Hardy lachen, wie zumeist, zu früh: Laurel und Hardy zusammen mit Edgar Kennedy in «Leave 'em Laughing» von 1928.

los wird, da man kein *Ich* kennt, sondern nur ein gespaltenes *Wir*. Zusammengehalten wird dieses Wir nur durch den Antagonismus zur übrigen Welt. Laurel und Hardy charakterisieren so die Regel menschlichen Zusammenlebens unter den Bedingungen der Entfremdung: verständnisloses Aufeinander-angewiesen-Sein, das Aggression als Stabilitätsfaktor braucht. Die Zuneigung zum Partner und der Wille, gemeinsam produktiv und nützlich zu sein, scheitert daran, daß man den andern immer wieder als Hindernis bei der Selbstverwirklichung erfahren muß. Da dieses Scheitern aber viel eher an der mangelnden Ich-Stärke als am Widerstand des Partners liegt, ist der eine dem andern *Symbol* des Scheiterns, die Verkörperung der eigenen Lebensunfähigkeit. Stan hat, was Ollie fehlt: gesellschaftliche Unbekümmertheit, die Fähigkeit, sich beizeiten ganz in sich selbst zurückzuziehen. Und Ollie hat, was Stan fehlt: Realitätsbewußtsein, Tatkraft und soziale Kenntnisse. Diese Fähigkeiten können sie sich aber wechselseitig nicht vermitteln, da sie ihre Existenz jeweils auf die Verdrängung der Fähigkeiten und Eigenschaften des anderen gründen. Der Partner wird als permanente Anforderung empfunden, der man sich nur entziehen kann, indem man sich dumm stellt (Stan) – oder, indem man eine Überlegenheit mimt, die gegen die Provokation des andern abschirmt (Ollie).

Die magische Dualität als Lebensprinzip erfährt in den Filmen von Laurel und Hardy die Transponierung ins Groteske und eine – lachende – Kritik. Erst Dean Martin und Jerry Lewis thematisierten später wieder eine solche «unmögliche» Partnerschaft.

7. Die Anarchisten: Die Marx Brothers

Die Marx Brothers verkörperten verschiedene Typen von Einwanderern. Der eine hatte einen angemalten Schnurrbart, eine runde Brille, eine riesige Zigarre zwischen den Lippen, und sein Haar war durch einen stutzerhaften Mittelscheitel geteilt. Er sprach so schnell, daß keiner ihm folgen konnte, und dabei verdrehte er Wörter und Sätze so lange, bis der Sinn dessen, was er sagte, ausdrückte, was er wollte, und der *Klang* seiner Worte zu vermitteln schien, was man hören wollte. Was er wollte, das war, reichen Frauen ihr Geld abzuschwindeln, möglichst viele Leute für dumm zu verkaufen und möglichst viel Macht und Einfluß zu erwerben, um den möglichst unsinnigsten Gebrauch davon zu machen. Die Methoden schien er sich dem amerikanischen *businessman* abgeschaut zu haben, die Ziele waren eher die eines anarchistischen Verschwörers, der es darauf abgesehen hatte, jeglichen ordnenden Zusammenhang zu zerstören. Groucho Marx zersetzte die Autorität, indem er sie sich ohne Legitimation und aus offenkundig egoistischen Gründen aneignete und dann, weil ihm letztlich seine Badewanne wichtiger war als «sein» Staat, verfallen ließ.

Groucho, Harpo und Chico Marx in «A Day at the Races» (1937) von Sam Wood.

Besitzergreifend war jeder der Marx-Brothers auf seine Art: In «A Day at the Races» ergreifen sie eine Frau.

Der zweite war ein kleiner Gauner, dessen grotesker Akzent ihn als Einwanderer kennzeichnete. Er spielte Klavier, und sein gesunder Menschenverstand fand kein Ziel, außer dem, zu überleben und dabei nicht allzuviel arbeiten zu müssen. Er war, wie alle Fremden, mißtrauisch und gutgläubig zugleich; das heißt, er vermutete die Gemeinheiten an den falschen Stellen. Sein tütenförmiges Hütchen war das Symbol seiner Sehnsucht nach dem einfachen Leben auf dem Lande, es war der traurige Rest einer Tracht, einer folkloristischen Geborgenheit. Chico Marx versuchte, sich mit dem, was er vorfand, zu arrangieren: Die Sprache geriet ihm zu einer Art Lautmalerei, vergleichbar einer kindlichen Vorform von Sprache. In der Stadt bewegte er sich wie in seiner mutmaßlich unterentwickelten Heimat. Er ließ sich nur soweit adaptieren, als es unbedingt sein mußte. Er unterlief die Autorität, indem er sich klein und unschuldig stellte und von seiner Mutter sprach, wenn er beim Stehlen erwischt worden war.

Der dritte war stumm, trug einen zu großen Mantel und spielte Harfe. Wollte er etwas mitteilen, dann benutzte er eines seiner vielen Instrumente, vorwiegend eine Autohupe, die er, wie viele andere nützliche Sachen, aus den unergründlichen Tiefen seiner Manteltaschen hervorholte.

In den ersten Filmen der Marx Brothers ißt Harpo alles auf, was er erreichen kann, und trinkt sogar einmal ein Tintenfaß seines aufgeplusterten Gegenübers aus. In den späteren Filmen verlegt er sich darauf, mit einer großen Schere alle Zipfel abzuschneiden, die es an der menschlichen Bekleidung gibt: Krawatten, Frackschöße, Röcke. Er jagt hinter einer schönen Frau her, und als er sie eingefangen hat, weiß er nichts anderes mit ihr anzufangen, als ihr den Arm zu brechen. Von einer wichtigen Mission läßt er sich durch ein neckisch winkendes Mädchen abhalten, legt sich aber dann doch lieber mit seinem Pferd ins Bett.

Harpo Marx tat nie, was man von ihm erwartete, alles war ihm möglich. Für das, was er tat, brauchte er keine Motivation und keine Absicht; so war, im Gegensatz zu Chicos Klavierspiel, sein Harfespiel weder in eine Handlung integrierbar, noch war sie parodistisch oder sonstwie komisch. In den Filmen setzt sich Harpo irgendwann an seine Harfe und spielt klar und vernehmlich ein klassisches Stück auf seinem Instrument, manchmal (wie in «Horse Feathers») gähnt er selbst herzzerreißend am Ende seines Solos, als ob er von seinem Vortrag gelangweilt wäre. Weil er alles zwanghaft tut, ist er vollkommen frei von moralischen und gesellschaftlichen Zwängen, welche bei sogenannten Entscheidungsprozessen wirksam werden. Er ist von vornherein für die Autorität nicht erreichbar.

Ein vierter, der aber das Team nach einigen Filmen verließ, sah aus und handelte wie ein romantischer Liebhaber. Vielleicht aber dienten ihm die Romanzen nur dazu, «sich zu machen», vielleicht war er auf subtile Weise ein besserer Heiratsschwindler als Groucho? Wie dem auch sei, Zeppo Marx mußte sich für seine Ziele so farblos geben, daß er nicht im Team bleiben konnte, da ihn das Publikum ständig mit den Statisten verwechselte.

Anstatt sich anzupassen oder sich unterzuordnen, gehen die Marx Brothers zum Gegenangriff über. Sie verwandeln die Sozialisationsinstanzen (ein College in «Horse Feathers», die Armee und den Staat in «Duck Soup», das Illusionstheater in «A Night at the Opera») in ein Chaos, in dem ungeahnte Energien, nicht nur bei den Marx Brothers selber, frei werden und in dem ungeheuerliche Dinge gesagt werden können.

Das, was den Leidensdruck der Entfremdung ausmacht, sind die Abstraktionen der Gesellschaft, ihre Formen. Während Chaplin oder Keaton menschliche Verhaltensweisen dadurch parodieren, daß sie die Menschlichkeit noch stärker betonen und damit um Verständnis werben, reduzieren die Marx Brothers das Verhalten auf seine Abstraktionen und experimentieren mit den hohlen Formen, neugierig, was passieren möge, und ohne Mitleid mit der Sklavenmentalität ihrer «Mitmenschen». Sie bewerkstelligen immer wieder Kurzschlüsse im Regelsystem von Hierarchien und Traditionen; und man merkt ihnen an, daß für sie diese Zusammenbrüche von Regeln und Reglern (sprich: Autoritäten) ganz konkretes Glück bedeuten.

Sowohl die Komik von Laurel und Hardy als auch die der Marx Brothers lebt stark von der Destruktion vorgegebener Formen und Situationen. Diese Destruktion geht in beiden Fällen oft weit über die bloße Parodie, wie sie in der Tradition der Slapsticks liegt, hinaus und wird zu einem konkreten Angriff. Bei allen Niveau-Unterschieden (das gilt auch für die Werke der einzelnen Comedy-Teams) steckt in dieser Form der Ansatz einer Intellektualisierung der Komik, die sich jeder Sentimentalität, jeder versöhnlichen «Rührung» enthält und sich nicht scheut, bösartig zu werden.

Eine Voraussetzung dieser Intellektualisierung war die Einführung des Tonfilms. Die Sprache war eines der größten Probleme der Einwanderer und der ethnischen Minderheiten, die alles andere als integriert waren, und es gehörte zu den täglichen Erfahrungen des Amerikaners, daß man sich nicht verstand. Wenn also Stan seinem Freund Ollie oft etwas nachplappert, ohne zu wissen, was es bedeutet, so war das nicht nur der Verweis auf die Unterlegenheit des schmächtigen Stan, sondern auch Abbild gesellschaftlicher Erfahrung. Daß man die Formen lernen muß, bevor man deren Inhalt (oder gar: deren Sinn) begreift, ist freilich nicht nur auf das Amerika der dreißiger Jahre beschränkt. Doch mußten hier, anders als in den kontinentalen Ländern, diese Erfahrungen nicht nur Kinder und Jugendliche, sondern auch Erwachsene machen. Und Grouchos Monologe scheinen zwanghaft, er findet kein Ende, auch wenn er momentan gar nichts «sagen» will.

Chico und Groucho Marx in «Monkey Business» (1931) von Norman McLeod.

8. Der Menschenfeind: W. C. Fields

Bösartig, freilich in einer anderen Form, war auch der Humor von William Claude (Duckinfield) Fields. Der schnapsnasige, bullige, dennoch akrobatische Menschenfeind führte – in seinem Leben wie in seinen Filmen – gegen seine Umwelt einen hinterhältigen Kleinkrieg, in dem kein Trick zu schmutzig, keine Anfeindung zu kränkend sein konnte. «Wo war Gott, als mein Vater mich verdrosch?» fragte er. Besonders die kleinen Kinder, und hier vor allem die adretten Hollywood-Kinderstars, waren seine erklärten Feinde.

Zur Konstitution des Mythos W. C. Fields gehörten die Legenden, die sich um seine persönlichen Lebensumstände rankten. Das Image eines Trinkers mußte auf das amerikanische Publikum um so schockierender wirken, als die Zeit der Prohibition noch nicht vergessen war. Sein problematisches, fast fetischistisches Verhältnis zum Geld sprach der öffentlichen Moral Hohn, die besagt, daß man «nicht vom Geld spricht». Seinem Menschenhaß verlieh er Ausdruck durch seine zahllosen «practical jokes», zu deren Opfern vorzugsweise Kinder und Frauen gehörten. Und schließlich war er fest davon überzeugt, daß der Untergang der Erde nahe bevorstünde, und er versuchte sich darauf vorzubereiten, indem er sein Haus in eine Vorratskammer verwandelte. Es ist vielleicht nicht falsch, in allen diesen Charakterzügen die Sublimierung einer großen Bitterkeit zu vermuten.

Das «Gute» an Fields' Bösartigkeit war, daß er sich rückhaltlos zu ihr bekannte und damit zumindest einen Ansatz dazu unternahm, die sozialen Spannungen und das daraus resultierende menschliche Elend, dem seine Aggressivität entstammte, nicht länger jener rigorosen Verdrängung zu überlassen, die sich die Unterhaltungsindustrie zur Aufgabe gemacht hatte. Gewiß tat er dies nicht bewußt, aber er war bewußt böse und ließ sich seinen Zorn auf Gott und die Menschen auch nicht durch die größten Geldsummen abkaufen. Da er ständig die große Katastrophe erwartete, konnte er die «kleinen» Katastrophen des Alltags so genau beschreiben, die für ihn nur darin bestanden, daß sich Menschen gegenseitig Knüppel zwischen die Beine werfen und grimmige Freude beim Anblick vom Sturz anderer Leute empfinden. In der Tat konnte ein solches Monster an Normalität, ein solch getretener Mensch, der nun in seinen Filmen Rache nahm, nicht anders existieren als im Bewußtsein einer nahenden Sintflut.

«Fields war im Leben und in seinen Filmen von einem hypochondrischen Mißtrauen gegenüber seiner Umwelt besessen, gleichzeitig ein hemmungsloser Aufschneider, der in zu großen Zylinderhüten einherstolzierte und überall einen Streit suchte, um sein pessimistisches und

Das Mißtrauen gegenüber Kindern erwies sich in den Filmen von W. C. Fields zumeist als berechtigt: «Never Give A Sucker An Even Break».

misanthropisches Weltbild zu bestätigen. Seine – unübersetzbaren – Sprachschöpfungen waren das Ergebnis einer umfassenden Negation (Flüche wie ‹Godfrey Daniel› sind in den allgemeinen Sprachgebrauch übergegangen). Seine Geschicklichkeit – er war in früheren Zeiten als Jongleur aufgetreten – setzte er niemals ein, um zu einer positiven Lebensgestaltung zu kommen: Höhepunkt seiner Virtuosität war es, wenn er eine Treppe herunterfiel, ohne einen Tropfen aus dem randvoll gefüllten Martiniglas zu verschütten.

Während die anderen Filmkomiker meistens ihre Aggressionen gegen autoritäre und gewalttätige Charaktere richteten, wendete Fields Gewalt vorzugsweise gegen Untergebene, Schwächere und Frauen an, während er gegenüber Autoritäten sich unterwürfig und sogar freundlich zeigen konnte; das Schwache an sich war ihm verhaßt, gleichsam als neidete er den Schwächeren die Liebe und Fürsorge, die ihnen entgegengebracht wird» (Georg Seeßlen/Bernt Kling).

W. C. Fields ist der hemmungslose Kleinbürger, der seine wenigen Privilegien mit aller ihm zur Verfügung stehenden Härte verteidigt, der Kampf ums Überleben – der Chaplin und Keaton prägte und in der Geschichte die Pioniere und Einwanderer ausgezeichnet hatte – hat sich bei ihm verselbständigt zum Kampf und zum Mißtrauen gegen alle und alles. Beim Kampf ums Überleben hat er sich die Freundlichkeit abgewöhnt und lebt in ständiger Angst davor, wieder einmal so arm zu sein, wie er am Anfang war. Fields ist die logische Fortsetzung Chaplins und Lloyds, wie der amerikanische Kleinbürger der McCarthy-Ära die logische Fortsetzung des harten *frontier-man* ist; die Tugenden des Pioniers sind im Kleinbürger nur noch als physische Reflexe zu erkennen. Später wird sich dieser Kleinbürger hinter Sentimentalität und Bonhomie verbergen.

9. Romantische Komödien

Durch die Sprache wurden im Film andere Formen der Komödie möglich, die nicht den Komiker (also den Ausnahmefall), sondern den ganz
gewöhnlichen Menschen, den man sich durchaus auch in vollkommen
ernsthaften Situationen vorstellen kann, in den Mittelpunkt stellten: die
sophisticated comedy, die *social comedy*, die *screwball-comedy*. Sie handeln alle davon, wie sich Menschen verändern, wenn sie eine Partnerschaft eingehen, wenn ein Mann eine Frau und eine Frau einen Mann
braucht. (Es gab zwar auch in der Zeit des Stummfilms «romantische Komödien», aber in ihnen wurde mit Hilfe komödiantischer Elemente etwas
anderes dargestellt, nämlich die Erotik – und nicht, wie etwa in den
Screwball-Comedies, die *Probleme* der Erotik. Echte Komik ist Bezeich-
nendes und Bezeichnetes in einem; es läßt sich zu Recht von unechter
Komik sprechen, wenn dem Bezeichnenden der Komik das Äquivalent –
der Widerspruch im Bezeichneten – fehlt. So hat zum Beispiel im Sexfilm
die «Komik» die Funktion, Triebstauungen abzubauen. Sex-Komödien
stellte auch Hollywood bis zur Aufstellung des «Hays Code» her.)
   Die Stars solcher Filme mußten komisch und romantisch zugleich sein
können, und sie mußten so lange abwechselnd ein dummes und ein ver-
liebtes Gesicht machen, bis man dies nicht mehr so recht unterscheiden
konnte. Das Medium des Mythos war nun nicht mehr die Persönlichkeit
des Komikers, sondern die *Fähigkeit*, der Stil von Schauspielern und Re-
gisseuren. Die Komik (der Widerspruch) lag nicht mehr in der Erscheinung – Maurice Chevalier sah nicht komisch aus, Cary Grant war der
«Junge von nebenan», dem man die Tochter ruhig anvertrauen konnte –
sie ereignete sich vielmehr als Nebenprodukt des notwendigen Würde-
verlustes zweier Liebender. Damit aus zwei normalen Menschen ein nor-
males Paar werden konnte, mußte von beiden ein Zustand durchlebt werden, der auf der Aufhebung der Normalität basiert oder sich über sie
hinwegsetzt. (Der Anfang und das Ende dieser Filme ist – Langeweile.
Die Komik intendiert, sich selbst aufzuheben.) Ziel ist, den Partner durch
Einsatz der ganzen Persönlichkeit zu erobern, ihn aus seiner Gleichgültigkeit zu reißen, in der ihn die ganze Welt bestätigt, ihn verrückt zu machen,
ihn aus seinem narzißtischen Stumpfsinn zu befreien, ihn vor den Traual-
tar zu schleppen (ihn wieder nach Hause zu holen, ihn vor einem «Seiten-
sprung zu bewahren», ihn einem andern wegzunehmen, ihn «Standesun-
terschiede» vergessen zu machen) und ihn, im schlimmsten Fall, dann
wieder der Gleichgültigkeit und dem Stumpfsinn zu überlassen. (Es wurden freilich auch Filme gedreht, die so dezent wie nötig andeuteten, daß
es auch verheirateten Menschen Spaß machen kann, etwas gemeinsam zu
erleben, so die «Thin Man»-Filme mit Dick Powell – Regie: W. S. van

Dyke –; und es gab Komödien, wie «Mr. und Mrs. Smith» von Alfred Hitchcock, die die Grausamkeit des paarweisen Lebens notierten.) Kurz, es ging um den Irrsinn der Liebe in diesen Komödien, die sich von den Slapsticks allenfalls das Tempo borgten.

a) Der Lubitsch-Touch

«Goodbye Slapstick, Hello Nonchalance!» Als Ernst Lubitsch nach Hollywood kam, wo man Kino für die Welt machte, war er dort bereits als meisterhafter deutscher Regisseur von Volksstücken und Gesellschaftskomödien bekannt. (Bemerkenswert ist, daß Lubitsch mit Chaplin fast gleichaltrig war – und ähnlich wie dieser war Lubitsch der Star einer Reihe von kleinen Filmen, in denen er eine feste Figur, den Meyer, verkörperte, der ebenso auf «Eleganz» hielt, hungerte und hinter den Frauen her war wie Charlot.)

Was versteht man unter dem Lubitsch-Touch? «Selbst da, wo Ernst Lubitschs Filmkomödien entlarven, wirken sie nicht aggressiv. Sie zerstören Illusionen, um noch weit größere Illusionen zu schaffen. So wie Lubitsch in seinen frühen deutschen Historienfilmen Geschichte stets aus

Melvyn Douglas und Greta Garbo in «Ninotchka» (1939) von Ernst Lubitsch.

der Kammerdienerperspektive gezeigt hat, so bringt er in seinen Holly-
wood-Komödien die glamourlight-umspülten Stars durch die ständige
Desillusionierung von Situationen und Handlungsmotiven auf die Ebene
des Zuschauers, erfüllt damit genau die Sehnsüchte der Zuschauer. Was
an Lubitschs Filmen immer noch fasziniert, selbst wenn man diesen Me-
chanismus der perfekten Traumfabrik durchschaut hat, ist nicht nur ihre
handwerkliche Perfektion, sondern vor allem der intelligente Witz, mit
dem er seine Pointen und Gags kalkuliert, mit dem er den Zuschauer
immer wieder gleichzeitig überrascht und doch ins Einverständnis setzt»
(Wolfgang Ruf).

Oder ist es das, was François Truffaut sieht: «Wie alle Meister der Stili-
sierung entdeckte Lubitsch – bewußt oder unbewußt – die Erzählweise
der großen Kinderbuch-Autoren wieder. In ‹Angel› führt ein peinliches
und Verwirrung stiftendes Abendessen Marlene Dietrich, Herbert Marshall, ihren Ehemann, und Melvyn Douglas, ihren Liebhaber einer
Nacht, den sie nie wiederzusehen glaubte und den ihr Mann zufällig zum
Essen eingeladen hatte, zusammen. Wie so oft bei Lubitsch wechselt die
Kamera ihren Schauplatz an jenen Ort, von dem aus man die Konsequenzen betrachten kann. Wir sind in der Küche. Der Butler geht und kommt,
zuerst bringt er den Teller der gnädigen Frau: ‹Das ist ja seltsam, die
gnädige Frau hat ihr Kotelett nicht einmal angerührt.› Dann den Teller
des Gastes: ‹Tja, der auch nicht.› (In Wirklichkeit ist dieses Kotelett zwar
in hundert kleine Stückchen zerschnitten, aber nicht aufgegessen.) Der
dritte Teller wird gebracht, leer: ‹Doch der gnädige Herr scheint das Kotelett geschätzt zu haben.› Man hat das ‹Boucle d'or› im Haus der drei
Bären wiedererkannt: Der Brei von Papa Bär war zu heiß, der von Mama
Bär zu kalt, der von Baby Bär war gerade richtig; kennen Sie eine Literatur, die notwendiger ist als diese?»

Oder ist es so einfach: «Die internationale Geltung des Lubitsch-Films
beruht darauf, daß er den Bedürfnissen von Konsumenten entspricht, die
nicht in der Wirklichkeit selber, sondern nur durch das Absehen von ihr
miteinander verbunden sind» (Siegfried Kracauer). In jedem Fall, so
scheint es, besteht der Lubitsch-Touch in einer merkwürdigen Verhältnis-
mäßigkeit der Mittel, in der «Ausgewogenheit» von Zynismus, Träumerei,
Abstand und Identifikation, Illusion und Kritik, Medium, Publikum, Realität, Betrug und Wahrheit. Nichts ist zu fassen, alles ist unbestimmt, und
doch könnte man es sich nicht anders vorstellen. Mit anderen Worten: Wer
über Lubitsch-Filme (und Filme, die den Lubitsch-Touch haben) nach-
denkt, wird wenig Erfolg haben. Denn die Kritik, die insbesondere von lin-
ker Seite an seinen Filmen angemeldet wird, gilt, wenn überhaupt, so dann
für alles, was die Unterhaltungsindustrie hervorbringt (vgl. z. B. die Kritik
von «h. a.» zu «Blaubarts achte Frau» in «Deutsche Volkszeitung» Nr. 17/
72). Diese Kritiker reiben sich nur an der Perfektion der Filme wund.

Claudette Colbert und Gary Cooper in «Bluebeard's Eighth Wife» (1938) von Ernst Lubitsch.

Natürlich ist die Freundlichkeit der Lubitsch-Filme irreal; aber sie sind mehr, als die Drehbücher aussagen; ihre Bilder sind durch und durch erotisch, und das ist ihnen Konnex mit der Wirklichkeit genug.

b) Die Screwball-Komödien

Einen Sonderfall bilden die Screwball-Comedies. In ihnen geht es um selbstbewußte, phantasiereiche und oft unkonventionelle Frauen (dargestellt etwa von Jean Arthur, Claudette Colbert oder Katharine Hepburn), die sich leicht vertrottelte, eher spleenige als «autoritäre» Männer (verkörpert von Gary Cooper, Cary Grant oder James Stewart) erobern müssen, da diese ihre Selbstverwirklichung in abwegigen Zielen und krausen Ideen suchen anstatt in sinnlichen Erfahrungen. Die Frauen der Screwball-Comedies haben durchaus die Möglichkeiten zur Emanzipation (und auch den Männern wäre sie schmackhaft zu machen), aber es fehlt ihnen an Perspektive und Bewußtsein; von daher bekommt ihre Agilität etwas Leeres, man fürchtet, all ihre Aktivität könnte dazu führen, daß sie sich im Kreise drehen. Darum ist das Lachen bei den Screwballs am Rande der

Hysterie angesiedelt; auch sie finden keinen Ausweg aus der amerikanischen Kombination von Puritanismus, der nichts erlauben will, von Romantik, der alles möglich scheinen soll, und von der *fun morality*, die denjenigen verhöhnt, der sich viel entgehen läßt. Der Wirrkopf (= Screwball) ist nicht zu fassen; glaubt man, die Frau versuche, den Mann «aufzutauen» im Namen der *fun morality*, weil sie es schade fände, die Zeit verstreichen zu lassen, ohne die Vergnügungen der Erotik ausgekostet zu haben, so ist sie bereits bei romantischen Träumen, hat exotische Gedanken von Südseeinseln, von heldenhaften Männern und einem abenteuerlichen Leben und pfeift auf die Einwände ihrer besorgten Eltern. Haben wir (ihre Bewunderer) und ihr Partner auf die Romantik uns endlich eingestellt, Konventionalität und Mittelmaß gegen das große Gefühl vertauscht, überraschen die Frauen, die nicht zu Unrecht «gute Kameradinnen» geheißen werden, plötzlich mit Prüderie und Erfolgsdenken. Diese Verhaltensformen entwickeln sich durchaus nicht immer in der genannten Reihenfolge; oft bricht bei der puritanischen Frau ein unvermuteter Romantizismus durch, oder sie ist, um ihre Ziele zu erreichen, übermäßig tolerant gegenüber dem Mann, der seiner Spaß-Moral mehr aus Trotz denn aus Überzeugung leben will. Die Männer können diesem Wechselspiel nur passiv folgen und hinken hoffnungslos den Frauen hinterher, wirken deshalb leicht vertrottelt, auch wenn sie gelegentlich jenen Sarkasmus aufbringen, der das *merry-go-round* der Erotik als ein Spiel versteht, in dem der Held gar nicht gewinnen kann.

Erotik ist Verwandlung. (Jede Gefühlsveränderung ist erotisch, unter anderem sind Trauer und Traurigkeit, wenn sie durch mehr als ein Motiv gespeist werden, ungemein erotisch. Auch das Lachen entspricht einer jähen Gefühlsveränderung und ist dadurch der Erotik analog. Ziel des Films im allgemeinen ist es, Gefühle zu verändern.) Die Erotik der Frauen in den Screwball-Comedy-Filmen besteht darin, daß sie sich ständig verwandeln; das ungemeine Tempo, mit dem sie diese Verwandlungen durchlaufen, verbirgt ihren Partnern die Beschränktheit der Vorstellungen, denn diese Verwandlungen werden eigentlich recht zwanghaft vorgenommen: Durch die puritanische Erziehung (deren Hauptinhalt es ist, daß die Frau ihre Persönlichkeit aufgibt, wenn sie sexuelle Regungen anerkennt) wird sie aus dem unkomplizierten Vergnügen am Sex vertrieben, und schließlich muß sie ihre utopischen Träume aufgeben, bedingt durch das Erfolgsprinzip und den «Realitätssinn», den sie sich durch eine «schwere Jugend» und Erfahrungen im Berufsleben erworben hat; Berufstätigkeit war eines der Merkmale dieses Frauentypus, der dadurch die Entfremdung des Mannes in seiner Arbeit besser «verstehen» konnte. Die Frau hält es in keiner der möglichen Rollen lange aus und ist daher ständig unterwegs, während der Mann für den kleinsten Schritt zur Veränderung seine gesamten Kraftreserven mobilisieren muß. So erschöpft die Frau den Mann. Um bei ihm Ruhe zu finden, muß sie ihn erst außer Fassung bringen. Bei jeder Wendung entsteht Komik durch die Ungleichzeitigkeit, mit der sich Mann und Frau auf sich verwandelnde emotionale Milieus einstellen. Jede erotische Komödie beschreibt, wie Mann und Frau ihr emotionales Timing aufeinander einstellen. Die Screwball-Comedies reflektieren dabei die Bedingungen des Eros in der spätbürgerlichen Industriegesellschaft (also in der Gesellschaft, die in den dreißiger Jahren in Amerika war – und später, wie die ökonomischen Voraussetzungen, sich auch auf dem Kontinent entwickelt haben).

Cary Grant und Ann Sheridan in «I Was a Male War Bride» (1949) von Howard Hawks.

In den Vorgängen, die die Screwball-Comedy beschreibt, fällt Komik ab als Derivat erotischer Spannungen. Ihre Protagonisten bedienen sich der Methode des schnellen und anhaltenden Sprechens, welches ein Symbol erotischer Offensive ist (man denke nur an Groucho Marx). Die verwandelnde Erotik des Films offenbart sich in Montage und Tempo; die Bildersprache der Screwball-Comedies ist so kompliziert, wie es auch die erotischen Beziehungen sind, die sie darstellen – und nicht nur aus Zensurgründen.

10. Sozialkritische Komödien

Jede Tonfilmkomödie setzt sich aus Elementen des Slapsticks, des Lubitsch-Stils und der Screwball-Comedy zusammen. Einige amerikanische Regisseure haben versucht, mit Hilfe dieser Elemente soziales Engagement voranzutreiben.

a) Frank Capra

Frank Capras Filme zeigen eine politische Idylle, deren Naivität außerhalb der amerikanischen Lebensart und Denkweise besonders deutlich wird. Es sind soziale Märchen, die der Regisseur erzählt: vom uramerikanischen Zusammenstehen der «kleinen Leute» gegen böse Kapitalisten, korrupte Machthaber und «Schicksalsschläge». Die Ideologen der Rooseveltschen Sozialpolitik des «New Deal» sagten dasselbe, meinten aber etwas anderes. Wie im Märchen setzt auch Capra gleich: Klassengesellschaft mit «Snobismus», Macht mit «Hartherzigkeit»; und er verkündet, daß alle Menschen ohne große Veränderung miteinander auskommen,

Gary Cooper und Jean Arthur in «Mr. Deeds Goes to Town» (1936) von Frank Capra.

wenn man sie nur sein läßt, was sie sein wollen. Und der klassische amerikanische «Einzelgänger» bringt zum guten Ende schließlich auch Ordnung ins noch so große Durcheinander.

Die Aussage dieser (und aller) Filme sind aber nicht nur die Gedanken des Regisseurs (und seiner Autoren), sondern auch deren Gefühle. Die Komik bei Capra ist eine Art der Zärtlichkeit, die sich in den Filmen vorwiegend in Bagatellen äußert. In seinen Filmen drückt sich nicht eine Idee aus, sondern eine Idee wird Film, und zwar so vollständig, daß man gar nichts damit aussagt, wenn man erklärt oder kritisiert, «was in den Filmen vorkommt». Auch hier ist, freilich in einem anderen Stellenwert zur Geschichte, wie bei den Komikern, das Komische Bedeutendes und Bedeutetes zugleich.

b) Preston Sturges

Preston Sturges war demgegenüber der genaue Beobachter und scharfsinnige Kritiker. Seine Komödien sind gelegentlich voll Bitterkeit und Pessimismus. Wie Frank Tashlin attackierte er frontal den amerikanischen Lebensstil, die Werbung, die Helden- und Mütterverehrung, die Fruchtbarkeitsrituale; aber er richtete seine Aufmerksamkeit nicht so sehr auf die hohle Mechanik dieser Gesellschaftsstruktur, sondern auf die Menschen und das, was mit ihnen geschah. Die Slapstick-Gags seiner Filme richteten sich mehr und mehr gegen das Kino (die «Traumfabrik»), schließlich sogar gegen die eigenen Filme. Auch die Fragwürdigkeit der Komik als Mittel der Unterhaltung reflektierte der Regisseur, den Andrew Sarris den «Breughel der amerikanischen Komödienregisseure» nennt. Nirgends verbanden sich die Traditionen der Stummfilmkomödien von Charlie Chaplin, Buster Keaton oder Harold Lloyd und die der temporeichen Tonfilmkomödien etwa von Howard Hawks, Frank Capra, Leo McCarey und Gregory La Cava so schlüssig zu einer neuen Qualität wie in den Filmen von Preston Sturges. Sie entstand im Konflikt von «kontinentaler» Raffinesse und amerikanischem Pragmatismus, der in der Person des Regisseurs begründet war, aber weit größere Bedeutung hatte, als daß sie nur Reflex persönlicher Lebensgeschichte wäre, wie eine an Freud geschulte Kritik (unter anderem James Agee) es haben wollte.

c) Billy Wilder

Auch Billy Wilders Komödien sind satirisch und böse. In seinen Filmen gibt es eine neue Variante des komischen Darstellers: Jemand, der gleichzeitig korrupt und trottelhaft ist (diese Figur verkörpert am reinsten Jack

Jack Lemmon, der «Underdog», der sich aus seiner Abhängigkeit befreien will, und sein listiger Boss, Walter Matthau, in Billy Wilders «The Front Page»
(Verleih: CIC)

Lemmon). Seine Komik entwirft keine Gegenbilder zur verbreiteten Ideologie, sondern weicht diese von innen her auf. Seine Protagonisten sind oft seelisch komplizierte, naive, untüchtige oder extrem einseitige Menschen, die durch ihren Anspruch, als Mensch gesehen und anerkannt zu werden, zu Sand im Getriebe der Gesellschaft werden. Der Gegensatz von angepaßt – unangepaßt hat sich im Verlauf der Geschichte des komischen Films in die Seele des Menschen verlagert; die Komik wird daher immer psychologischer, das Kino eine «Couch aus Zelluloid». In Billy Wilders Filmen ist das Leben unter den herrschenden Bedingungen ganz einfach lächerlich, aber er versagt sich und seinen Zuschauern nicht immer die Flucht in die Sentimentalität. Das Begriffspaar Zynismus (oder vielleicht besser Sarkasmus) und Sentimentalität gehört zur Komödie wie Suspense und Mystery zum Thriller. In den amerikanischen Tonfilmkomödien, besonders auch bei Wilder, vermischen sich Liebe und Geschäft. Viel von der Komik dieser Filme entsteht dadurch, daß beide Bereiche verschiedenen Mechanismen gehorchen und, wenn sie ausgetauscht werden, Fehlverhalten provozieren.

11. Rebell wider Willen: Jerry Lewis

Ein wirklicher Star im komischen Film wurde erst wieder Jerry Lewis, der gemeinsam mit seinem Partner Dean Martin seinen Weg von der Bühne über das Fernsehen zum Film gemacht hatte.

Gemeinsam verhöhnen sie in ihren Filmen die amerikanische Ideologie des «to be success», freilich – wie Laurel und Hardy – ohne es zu wollen: Jerry, das Kind, das in seinem Freund den Ersatz für die Mutter sieht, und Dean, der pomadige, schlitzohrige, dennoch nur selten erfolgreiche Schürzenjäger, der ihm Beschützer, manchmal aber auch Ausbeuter ist. Die Komik Dean Martins, dessen Beitrag zu den Lewis/Martin-Filmen oft unterschätzt wird, liegt darin, daß er für alles, was er tun will, eine Nummer zu klein ist. Jerry versucht sich anzupassen, an seinen «großen» Freund, an die Gesellschaft, an das Prinzip des Realismus. Aber er schafft es nicht, denn man kann sich, mit Aussicht auf Erfolg, nicht *willentlich* anpassen, es ist keine Leistung, die man erbringt, wie wenn man einen mechanischen Akt vollführt. Am Ende vieler Filme hört Jerry folgerich-

Jerry Lewis in «Don't Give Up the Ship» (1959) von Norman Taurog.

tig auf, die anderen imitieren zu wollen, und bekennt sich zu sich selbst. Er wird dadurch – und meistens durch die Hilfe einer Frau – «erlöst». Dean Martin aber, der scheinbar so Angepaßte, der so aussieht, als müßte er Erfolg haben, erleidet Schiffbruch; sein Erfolg hatte keine Basis. Schließlich muß er sich sogar noch von seinem «Kind» Jerry helfen lassen. Ebenso wie dies bei Chaplin der Fall ist, stellen die Filme von Jerry Lewis eine kontinuierliche Entwicklung dar, die zwar nicht identisch mit der Lebensgeschichte des Komikers ist, aber doch in engem Zusammenhang mit ihr steht. In seinen Filmen überrumpelt Jerry seinen Partner erstens durch Gutmütigkeit und zweitens dadurch, daß er sich in einer Form emanzipiert, die Dean wie ein Wunder vorkommen muß.

Das Bewußtsein, ein «Trottel» zu sein, hatte Jerry durch Dean erhalten, der ihn damit abhängig machte; Jerrys versteckte Rache war, daß er Dean die Show stahl. Später trennten sich die beiden. Doch die Form ihrer Beziehung und die Person des Partners beschäftigten Jerry Lewis noch weiter: Den erfolgssüchtigen Weiberhelden karikierte er selber in «Der verrückte Professor» – immer noch im Bestreben, sich von seinem Freund zu emanzipieren –, in «Boeing-Boeing» stellt Tony Curtis eine Dean-Martin-Reminiszenz dar, und in «One More Time», dem einzigen Film, in dem Jerry Lewis nur Regie führte und selber nicht auftrat, ließ er Peter Lawford die Rolle seines früheren Partners übernehmen und übertrug seine eigene auf Sammy Davis jr., letzteres ein Ausdruck von Jerry Lewis' Vorstellung, daß sich Neger und Juden in ihrer Stellung in der amerikanischen Gesellschaft gleichen. Nach der Trennung von seinem Partner ging Jerry Lewis bei einem Mann «in die Lehre», der in kreativer Zusammenarbeit mit ihm die Macken von «The Kid» und «The Idiot» – wie Lewis die beiden hauptsächlichen Erscheinungsformen seiner Figur nannte – in Verbindung brachte mit dem gesellschaftlichen Umfeld. Frank Tashlin, der erst Zeichentrickfilme machte, interessierte sich vor allem für das Konsum- und Erfolgsdenken der Amerikaner und für die Mechanik, die dieses Denken in Gang gebracht hatte und die jetzt das eigentliche Instrument der Herrschaft bildete. In diese Welt, die Tashlin nicht ohne Zorn abbildete, ließ Jerry Lewis seine Figur kommen und alles durcheinanderbringen. Es gibt in diesen Filmen Tashlin-Gags und Lewis-Gags, und es gibt Tashlin/Lewis-Gags.

Manches verbindet den Komiker Jerry Lewis mit dem Mythos von James Dean – auch er ein Unangepaßter, der von seiner Umwelt zum «Versager» gestempelt wird. Aber anders als James Dean ist Jerry nicht nur ein «Rebell ohne Grund» (der amerikanische Titel des berühmten Films von Nicholas Ray lautete «Rebel Without a Cause», 1955; er lief in Deutschland unter dem Titel «... denn sie wissen nicht, was sie tun»), sondern auch ein Rebell wider Willen. Jerry hat Fähigkeiten, von denen er glaubt, sie verstecken zu müssen, um als normaler Amerikaner aner-

Jerry Lewis und Peter Lorre in «The Sad Sack» (1957) von George Marshall.

kannt zu werden. Diese Fähigkeiten brechen manchmal aus ihm heraus und rächen sich am normalen Amerikaner. In seinen späteren Filmen, in denen er zumeist selbst die Regie führte, veränderte Jerry Lewis seine Figur. In diesen Filmen wird Jerry oft selbst aktiv; er setzt gegen die Mechanik der Gesellschaft nicht mehr nur seine Poesie ein, sondern auch seinen Verstand, und er beginnt, bewußt zu handeln. Der Aspekt des Rebellischen tritt dabei in den Hintergrund, denn Jerry protestiert nun nicht mehr gegen die Regeln der Konvention, sondern umgeht sie listig und verwendet sie für seine Zwecke. In «Jerry, der Herzpatient» setzt sich Jerry zur Wehr, als ihm Peter Lawford (wieder in einer Rolle, die derjenigen Dean Martins ähnelt) die Frau wegnimmt, und setzt seine mimischen Mittel, die Fähigkeit, sein Gesicht zu verändern, als eine Waffe ein. Innerhalb der Norm ist für Jerry keine Möglichkeit einer Existenz gegeben, sosehr er sich auch danach sehnt, für voll genommen zu werden; man verweigert ihm das Recht, sich anzupassen. Sein Glück macht Jerry daher außerhalb der Norm, wenn er begriffen hat, daß nur die Flucht nach vorn für ihn sinnvoll ist: In «Which Way to the Front?» besiegt er, nachdem man ihn für den Militärdienst als untauglich erklärt hat, allein durch seine Verstellungskünste, Hitlers Soldaten. Und so läuft es immer bei ihm: Weil ihn ein völlig unwichtiger Jemand beleidigt hat, muß er's der ganzen Welt zeigen.

12. Kaputte Mythologie: Woody Allen

In manchem ist Woody Allen der Nachfolger von Jerry Lewis. Auch er ist
der jüdische Underdog, der an der amerikanischen Gesellschaft und ihren harten Anforderungen scheitert. Aber mehr noch als Jerry muß Woody sich nicht nur mit der Wirklichkeit dieser Gesellschaft, sondern auch
mit ihrem eigenen Walhalla, den Träumen und Alpträumen der Medien
und ihrer Mythen herumschlagen. Und auch diese Welt, eigentlich geschaffen, um sich von schlechter Wirklichkeit «erholen» zu können, ist
nicht mehr heil; weil zwischen Wirklichkeit und Traum ein dialektisches
Verhältnis besteht und der Traum wieder in die Wirklichkeit drängt, kann
eine zerstörerische Wirklichkeit nicht ohne Auswirkungen auf die Träume bleiben. Die Mythen funktionieren nicht. Woody will Humphrey Bogart sein (in «Play it Again, Sam») und eine persönliche Krise wie sein
Vorbild (in Michael Curtiz' Film «Casablanca» von 1943) meistern können, aber der Mythos schließt kleine, häßliche Leute und Leute, die sich
klein und häßlich vorkommen, aus. Woody (in «Bananas») gerät in die
politischen Reißwölfe des Massenmediums Fernsehen und kann sich
nicht daraus befreien. Woody will (in «Take the Money and Run») ein
Gangster werden, aber er hat dafür zuwenig von dem, was die Massenme-

Die überlebensgroße Abbildung
seines Idols Humphrey Bogart in
«Play It Again, Sam».
(Verleih: United Artists)

dien «Persönlichkeit» nennen (die Gabe, anderen Leuten Angst einzuflößen); seine eigene Lebenserfahrung ist in die Form einer Fernseh-Dokumentation gekleidet. Woody träumt sich in die Zukunft (in «Sleeper»), und er verliert auch hier nicht seine radikale Einsamkeit. Diese Einsamkeit besteht nicht nur darin, daß die Beziehungen zwischen den Menschen nicht mehr funktionieren, sondern auch deren Abstraktionen; die Vorstellungen davon, die durch (Massen-)Kommunikation vermittelt werden, sind nicht mehr verläßlich. Woody wird sich fortwährend selbst entfremdet, das heißt, da die in ihm wirksam werdende Manipulation (eine «mythologische Motivation») kein Leben ermöglicht, wird er auf sich selbst zurückgeworfen und muß sich annehmen. Aber er ist sich mittlerweile selbst so fremd geworden, daß er sich wie etwas Exotisches vorkommt; insbesondere seiner Erotik steht er fassungslos gegenüber (er verschleiert dies dadurch, daß er Erotik permanent «feiert», als Mittel zur Aufhebung der Entfremdung, als utopische Möglichkeit einer neuen Lebensqualität, als «Natur»). «Woody ist ein Traumtänzer des Massenzeitalters, und er kämpft gegen das, was ihn Tag für Tag ‹kaputtmacht›. Sein Problem ist, daß er nur in den von Fernsehen, Film und Werbung vorgezeichneten Wegen denken, empfinden und handeln kann. Der geniale Dreh der Woody-Allen-Filme ist es, diese Abhängigkeiten mit sarkastischer Radikalität als ‹Gags› vorzuführen und so dem Betrachter den Spiegel seiner ‹Wirklichkeit› vor Augen zu halten; einer Wirklichkeit aus zweiter Hand. Woody Allen – der Protagonist – zappelt in den Zwängen der vorfabrizierten Verhaltensmuster bis zum bitteren Ende. Die Selbstbefreiung bleibt Illusion. Das Finale ist pessimistisch. Woody Allens Komödien sind schwarze Komödien, in denen sich die konsumierende ‹Middle Class» wiedererkennen kann» (Eckhart Schmidt).

Die Aufklärung innerhalb der Komödie findet ihre Grenzen in der Persönlichkeit des Komikers. Sein persönlicher Triumph, das *happy end* am Schluß des Films, das ihm die Frau, das Geld, die Anerkennung bringt, ist eigentlich Verrat an seiner Sache. Die Kritik am Alltagsleben nimmt der Komiker zurück, wenn er die Anerkennung gefunden hat, zu deren Zweck er Komiker geworden ist.

Es ist aber möglich, daß man sich eines Tages, vielleicht nach einem Film von Woody Allen, über den Zusammenhang zwischen der Krise des Kapitalismus und der Krise des Menschen klar wird. Wahrscheinlich wird es so weit kommen (oder ist es schon so?), daß jede Krise der Unterhaltungsindustrie (welche in einem zeitlich abgesetzten Verhältnis zu *der* Industrie steht) Katastrophen im Leben ihrer Konsumenten auslöst.

13. Zwei Komiker des Absoluten: Jacques Tati und Karl Valentin

Die Typologie des Komischen, soweit sie die Grundelemente der Film-Komik darstellen soll, könnte hier beendet werden. Natürlich gibt es noch zahlreiche, auch und gerade europäische Filmkomiker, die zu Recht einen Platz unter den Klassikern des Genres beanspruchen dürften. Und es gibt gewiß auch noch eine Reihe von Komikern, die hier nicht erwähnt wurden und die doch sehr eigenständige Formen der Komik entwickelt haben. Aber das Ziel dieser kleinen Untersuchung war es, das Wesen des komischen Außenseiters und seine Erscheinungsformen im Film darzustellen. Jeder Komiker entwickelt seinen Typ auf der Grundlage dieses Wesens, es ist gleichsam die Quelle aller Komik.

Die zwei Komiker, die abschließend vorgestellt werden, bilden in der Typologie der Filmkomik insofern eine Ausnahme, als sie in der konsequenten Entwicklung an die Grenze dessen gelangten, was Komik vermag: Jacques Tati und Karl Valentin, zwei Komiker, wie sie gegensätzlicher wohl nicht gedacht werden können. Während Tati seine Komik aus dem Alleralltäglichsten, den kleinsten Beobachtungen entwickelt und dabei seine Figur, den Monsieur Hulot, zunehmend in den Hintergrund treten läßt, hat Valentin seinen Konflikt mit der Welt mit solcher Vehemenz ausgetragen, daß an ein Zurück, an eine Harmonisierung oder Befriedung nicht zu denken ist. Ein Komiker kann nicht «weniger» sein als Tati, kann nicht noch mehr von seiner Persönlichkeit auf seine Umwelt übertragen, und er kann nicht «mehr» sein als Karl Valentin, kann das Beharren auf den eigenen Ansprüchen und die Totalität seiner Komik nicht noch weiter treiben. Zwischen diesen beiden Extremen liegt alles, was als (filmische) Komik verstanden wird.

Hulot, die komische Figur Jacques Tatis, ist nicht eigentlich ein Clown, obwohl pantomimische und gestische Formen der Komik in allen seinen Filmen zu finden sind. Er ist nur ein Katalysator, der Situationen hervorbringt oder nur beobachtet, die uns zeigen, daß eigentlich die ganze Welt komisch ist. Pointen und Gags entwickeln sich in Tatis Filmen bruchlos aus Zuständen fast idyllischer Ruhe. Kaum merkbar ist der Übergang von «normalen» zu komischen Szenen, und gerade durch dieses leichte Schwingen zwischen der Ruhe und der Absurdität des Alltags entsteht eine entspannte und aggressionslose Form der Filmkomik, die weder den Zuschauer überfordert noch die Person des Komikers allzusehr in den Mittelpunkt rückt. Das Medium dieser Komik ist Realismus, genaue Beobachtung und Distanz gegenüber dem Gezeigten.

Da Hulot (Tati) als einziger wirklicher Komiker glücklich sein kann, keine problematische, sondern eher eine anachronistische Existenz, fällt

Jacques Tati in «Jour de Fête» (1947).

es ihm leicht, als Person in den Hintergrund zu treten. Monsieur Hulot, ein liebenswürdiger Kleinbürger ohne große Ambitionen, aber mit dem Bedürfnis, zu helfen und es den anderen «recht zu machen», muß sich in erster Linie mit den Errungenschaften der modernen Zivilisation herumschlagen, mit einem Arbeits- und Lebenstempo, das sich in zunehmendem Maße als inhuman erweist. Er selbst, schlaksig und doch von ungeheurer Anmut in seinen Bewegungen, bewegt sich in dieser Welt der Automation, des Leistungsdrucks und der Ausbeutung, ohne eigentlich Anteil an ihr zu nehmen. Für Tati besteht die Auseinandersetzung mit der Zivilisation darin, daß er ihre bösartigsten Errungenschaften zu Spielzeugen verwandelt.

In seinem ersten langen Spielfilm, «Jour de fête», ist Tati ein Landbriefträger, der die Geschehnisse in seinem Dorf wichtiger nimmt als seine Aufgabe der Postzustellung. Als sich das Dorf auf ein Kirmesfest vorbereitet, will er ungebetenerweise überall bei den Vorbereitungen behilflich sein und vergißt seine eigentlichen Pflichten darüber ganz. Zu den Attraktionen des Festes gehört auch ein Wanderkino; dort wird ein Film über die amerikanische Postzustellung gezeigt, und Tati fühlt sich von der Fixigkeit seiner amerikanischen Kollegen so herausgefordert, daß das Dorf einen wie entfesselt agierenden Briefträger erlebt, der mit seinem alten Fahrrad «amerikanisches» Tempo vorlegt. Die Geschwindigkeit der Zustellung steht dabei freilich in keinem Verhältnis zur Effektivität, und schließlich landet der Briefträger, der auf seinem Fahrrad sogar die Konkurrenten der Tour de France hinter sich gelassen hat, im Dorfbach.

In «Les Vacances de Monsieur Hulot» war Tatis komischer Typus voll entwickelt: Der stoische, leicht resignierte Vertreter einer untergegangenen Klasse von «guten Bürgern» schafft immer mehr Distanz zwischen sich und der Welt. In dieser Satire auf den Betrieb in einer französischen Ferienstadt am Meer ist es noch vorwiegend Hulot selber, der die Gags produziert. Doch wird schon augenscheinlich, daß Tati von der Konstruktion einer komischen Szene übergeht zur Beobachtung.

In «Mon oncle» findet sich die Konfrontation Hulots mit der «Moderne», der man wohl am ehesten polemische Züge unterstellen kann. Er muß sich hier mit einer hypermodernen Luxus- und Warenwelt auseinandersetzen.

«Playtime», Tatis nächster Film, «verzichtet noch eindeutiger als die früheren auf eine dramatische Handlung. Was die zwei Hauptteile – Hochhaus und Nachtclub – und die drei Nebenteile – Vorspiel im Flughafen, Überleitung, Nachspiel mit der Rückfahrt zum Flughafen – inhaltlich gemein haben, sind die Figuren: eine Gruppe ausländischer Touristen, einige Geschäftsleute und Monsieur Hulot. Doch auch sie verbinden nur flüchtige Begegnungen, und jede Figur könnte zu jeder Zeit wieder spurlos aus dem Film verschwinden – viele tun es auch. Selbst Hulot wäre entbehrlich» (Enno Patalas).

Tati selbst beschrieb die Entwicklung seiner Figur so: «Hulot – was macht der Hulot? Er gibt seine Gestalt den anderen. Man hat einen englischen Hulot, den Hulot an dem Stand, wo er dann von dem Deutschen angeschnauzt wird, den Arbeiter Hulot usw. Hulot ist nicht mehr der Star, er macht keine Kassen mehr. Hier macht niemand mehr Kassen. Man muß etwas gegen den Mythos von dem unentbehrlichen Star tun.»

Ihren (vorläufigen) Abschluß hat diese Entwicklung in «Trafic» gefunden, wo Hulot nur noch eine von vielen handelnden Personen ist und nur deswegen aus der Masse herausragt, weil man ihn kennt. Hulot, gleichsam am Rande des Filmes entlangschlendernd, ist ein Romantiker, der nicht den großen Träumen nachjagt, sondern sich mit kleinen Idyllen zufriedengibt, die er am Rande, abseits der großen Straßen findet. Er hat – ein Widerspruch in sich – ein menschenfreundliches Auto erfunden, ein Auto, das sich nicht als Potenzsymbol und nicht als «Waffe» verstehen läßt, wohl aber, mit eingebautem Rasierapparat und Senfspender und einer Dusche, zur Verwirklichung einer privaten Idylle geeignet ist. Über diesen Dingen für das gute Leben haben Hulot und seine Helfer allerdings die Fahrtüchtigkeit etwas vernachlässigt, und so erleben sie auf ihrer Odyssee zu der Ausstellung, auf der sie ihr Wunderauto präsentieren wollen, eine Reihe von Pannen und Mißgeschicken, finden unterwegs aber immer wieder Plätze, an denen es sich leben läßt. Als man schließlich ankommt, ist die Ausstellung beendet, aber auch das ist für Hulot kein Anlaß, mißmutig zu sein, eher scheint er erleichtert, den Mühlen des Geschäftslebens entgangen zu sein. Selbst eine Massenkarambolage hat in diesem Film nichts Aggressives, und die ständig wiederkehrenden Autowracks an den Seiten der Straßen und die Autofriedhöfe erscheinen nicht als apokalyptische Visionen vom Zerfall der Zivilisation, wie etwa bei Godards «Weekend», sondern wie eine Vergewisserung der Vergänglichkeit von Alpträumen. «Die letzte Einstellung ... ist genial. Da hockt ein alter, krummer Mann in einem alten, windschiefen Auto und starrt verbittert durch die regennasse Windschutzscheibe. Das Senilste an der senilen Szene ist der Scheibenwischer des Autos: Der kommt gerade noch zitternd bis zur Mitte des Fensters, dann fällt er kraftlos in die Ausgangsstellung zurück. Diskreter läßt sich nicht formulieren, daß Autos sterblich sind und Autobesitzer auch» (Benjamin Henrichs).

Zwei Elemente sind in Tatis Filmen von großer Bedeutung: Die Sprache der Protagonisten und der Statisten bleibt in jedem Moment dokumentarisch beobachtet; oft ist der Klang, die besondere Nuance einer

Hulot im Kampf mit der modernen Technologie: Tati in «Mon Oncle» von 1958.
(Verleih: Jugendfilm)

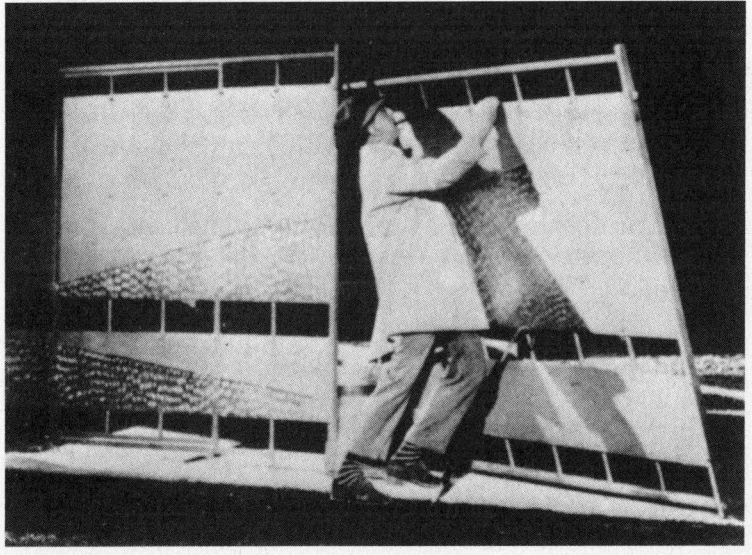

Stimme wichtiger, als daß jedes Wort verständlich wäre. In Tatis Filmen herrscht oft ein Sprachengewirr, das Reden aneinander vorbei und nebeneinanderher fügt sich zu einer Klang-Collage: ein kleines Babylon an den Zentren der Zivilisation.

Zum anderen ist es das Spiel mit der Zeit, das in allen seinen Filmen erscheint. Oft entsteht ein Gag allein dadurch, daß Filmzeit und Realzeit zusammenfallen (etwa in «Playtime»), oder dadurch, daß eine Szene nicht, wie es am «effektvollsten» wäre, nach dem Höhepunkt abgebrochen wird. Der Zuschauer sieht, was weiter geschieht, auch wenn dies nichts besonders «Bedeutendes» ist. Sich Zeit nehmen, das gehört nicht nur zur Philosophie des Monsieur Hulot, sondern auch zu den Konstruktionsprinzipien der Filme von Tati. Wie er sich dem Starkult verweigert, so lehnt es Tati auch ab, einen Film aus Höhepunkten zu montieren.

Beides, die Betonung des klanglichen Momentes der Sprache und die Rhythmisierung des zeitlichen Ablaufs, sind eminent musikalische Formen der Darstellung, und tatsächlich lassen sich Tatis Filme konsumieren wie ein Stück nicht allzu dramatischer, aber immer anregender Musik. Wie bei einem Musikstück, so setzt sich auch die «Aussage» seiner Filme erst im Kopf des Zuhörers und -sehers zusammen. Diese Form der Komik macht den Zuschauer frei: Er kann sich aussuchen, welche Personen er verfolgen, zu seinen «Helden» erklären will, über welche Gags er lachen will (eine Auswahl wird allein schon durch das Überangebot erforderlich), und ob und wie er eine Situation interpretieren will. Tatis Filme bevorzugen die Totale, ein distanziertes Bild, in dem mehrere Dinge auch unabhängig voneinander ablaufen können. Verbunden sind die Sequenzen durch das leitmotivische Auftauchen des Mannes mit Regenmantel, Hut und Pfeife: Hulot. Auf denkbar sanfte Weise entfernt uns Tati von der ordnenden und beengenden Macht der (Seh-)Gewohnheiten. Und je mehr Hulot an den Rand des Geschehens rückt, desto mehr wird der Zuschauer selber zu einer Art Hulot: Hulot ist keine Person mehr, sondern ein Zustand.

Wie Hulot frei ist und niemals eine wirkliche Niederlage erlebt, weil er ohne Ehrgeiz ist, so fühlt sich auch der Zuschauer frei. Seine Wahrnehmungen sind ihm nicht vorgeschrieben, weder durch die Handlung des Films noch durch die Zeichnung der Charaktere. Er braucht keinen Ehrgeiz darauf zu verwenden, eine Bedeutung oder eine Ideologie aus dem Gesehenen zu destillieren oder pflichtschuldig «an den richtigen Stellen» zu lachen. Tati hat uns zu dieser Freiheit erzogen und sich selbst dabei fast überflüssig gemacht.

Dieses «fast» bezieht sich darauf, daß man Hulot einfach mögen kann, wie einen alten Bekannten, den man wiedertrifft.

Im Gegensatz zu Tati, der seine Filme selbst gestaltet, lange Produktionszeiten und hohes finanzielles Risiko auf sich nimmt, um seine Vorstellungen bis ins Detail genau zu verwirklichen, war Karl Valentin ein prominentes Opfer der deutschen Filmgeschichte: Nur Max Ophüls hat ihm für «Die verkaufte Braut» einmal freie Hand gegeben; und die Szenen mit ihm und seiner Partnerin Liesl Karlstadt gehören zu seinen schönsten. Die meisten Filme aber, insbesondere die Kurzfilme, beschränkten sich darauf, seine auf der Bühne erprobten Sketche abzufilmen, und gelegentlich wurde das Publikum auch durch eine sentimentale Nebenhandlung davon überzeugt, daß «alles gar nicht so bös gemeint» sei.

Dennoch wäre es falsch, «seine Filme als bloß verfilmte Theaterstücke anzusehen. Realität und Fiktion umschließen Valentins Universum. Sein in einigen Sketchen angewendeter Verfremdungseffekt, die Sabotierung einer Vorstellung, verweist auf persönliche Erfahrungen und auf die Realität. Umgekehrt weist sein privates Verhalten genau auf das Verhalten der von ihm dargestellten Figuren. Wortwitz, wie ihn Queneau in ‹Zazie› wiederfand, demonstrierte Valentin, als er mit einem Bekannten in einer Straßenbahn fuhr und den bekannten Münchner Gebäuden zum Staunen der Fahrgäste gänzlich falsche Namen gab, so daß unter anderem aus den vier Standbildern der griechischen Philosophen vor der Staatsbibliothek die ‹vier Heiligen Drei Könige› wurden» (Hans Scheugl/Ernst Schmidt). Valentins Leben, seine Darstellungen und Schöpfungen, seine verrückten Erfindungen, seine Verkleidungen und seine Anmaßungen verbanden sich zu einer Form des «Gesamtkunstwerkes», das auch durch schlechte Filme nicht gänzlich zu zerstören war.

So schwer es ist, seine Erscheinung zu beschreiben, seine lange, hagere Gestalt, seinen Blick, der im selben Augenblick melancholisch und sadistisch zugleich sein konnte, die Bewegung seiner Hände, die zu groß, aber doch sensibel waren, so schwer ist es auch, seinen Typ des Komikers zu definieren. Anders als Chaplin ist er kein Außenseiter; er steht nicht im Widerspruch zu der proletarisch-kleinbürgerlichen Umgebung, die er durch seine aggressive Logik verstört, sondern er ist selber der lebende Widerspruch dieser Lebensform. «Wenn Karl Valentin in irgendeinem lärmenden Bierrestaurant todernst zwischen die zweifelhaften Geräusche der Bierdeckel, Sängerinnen, Stuhlbeine trat, hatte man sofort das scharfe Gefühl, daß dieser Mensch keine Witze machen würde. Er ist selbst ein Witz» (Bert Brecht).

Die «Tücke des Objekts» hat auch Valentin zu «Verwandlungen des Objekts» angeregt, doch ganz anders als Buster Keaton etwa macht er nicht aus einem gefährlichen Objekt ein brauchbares, sondern er macht aus einem ihn irritierenden Objekt eines, das alle Leute irritieren muß. Je größer der Aufwand, desto geringer ist das Ergebnis. Durch sein Insistieren auf ganz bestimmten Leistungen treibt er die Menschen seiner Umge

Karl Valentin und Liesl Karlstadt in «Musik zu zweien» von 1936.

bung, die kleinen Verkäuferinnen, die Handwerker, die «Passanten» dazu, am Sinn ihrer Arbeit und ihrer Lebensform zu verzweifeln. In «Beim
Nervenarzt» verlangt er von einem Bäcker ein Gebäck in Form eines «B»,
und jedesmal, wenn der Bäcker anscheinend seine Wünsche erfüllt hat,
bemängelt er das Ergebnis und fordert eine neue Form: einmal soll es ein
kleines, dann ein großes, dann ein lateinisches, dann ein deutsches «B»
sein. Als er endlich mit der Ware zufrieden ist, nimmt er das Gebäck – das
Ergebnis von drei Tagen Arbeit – und ißt es unverzüglich auf. Alle seine
(scheinbaren) Fehlleistungen, seine Zerstörungen und die Aggression gegenüber seinen Mitmenschen entspringen bei Valentin nicht einer Zerstö-
rungs*lust*, wie etwa bei Laurel und Hardy, sondern seiner Unfähigkeit,
Regeln anders als wörtlich zu interpretieren. Mit derselben Bestimmt-
heit, mit der er durch sein Verhalten die kleinbürgerliche Ordnung aus
dem Gleichgewicht bringt, weil sie einem gigantischen, aber keineswegs
lustbetonten Egoismus im Wege sind, verteidigt er sie auch: In «Der verhexte Scheinwerfer» muß Valentin als Installateur in einem Cabaret eine
Reparatur vornehmen, und dabei fallen ihm Arbeitsgeräte auf die Tische,
an denen die vornehmen Gäste essen. Als diese sich über die Störung
beklagen, fährt Valentin sie an: «Um diese Zeit frißt man auch nicht!»

Partnerin in fast allen Filmen von Karl Valentin war Liesl Karlstadt. Sie verkörperte die andere Ausformung des kleinbürgerlichen Wesens, den optimistischen, pragmatischen Tatmenschen, der nach Lösungen sucht anstatt nach Erklärungen und der mit seinem sozialen Status vollkommen übereinstimmt. Im Grunde ebenso unfähig, Bedürfnisse zu artikulieren, wie der asoziale Monomane Valentin, will sie harmonisieren, wo es längst nichts mehr zu harmonisieren gibt, versucht sie, tapfer ihr Leben zu meistern und sich anzupassen. Sie scheitert schließlich nicht nur an Valentins Provokationen, sondern auch an ihrer Unfähigkeit, eine an sie gestellte Anforderung zurückzuweisen. Wie unter einem Zwang läßt sie sich auf alles ein, und sei es auch noch so widersinnig. Im Zusammenleben dieses Paares, das eine Aneinanderreihung von Katastrophen ist, offenbart sich die Tragödie der Menschen. Die Fremdbestimmung des bürgerlichen Individuums erhält groteske Züge, wo ihm der Glaube an die Verläßlichkeiten des Alltags genommen ist.

Hulot schleicht sich aus der Welt, weil er nichts mehr von ihr erwartet, und seine Komik löst sich auf, weil alles komisch wird. Valentin negiert die Welt, weil er alles von ihr will (wenn er auch nicht weiß, was), und seine Komik verdichtet sich so stark, daß sie in Wahnsinn umzuschlagen droht. Tati und Valentin markieren, jeder an einem anderen Ende, die Grenzen des komischen Typus.

Entwicklungsformen der neuen Filmkomik: Amerika 1970–1980

1. (Noch) kein Comeback für Jerry Lewis

Ganz zweifellos hat Woody Allen einen Höhepunkt in der Geschichte der amerikanischen Filmkomödie erreicht; als Autor wie als Darsteller verkörpert er perfekt die Neurosen und Zwänge einer fast universalen Schicht großstädtischer Intellektueller. Aber seine geschmackssichere, durch den Kopf doch immer mehr als durch den Bauch gehende Komik hat auch für eine Zeit eine Lücke aufgerissen. Auf dem Zenit seines Ruhms gab es neben ihm kaum Platz für eine den Slapstick-Traditionen, dem nicht ganz so guten Geschmack, dem Körperlichen verpflichtete Filmkomödie.

Dabei waren seine Arbeiten auch so sehr Film, so ganz autonom in seinem Medium geworden, daß es kaum um eine Alternative von «intellektuell» auf der einen und «filmisch» auf der anderen Seite gehen konnte. Da jeder Schritt über Woody Allen hinaus entweder ins künstlerisch gestaltete Melodram oder in sanfteste Ironie führen mußte, gab es wohl für die amerikanische Filmkomödie nichts anderes, als einen Schritt zurück zu tun.

So mochte es dem einen oder anderen als kleine Erlösung erschienen sein, als Jerry Lewis seinen Kampf gegen wirtschaftliche und menschliche Fehlschläge mit seiner Rückkehr auf die Leinwand wenn nicht beendete, so doch energisch wiederaufnahm. Freilich sollte es auch bei diesem, dem ersten seit acht Jahren fertiggestellten Projekt wieder rechtliche Schwierigkeiten geben, und eine sensationelle Neuerung war kaum zu erwarten, weder im Stil des Komikers noch in dem des Regisseurs Jerry Lewis.

Auch «Hardly Working» (Alles in Handarbeit – 1980) ist zugleich verschlüsselte Biographie und Allegorie, und wie in so vielen Filmen geht es um «The Kid» und «The Idiot» (natürlich in einer Person, der von Jerry Lewis, vereint) und um seinen Kampf mit den Objekten und den Ritualen des amerikanischen Alltagslebens. Thema wie Atmosphäre des Films scheinen aus den sechziger Jahren zu stammen, zumindest einer mild gestimmten Erinnerung daran.

Die Geschichte erzählt von dem Clown Bo (Jerry Lewis), der ziemlich verloren auf der Straße steht, als der Zirkus pleite geht, bei dem er aufgetreten ist, gerade mit einer lange erarbeiteten Nummer erfolgreich. Bo findet Zuflucht bei seiner Schwester Claire und ihrem bürgerlich-cholerischen Mann, und er macht sich, tatkräftig unterstützt von seiner Schwester, auf die Suche nach einem Job. Aber Bo kommt mit keiner der Arbeiten zurecht, die ihm seine Schwester besorgt, er demoliert eine Tankstelle und ein Auto, natürlich muß er auch einmal an eine dieser kunstvoll aufgestapelten Dosen-Pyramiden geraten, auch ein Antiquitätenladen hält seinem guten Willen nicht stand, und als «chinesischer Koch» in einem Spezialitätenrestaurant spielt er seine Rolle, wie er es kann: als Clown. Nachdem er so oft in den scheinbar so gesicherten kleinen und größeren Tempeln der amerikanischen Vorstellung von Lebensgenuß und Plastik-Kultur heilloses Chaos angerichtet hat, selber in höchstem Maße bedroht von dem, was eigentlich alltäglich ist, findet er endlich in der Post ein System, das selber so irrwitzig funktioniert, daß es ihn nicht mehr los wird. Aber hier, wo es sich gelohnt hätte, beginnt Bos Zähmung, die natürlich von einer Frau ausgeht. Bei der entscheidenden Prüfung besteht Bo so spielend, als hätte ihm zuvor bloß eine ordentliche Motivation gefehlt, sich mit den Regeln der Arbeitswelt abzufinden, aber natürlich steckt auch, wie immer, ein bißchen Hoffnung auf Erlösung in dieser

Jerry Lewis als «chinesischer Koch» in «Hardly Working» (1980).

Wandlung. Und völlig will seine Integration nicht gelingen: Er trägt die Post im Clownsgewand aus.

Die Filmkritiker in Europa, wo Jerry Lewis' Film zunächst ausschließlich zu sehen war, reagierten mit Melancholie und verbrämten Nachrufen auf den Komiker/Regisseur Jerry Lewis, dem man vorwarf, den Anschluß an die Entwicklung der Filmkomödie verloren zu haben, seiner eigenen Mittel unsicher geworden zu sein und in seinen Zerstörungsorgien jedes Maß verloren zu haben, um dann sogleich in Rührseligkeit zu verfallen.

Sicher ist ein eher versöhnender, gar sentimentaler Zug in der Geschichte des Clowns, der Mitglied der Gesellschaft werden will, nicht zu übersehen. Immer wieder gibt es Ansätze dazu, daß Bo sich sein eigenes Fehlverhalten erklären will; daß er nicht ganz von dieser Welt wäre, wie Jerry Lewis in seinen Filmen aus den sechziger Jahren, und deswegen etwas völlig Außergewöhnliches, ja im Grunde Unmögliches eher schafft als etwas Alltägliches, ist hier nicht mehr zu glauben. So mag die Story in ihrem «autobiografischen» Zusammenhang nur dem ansprechend sein, der den Komiker gerade in seinen Wünschen danach, normal zu sein, verfolgt, also dem, der Jerry Lewis auch mag, wenn er nicht komisch ist. Für den anderen kann sich «Hardly Working» zumindest im ersten Teil immer noch als vergnügliche Nummern-Revue präsentieren, die in einigen Szenen jedenfalls die ungebrochene Kraft des *Komikers* Jerry Lewis dokumentiert.

2. Mel Brooks: Funny is Money

«Die Leute wollen nicht nur die intellektuellen Späße eines Woody Allen, sie brauchen auch wieder einfacheren Witz», hatte Jerry Lewis gesagt. Daß in dieser Einfachheit auch ein Stück Einfalt steckt, wie sie bis in die sechziger Jahre in den Filmkomödien angelegt war und die eigentlich nur als Kindischkeit auf einem anderen Niveau der Filmkomödie überlebte, macht wohl, daß Lewis' Film so «altmodisch» wirkt. Und die Komiker waren mittlerweile entweder völlig reale, glaubwürdige Menschen geworden wie Allen, oder sie waren völlig künstliche, mechanische Wesen wie die Figuren der Filme von Mel Brooks.

Die Komik in den Filmen Brooks' ist nicht unbedingt einfach, aber in jedem Fall direkt. Auch Brooks hat für das Theater und das Fernsehen gearbeitet wie Allen, und auch in seinen ersten Filmen ist die Ästhetik dieser Medien noch deutlich zu spüren. Er hat das Buch für den Zeichentrickfilm «The Critic» geschrieben, dessen visuelle Gestaltung Ernest Pintoff besorgt hatte, und der 1963 einen *Oscar* erhielt.

Brooks verzichtet in seinen Komödien darauf, eine bestimmte Komödienform anzuwenden; er türmt Stilmerkmale und Gag-Formen aufeinander, gehalten durch nichts anderes als perfektes Zeitgefühl. «Die letzte Tollheit aus Hollywood» hat Giannalberto Bendazzi sein Werk genannt, und tatsächlich haben die meisten seiner Filme etwas von einem Endpunkt an sich; seine Genre-Parodien zerstören, wo sie die Gleichung zwischen Form und Inhalt aufmachen, gründlich, was sie aufnehmen. Erst die ehemaligen Mitarbeiter von Mel Brooks, etwa Gene Wilder, Marty Feldman oder Dom DeLuise haben mit Mitteln des Brooks-Stils, wenn es so etwas gibt, wieder sanftere, zu Identifikationen einladende Komödien gedreht.

Daß Brooks ein Autor ist, der wieder Ernst machen konnte mit dem anarchistischen Element in der Filmkomödie, zeigt bereits sein erster Film, «The Producers» (Frühling für Hitler – 1967). Man verglich seinen Erstling mit den Filmen der Marx Brothers, man zeichnete das von ihm verfaßte Drehbuch mit einem *Oscar* aus, aber beim Publikum fiel der Film zunächst durch, und er wurde zurückgezogen. Erst durch Brooks' spätere Erfolge ermutigt, gab man dem Film eine zweite Chance auf dem Markt (und erst nach dem Erfolg seiner Film-Parodien wurde er in Europa gestartet).

Der Stil des Films ist noch ganz von der Theater- und Fernseharbeit bestimmt; nicht nur ist das Thema des Films das Theater, so wie das Thema späterer Filme der Film wird, sondern auch die Gestaltung bleibt in der statischen, auf die Schauspieler konzentrierten Form den ursprünglichen Medien verhaftet.

Ein heruntergekommener Show-Manager (Zero Mostel) erhält eines Tages Besuch von einem schüchternen Angestellten (Gene Wilder), der als Buchhalter die Finanzen prüfen soll. Aber mehr aus Versehen bringt er den Show-Manager auf eine geniale Idee: Die alten, reichen Damen, von denen er lebt, sollen dazu überredet werden, durch finanzielle Einlagen als Sponsoren für ein Theaterstück zu fungieren, dessen Gewinn angeblich an sie zurückfließen soll. Weil man sich jedoch ein Stück aussuchen will, das garantiert kein Erfolg wird, ließen sich durch ein paar buchhalterische Manipulationen auch solche Gelder vom «Verlust» einbehalten, die man in Wahrheit gar nicht für die Produktion verwendet hat.

Man findet das von einem halbirren Altfaschisten (Kenneth Mars) verfaßte, Hitler mit den Mitteln des Musicals glorifizierende Stück «Springtime for Hitler», engagiert den unfähigsten Regisseur und entscheidet sich, nach einer Parade von Hitler-Darstellern, im Smoking, im «Tarzan-Look», in der Lederhose etc., für die Hauptrolle des *Führers* den übergeschnappten Pop-Künstler LSD (Dick Shawn) zu engagieren, und auch die anderen Darsteller zeichnen sich nicht eben durch Kompetenz aus. Schließlich bekommen der Manager und, nicht so ganz freiwillig, der Buchhalter als Produzenten durch die abenteuerlichsten Versprechungen Unsummen von Geld für die Produktion zusammen. Die Geschmacklosigkeit des fertigen Produkts scheint kaum noch zu überbieten: da singen beispielsweise Tanzgirls in SS-Uniformen Melodien, die mit Maschinengewehrsalven akzentuiert sind, und Hitler tritt als Melodramen-Held auf. Schon scheint, zu Beginn der Premierenaufführung, der beabsichtigte Skandal gesichert.

Aber die Produzenten haben die Sache ein wenig zu gut angefangen. Weil die schauspielerischen Leistungen schließlich auf eine Parodie zu deuten scheinen oder weil ganz einfach Geschmacklosigkeit auch einen befreienden Aspekt hat, schlägt die Stimmung des Publikums noch während der Premiere, als die Produzenten schon ihren Erfolg feiern, um, und «Springtime for Hitler» wird ein rauschender Erfolg. Da nun die beabsichtigte Hinterziehung ruchbar wird, wandern die Verantwortlichen hinter Gitter. Dort kommen sie auf die Idee, es mit einem Stück mit dem schönen Titel «The Prisoners of Love» mit den Mithäftlingen als Sponsoren noch einmal zu versuchen.

Vulgarität, Manipulation des Publikums, Rücksichtslosigkeit in der Herstellung von Effekten («Du mußt ihnen entweder eins über den Schädel ziehen, oder du bleibst besser zu Hause bei deinem Kanarienvogel», meint Mel Brooks), die Bosheit, die im Showbusiness regiert, all dies thematisiert Brooks hier und verwendet es zugleich als eigene Methode. Er scheut keine grellen Effekte, aber er zeigt auch immer die Mechanik und die «Entstehungsgeschichte» solcher Effekte. Seine Bosheit verschont nichts und niemanden, aber ganz im Unterschied zu anderen Komödienformen ist seine Bosheit verwandt mit der Bosheit, die man aus der Wirklichkeit kennt; er ist nie anders blöde, als die Wirklichkeit blöde ist, seine Vulgarität ist die Vulgarität der Welt.

Auf der anderen Seite richtet sich die komische Aggression gegen die Formen, in denen wir zu phantasieren und denken gelernt haben. In «The Producers» gibt es Zitate von klassischen Musicals und gar Gangsterfilmen, die ins Komische gewendet werden. So wird das Künstliche in unserer Vorstellung attackiert, das aber zugleich zum Wirklichen drängt: in Brooks' Filmen ist abzulesen, wie sehr sich Wirklichkeit und Träume schon durchdrungen haben, zu sehr, als daß sich noch eine Geschichte entwickeln könnte. Zero Mostel, sicher ein zum Chargieren, zum hemmungslosen Überspielen neigender Komiker, ist hier fast bedrohlich realistisch, nicht trotz, sondern gerade wegen seines Chargierens. Man kann sich nicht mehr wundern, wenn man solch einem Typen in der Wirklichkeit begegnet. Und Gene Wilder ist nicht, wie sonst manchmal, nur zerbrechlich und ein bißchen hysterisch, sondern er gehört, bei all seiner Schüchternheit, zum Spiel.

Aber ganz offensichtlich war die Anarchie in diesem Film, den Brooks im Untertitel «Fröhliches Treiben mit Adolf und Eva in Berchtesgaden» nannte, noch zu überwältigend, zumal sich nicht nur die Einfälle des Autors überschlugen, sondern auch die vier Hauptdarsteller ihren Energien freien Lauf ließen. So setzte Brooks in seinem zweiten Film auf einen bewährten Komödienstoff, Ilja Ilfs und Evgenij Petrovs «Die zwölf Stühle».

Aus diesem satirischen Roman sind im Lauf der Filmgeschichte eine Reihe sehr unterschiedlicher Filme entstanden. So gibt es eine englische Fassung unter dem Titel «Keep Your Seats Please» (Regie: Monty Banks) aus dem Jahr 1936, zwei Jahre später drehte E. W. Emo in Deutschland mit Heinz Rühmann in der Hauptrolle «Dreizehn Stühle»; eine amerikanische Version kam 1945 unter dem Titel «It's in the Bag» (Regie: Richard Wallace) heraus – Fred Allen und Jack Benny spielten hier prominente Rollen. Aus dem Jahr 1961 schließlich stammt eine kubanische Fassung des Stoffes, inszeniert von einem der wichtigsten Vertreter des kubanischen Kinos, Tomás Gutiérrez Alea; «Las doce sillas» verwendet den Roman als Vorlage für eine Satire auf einen nachrevolutionären Rest bürgerlicher Habgier und die Schilderung des Bewußtseinsprozesses eines Dieners, der in der turbulenten Jagd die wahre Natur seines «Herrn» erkennt.

Alle diese Filme hatten ihre Handlung in ihre eigene Gegenwart verlegt und waren mehr oder weniger direkte Kommentare zu Verhältnissen in ihrer Zeit. Mel Brooks hingegen ließ die hektische Jagd nach zwölf Stühlen, in denen ein Millionenschatz verborgen ist, im revolutionären Rußland spielen und schuf sich so die Möglichkeit, alle Klischees, die über russische Geschichte und russischen «Charakter» im Umlauf waren oder sind, zu persiflieren.

So temporeich und vor Gags und Anspielungen nahezu berstend «The Producers» ist, so unaufgeregt und jeder Entwicklung Raum lassend ist «The Twelve Chairs» (Die zwölf Stühle – 1970). Der Film gehört nicht zu der Reihe von Slapstick-Schatzjagd-Filmen wie Stanley Kramers «It's a Mad, Mad, Mad, Mad World» (Das Ding / Eine total, total verrückte Welt – 1963), in denen sich Habgier und Konkurrenz gewissermaßen direkt in Komik umsetzt. Brooks «vernachlässigt eher den Sog des Geschehens, konzentriert sich mit seinen unalltäglichen Darstellern [u. a. Ron Moody, Frank Langella, Dom DeLuise, Mel Brooks, Andreas Voutsinas – d. Verf.] auf die spielerischen Effekte und gibt auch noch den Nebenfiguren kräftig-wulstige Konturen: so etwa dem kniefallsüchtigen Diener Tichon, der die Revolution verschlafen hat (Brooks spielt ihn selber), oder dem eitlen, maskenhaft gezierten Theaterdirektor, der mit gespitzten Lippen fast tonlos vor Ekel verkündet: ‹Ich hasse Leute, die ich nicht mag.› Viel jüdischer Witz ist da am Werk.

Am Ende findet Brooks ein sprechendes Bild für den Stil seiner Komik: Von der Jagd nach dem Schatz erschöpft und um alle finanziellen Hoffnungen betrogen, legt sich der legitime Erbe des Schatzes verzweifelt auf die Straße und mimt, zunächst noch häßlich und unbeholfen, doch bald schon elegant und flüssig, einen epileptischen Anfall. Die Passanten, Landsleute Dostojewskijs, überschütten ihn mit Geld. Er beginnt zu lächeln, zu begreifen: Wenn du auf üblichem Wege nicht reich wirst, spiele verrückt bis du komisch wirst, und das Geld fällt dir zu, irgendwann ... Das Schicksal der Filme von Mel Brooks bestätigt präzise, was hier nur angedeutet ist: daß sich Verzweiflung in der Komik des Irrsinns wundersam produktiv entladen kann» (Gottfried Knapp).

Mit «Blazing Saddles» (Is' was, Sheriff / Der wilde wilde Westen – 1974) machte sich Brooks zum erstenmal an eine konsequente Genre-Parodie und hatte Erfolg (zumindest in den USA – in Deutschland war dem Erfolg des Films zunächst eine destruktive Synchronisation im Wege – eine zweite, wesentlich verbesserte Synchronfassung brachte es dann wenigstens zu einem Achtungserfolg). Der Film ist, wie auch sein Nachfolger «Young Frankenstein», eine externe eher denn eine interne Parodie, nicht allein wegen der vielen Anachronismen oder der ausgedehnten Sequenz am Ende, wo der Rahmen, in den Filme im allgemeinen gestellt sind, das Studio, dessen Begrenzungen ausgespart sind, gesprengt wird, und eine Keilerei sich auf das gesamte Studiogelände und dadurch über verschiedene Genre-Welten des Films ausdehnt. Dieser Übergang von «Realität» und «Fiktion» wird schließlich noch einmal variiert, wenn die beiden Helden des Films, Waco Kid (Gene Wilder), der obligatorische Säufer, der sich noch einmal aufrafft, seine früheren Heldentaten als gefährlicher Gunman zu wiederholen, und Black Bart (Cleavon Little), der schwarze Gleisbauarbeiter, den die dümmsten Zufälle zum Sheriff einer Stadt von Negerhassern gemacht haben, schließlich sich das Ende von «Blazing Saddles» in «Graumans Chinese Theater» ansehen: sie reiten aus der Stadt und steigen um vom Pferd in ein Luxusautomobil.

Weniger schneidend und bösartig als dieser Film und mehr mit «nostalgischen» Elementen und milder Ironie versetzt ist die Horrorfilm-Parodie «Young Frankenstein» (Frankenstein junior – 1975). Brooks wehrte sich gegen die Bewertung des Films als Persiflage; er nannte ihn eine «Huldigung an die Vergangenheit, (eine) Liebeserklärung an die unsterblichen Horrorfilme der dreißiger Jahre» – aber das besagt natürlich nicht sehr viel, denn auch «Blazing Saddles» hat er als «Salut an den ewigen Western» bezeichnet, so wie er die Hitchcock-Travestie «High Anxiety» auch als Hommage verstanden wissen wollte. Aber tatsächlich funktionieren alle diese Filme auch ohne die Ebene der Persiflage der typischen Genre-Klischees (die wohlfeil zu verspotten sind); die Parodie ist nicht nur eine auf die Filmsprache, sondern sie richtet sich auch gegen mythische und ideologische Hintergründe (oder auch Fortsetzungen). Wenn in «Blazing Saddles» der Indianerhäuptling jiddisch spricht, dann ist das zunächst eine komische Überraschung, es verweist aber auch auf eine im kurzlebigen «neuen Western» in der Literatur und im Film durchaus nicht ungeläufige Vorstellung vom Indianer als dem «Juden Amerikas». Und es versteht sich fast von selbst, daß alle Mächtigen in Brooks-Filmen korrupt, geil, unfähig und brutal sind, egal in welcher Funktion sie auftreten, aber nur in Mel-Brooks-Filmen wird darüber nicht larmoyant moralisiert; nur hier ist das *wirklich komisch.*

Ein an seinen eigenen Fähigkeiten überschnappender Mensch ist auch der Held von «Young Frankenstein». Der in Schwarzweiß und zum Teil in alten Original-Dekorationen oder liebevollen Rekonstruktionen gedrehte Film, der sich vor allem auf die beiden Universal-Filme von James Whale, «Frankenstein» (1931) und «The Bride of Frankenstein» (1935), beide mit Boris Karloff in der Rolle von Frankensteins Ungeheuer, bezieht, verläßt sich ganz auf die Atmosphäre des klassischen amerikanischen Films dieses Genres mit seinen ambivalenten Stimmungen. Von Whales Filmen übernahm Brooks ganze Sequenzen als Vorlage, um die Geschichte vom Sohn des berühmt-berüchtigten Arztes und Wissenschaftlers Frankenstein (Gene Wilder) zu erzählen, der sich zunächst der Identifikation mit den schrecklichen Experimenten von Frankenstein senior entziehen will (er nennt sich «Fronkenstin»), dann aber deren Faszination um so gründlicher verfällt. Er, der an einer amerikanischen Universität doziert hat, wird nach Transsylvanien (wo nach den Konventionen des Genres eigentlich eher Vampire, allen voran Graf Dracula, zu Hause wären) zurückgerufen, um die Arbeit seines Vaters fortzusetzen. Unterstützt von seiner hübschen Assistentin und Verlobten (Madeline Kahn) und dem buckligen Faktotum Igor (Marty Feldman), der freilich seinen Buckel mal auf der rechten, mal auf der linken Seite trägt, erschafft auch Frankenstein junior ein Monster (Peter Boyle), das zunächst über nicht viel mehr als über einen enormen sexuellen Appetit verfügt (natürlich hat Igor wieder das Gehirn verwechselt), er wird aber mit Mühe umgepolt, bis er ebenso Step tanzen wie sich ins «Wall Street Journal» vertiefen kann. Wie in nahezu jedem Mel-Brooks-Film gibt es auch eine komisch-böse teutonisch-faschistische Figur, hier ist es die Haushälterin Frau Blücher (Cloris Leachman), die so schrecklich ist, daß bei der bloßen Erwähnung ihres Namens immer von irgendwoher angstvoll Pferde wiehern. Auch bei diesem Film hat die deutsche Synchronisation im übrigen einige der subtileren Anspielungen zerstört; manch einer von den Gags blieb unverständlich, andere überlebten nur als Kalauer.

Mel Brooks' nächster Film thematisierte nicht nur ein Genre, sondern ein ganzes Stück Filmgeschichte, den Stummfilm, und weil Brooks sein «Silent Movie» (Mel Brooks' letzte Verrücktheit – Silent Movie – 1976) ohne Dialoge realisierte, waren die Synchronisateure in diesem Fall machtlos. «Silent Movie» erzählt die Geschichte des dem Alkohol verfallenen Regisseurs Mel Funn (Mel Brooks), der sich noch einmal aufrafft,

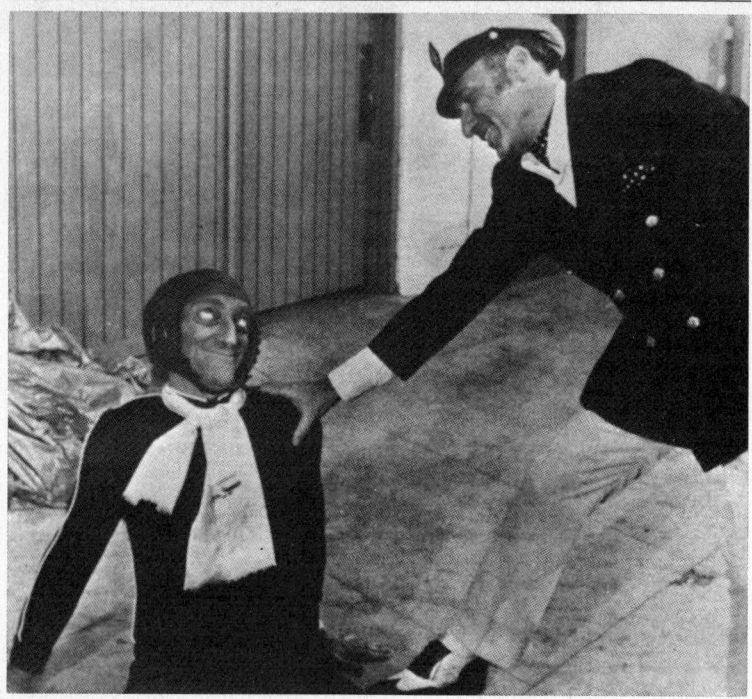

Marty Feldman und Mel Brooks in «Silent Movie» (1976).

um mit seinen beiden Assistenten Marty Egg (Marty Feldman) und Dom
Bell (Dom DeLuise) einen Film zu realisieren, damit ein Produzent (Sid
Caesar) davor bewahrt wird, von einem Super-Konzern «verschlungen»
zu werden. Die drei machen sich daher auf die Suche nach geeigneten
Stars, um ihr Projekt zu sichern (was James Caan, Burt Reynolds, Liza
Minnelli und anderen Gelegenheit zu Gastauftritten gibt), und wirklich
sagt auch nur der Pantomime Marcel Marceau ein definitives «Non» ins
Telefon – es ist das einzige Wort, was in dem Film gesprochen wird.

Es gibt in diesem Film sehr direkte Gags, darunter solche, die statt
obszön zu sein, wie man es nun schon als Brooks' Markenzeichen festge-
legt hat, «obszön» sind: Marty Egg, dessen Augen aus dem Kopf zu fallen
scheinen und der aus unerfindlichen Gründen eine Fliegerkappe trägt,
von der er sich nie trennt, macht jeder hübschen Frau, die er trifft, ein
offensichtlich schrecklich perverses Angebot, so daß es jedesmal kräftige
Ohrfeigen setzt; zum «Happy-End» gerät er aber doch einmal an die rich-

tige, doch deren begeisterte Zustimmung bekommt er in Erwartung der nächsten Ohrfeige gar nicht mit (vielleicht waren es auch vor allem die Ohrfeigen, die er haben wollte). Daneben gibt es aber auch in «Silent Movie» die subtileren Verdrehungen der Zeit- und Erzählebenen. «Der Stummfilmregisseur lanciert seine Starengagements in die Zeitungen, wo sie Schlagzeilen machen. Dreimal sieht man, wie solche Zeitungspakete von einem Lieferauto am Kiosk eher abgeworfen als abgeladen werden, und es ist jedesmal ein Zielwurf auf den Zeitungsverkäufer, der unter dem Geschoß zusammenbricht, schließlich seine ganze Bude. Nur für wenige Sekunden kommt dabei eher beiläufig und zufällig die jeweilige Titelseite der Zeitungen ins Bild, die Schlagzeile mit der Sensationsmeldung etwa, daß nun auch Paul Newman für ‹Silent Movie› gewonnen sei. Weiter unten auf der Zeitungsseite aber findet sich – findet man, wenn man sich auf das Brookssche Tempo eingestellt und seinen Rhythmus übernommen hat – jeweils eine zweite wichtige Meldung: sie berichtet von dem Zeitungspaketattentat, dessen Zeuge man soeben erst geworden ist. So holt die Wirklichkeit das Drehbuch ein, so schnell inszeniert nur Mel Brooks, so foppt er seine eigene Stärke, das Timing, und den Ehrgeiz Hollywoods, immer schon die Filme von morgen gedreht zu haben, und sei es ein Film von gestern» (Peter W. Jansen).

Dom de Luise, Marty Feldman und Mel Brooks in «Silent Movie».

Wie in «The Producers» zeigt Brooks auch hier, daß eine Story und die Stars eigentlich nur dazu da sind, das Geld zu beschaffen; die wirklichen Botschaften formulieren sich viel direkter und haben, in der einen oder anderen Weise, immer etwas mit Sinnlichkeit und verdeckten Wünschen zu tun. In Brooks' Filmen lacht man über die Verdrehtheit, mit der sich erotische Impulse offenbaren, wenn sie sich listig oder gewalttätig an die Gegebenheiten des Alltags anzupassen suchen. So sind seine Figuren nicht durch ihren Außenseiterstatus definiert, wie so viele komische Figuren im Film, sondern komisch sind gerade jene ganz «normalen» Reaktionen auf der Jagd nach irgendeinem Triebziel, wie Macht, Sex oder Erfolg.

Statt eines Genres richtet sich die parodistische Verve in Brooks' nächstem Film gegen einen Inszenierungsstil, oder besser, seine komische Hommage betrifft diesmal die Arbeit eines Meisters: in «High Anxiety» (Höhenkoller – 1977) bezieht er sich auf das Œuvre des *master of suspense* Alfred Hitchcock. Als Rahmenhandlung für eine Reihe von Travestien auf bestimmte Hitchcock-Filme, -Szenen und -Situationen dient eine selber hitchcockische Geschichte; nur daß sich dort, wo das Verdrängte sich bei Hitchcock in Gewalt und Bedrohung formuliert, das darin verborgene erotische Moment nur sanft und ironisch angedeutet ist, bei Brooks das latent obszöne solcher Konfigurationen darstellt. Am Beginn wird der Held des Films, ein Psychiatrie-Professor mit Höhenangst (Mel Brooks), aus unerklärlichen Gründen am Flughafen von einem Polizisten verhaftet. Doch diese zunächst typische Hitchcock-Szene löst sich auf: der vermeintliche Polizist ist in Wahrheit ein Exhibitionist, der auf der Toilette seine Idee von Sex vorführen will. Der Professor soll die Leitung des «Psychoneurotischen Instituts für sehr, *sehr* Nervöse» übernehmen, in dem es getreu der Tradition amerikanischer Psychiaterwitze und -komödien nur übergeschnappte Ärzte und mehr oder weniger normale Patienten gibt. Hier wird im Keller ein reicher Industrieller von einem masochistischen Psychologen (Harvey Korman) und einer wiederum als teutonisch-schrecklich charakterisierten Oberschwester Diesel (Cloris Leachman) gefangengehalten. Die Tochter des Industriellen (Madeline Kahn) will ihren Vater befreien, und natürlich bringen die Wirrungen der Handlung den Professor Thorndyke allein und an ihrer Seite immer wieder in schwindelerregende Höhen, bis sich am Ende seine Höhenangst heilen läßt (natürlich: die Eltern waren es!).

Zu den spektakuläreren Reverenzen vor Hitchcock gehört die Szene, die an «The Birds» angelehnt ist, wo Tauben (!) die Menschen dadurch bedrohen, daß sie sie hoffnungslos vollkoten, oder die Einstellung für Einstellung nachempfundene Mord-Szene aus «Psycho», in der es nun nicht ein mordender Psychopath mit einem Messer ist, der auf sein unter der Dusche stehendes Opfer einsticht, sondern ein aufgebrachter Hoteldiener mit einer zusammengerollten Zeitung; und unter der Dusche steht nicht eine schöne Frau wie Janet Leigh, sondern ein Mann wie Mel Brooks, und statt Blut fließt Druckerschwärze ins Abflußloch. In einer an «Dial M for Murder» angelehnten Szene wird der Professor in einer Telefonzelle Opfer eines Würgers; seine Partnerin am anderen Ende der Leitung mißversteht sein gepreßtes Atmen so gründlich, daß sie sich eines Stofftieres bedienen muß.

Neben solchen Anspielungen auf konkrete Szenen aus Hitchcock-Filmen und der Charakterisierung der Helden (die aus «Vertigo» stammende Höhenangst als Modell eines der Handicaps, das die Handlungsweisen der Figuren bestimmt), gibt es auch Hinweise auf allgemeine, im Werk des Regisseurs wiederkehrende Konstellationen, etwa auf die Verkleidung der Gejagten als «normale» Menschen, die in der Szene parodiert wird, wo sich Mel Brooks und Madeline Kahn als altes jüdisches Paar verkleiden, um einer Kontrolle zu entgehen. Schließlich wird auch die Filmsprache in Hitchcock-Filmen mit so etwas wie romantischer Ironie durchleuchtet: Die Kamera fährt auf eine gläserne Tür zu, und jederman erwartet nun eine der raffinierten Schnitt- und Trick-Mechanismen à la Hitchcock, da zersplittert das Glas von der Wucht der aufprallenden Kamera, irritiert schauen für einen Moment die Leute im Zimmer herüber, und «erschrocken» taumelt die Kamera zurück.

Aber «High Anxiety» funktioniert nicht allein als Hitchcock-Parodie und nicht nur als Ansammlung weiterer Verweise und Parodien (Mel Brooks selber gibt, durch die Handlung so mühselig motiviert, wie das in Filmen eben manchmal der Fall ist, die sicher definitive Sinatra-Parodie zum besten), der Film besteht auch als (Slapstick-)Komödie; es ist, wie immer bei Brooks, auch eine krause Karriere-Geschichte, die ganz einfach in einer anderen, einer, wenn man so will, geklauten Sprache erzählt wird.

3. L'École de Brooks

Der erste aus dem Kreis der Mitarbeiter von Mel Brooks, der selber ins Regie-Fach überwechselte, um in gewissem Sinne verwandte Filme zu inszenieren, war Gene Wilder. Er wendete in «The Adventures of Sherlock Holmes' Smarter Brother» (Sherlock Holmes' cleverer Bruder – 1976) das Rezept der liebevoll-hartnäckigen Genre-Parodie auf das Genre des klassischen Detektiv-Films an. Vor dem detailbesessen und ganz dem Atmosphärischen vertrauenden viktorianischen (Film-)Hintergrund wird die haarsträubende Geschichte von einem bislang unbekannten Bruder des berühmten englischen Meisterdetektivs, Sigerson Holmes (Gene Wilder), erzählt, der von Sherlock einen Fall übernimmt. Ihm zur Seite steht sein Adlatus Mr. Orville Sacker (Marty Feldman), der über ein fotografisches Gedächtnis verfügt, das allerdings nur durch einen Schlag auf den Kopf aktiviert werden kann.

Im Vergleich zu Brooks' Filmen ist Wilders Arbeit sanfter, kommt fast ohne die berühmten Geschmacklosigkeiten aus und erreicht auch nicht dessen überdrehtes Tempo. Während Brooks die allen Kino-Konventionen zugrundeliegenden Wünsche ziemlich gnadenlos auf den Punkt bringt (nicht umsonst reagiert man in seinen Filmen mit «brüllendem» Lachen), steckt Wilders Ironie voller Melancholie und Sentiment; er romantisiert, bei aller Anlehnung an Brooks und an die Tradition des Slapsticks bis hin zu den Marx Brothers, die Methode der Parodie. Die Liebe zum Gegenstand der Parodie ist größer als die Kraft, ihn wirklich auf seine Eigenheiten zurückzuführen. Zugleich realisiert sich in dieser ironisch gezeichneten, aber nicht auf ihre Mechanik hin untersuchten Traumwelt der Komiker Gene Wilder als Darsteller seiner selbst, und schon von daher hat die Boshaftigkeit in seinen Parodien Grenzen. Marty Feldman hat einmal den Unterschied zwischen dem Brooks- und dem

Gene Wilder und Carol Kane in «The World's Greatest Lover» (1977).

Wilder-Humor bezeichnet als den «zwischen einer Vergewaltigung und einer Verführung». Und natürlich hat diese Domestizierung der Brooks-Methode notwendig etwas restaurativen Charakter; möglicherweise daran scheiden sich die Ideen der Kritiker, die sehr unterschiedlich auf Wilders Filme reagiert haben.

Mit «The World's Greatest Lover» (Der größte Liebhaber der Welt – 1977) parodierte Wilder ein Kapitel aus der Geschichte des Star-Systems in Hollywood. Hier geht es um Rudolph Valentino, den Star erotischer, melodramatischer Stummfilme der zwanziger Jahre, genauer gesagt, es geht um den Versuch, ihm einen gleichwertigen Konkurrenten gegenüberzustellen, zu welchem Zwecke ein Studio einen Wettbewerb ausschreibt, um den «größten Liebhaber der Welt» zu finden. Der ein bißchen neurotische Bäcker Rudy Valentine (Gene Wilder) und seine Frau (Carol Kane) machen sich auf den Weg nach Hollywood, und tatsächlich wird, seiner großen, verträumten Augen wegen, der Bäcker ausgewählt.

Noch mehr als in seinem Regie-Debüt steht hier der Darsteller Gene Wilder im Mittelpunkt, der zunehmend, in seinen eigenen Filmen wie in denen anderer Regisseure, eine fest umrissene Charakterisierung annimmt; seine sanft-hysterischen, zunächst so unschuldig wirkenden und erstaunten Figuren, die immer wieder Situationen meistern müssen, zu deren Bewältigung die eigene Kindlichkeit sie eigentlich untauglich machte, werden zu Auslösern komischer Situationen durch das Mißverhältnis von Wesen und Aufgabe. «Wenn Wilder seine großen Augen melancholisch verdreht, die Zunge als Zeichen infantiler Reggression herausstreckt und einfach wüst zu lachen beginnt, dann weiß man um die Unschuld eines Clowns, der in dieser Welt nicht mehr so ganz zurechtkommt. Im Stile Harry Langdons tapst auch Gene Wilder etwas hilflos über die Leinwand» (Hermann Reichold). Und natürlich ist, wie bei Harry Langdon, auch bei Gene Wilder unter der Unschuldsmiene eine kindisch ängstliche Form von Sadismus verborgen.

Mit einem Beitrag zu der italienisch-französischen Gemeinschaftsproduktion «Sunday Lovers» (Sunday Lovers – 1980 – Regie: Bryan Forbes, Edouard Molinaro, Gene Wilder, Dino Risi), einem Episoden-Film um die Aktivitäten und komischen Versagungen von «Sonntags-Casanovas» verschiedener Nationalitäten, setzte Wilder seine Arbeit als Regisseur fort. Er selbst spielt in der von ihm inszenierten Episode einen Patienten in einer Nervenklinik, dem von seiner Psychiaterin «Liebesurlaub» gewährt wird.

Während Brooks und seine Darsteller (auch Wilder selbst in den Brooks-Filmen) als Personen hinter der Mechanik der «Handlungen», der Jagd nach dem eigenen Vorteil, fast völlig zurücktreten (so wie ja auch die Marx Brothers im eigentlichen Sinne keine «Personen» sind), wird Wilder in seinen eigenen Filmen und auch in anderen wie etwa Robert

Aldrichs ironischem Western «The Frisco Kid» (Ein Rabbi im Wilden Westen – 1979) zu einer sich auch entwickelnden Figur, der immer neue Facetten entnommen werden. Psychologie hat noch allemal die Anarchie besiegt.

Und soviel Aggression in den Arbeiten von Mel Brooks steckt, so viel Romantik, Melancholie und Versöhnung steckt in denen von Gene Wilder, dessen Filmen man wahrscheinlich sehr unrecht tut, wenn man sie allzusehr mit denen von Brooks vergleicht. Vielleicht obsiegt auch hier einmal mehr ein autobiografisches Element: «Möglich, daß die Tatsache, daß ich jüdisch bin, meine Komik geprägt hat, aber das kann man besser von außen beurteilen. Mehr Einfluß als das hat auf meine Arbeit aber die Tatsache gehabt, daß meine Mutter Halbinvalide war. Das hatte großen Einfluß auf mich, weil ich ständig versuchte, sie zum Lachen zu bringen. Das war eine sehr traurige Sache, denn ich wußte, daß sie große Schmerzen hatte. In meinen Filmen liegen deshalb Komik und Traurigkeit dicht nebeneinander. Das geschah anfangs ganz unbewußt, nicht mit Absicht. Aber ich gab dem nach, und vielleicht ist es das Beste, was ich zu leisten in der Lage bin.»

Einen etwas anderen Weg in seinen eigenen Filmen hat Marty Feldman beschritten; anders als Wilder, der die Traumwelten des Kinos im Grunde unangetastet läßt, reflektiert Feldman in seinen Filmen ein wenig die Sprache des Films, versieht den Fluß der Handlung mit Brüchen, die das «Gemachte» des Films wiedergeben. Er selbst spielt dabei eine viel weniger psychologische als mechanische, eine «physische» Rolle. «Ich bin», sagt Feldman, «ein visueller Komiker, für den das Wort von sekundärer Bedeutung ist. Ich arbeite mit dem Körper.»

Auch Feldmans erste Regie-Arbeit ist eine Genre-Parodie; mit «Beau Geste», dem mehrfach verfilmten melodramatischen Abenteuerfilm um zwei ungleiche Brüder und ihre habgierige Schwiegermutter, der Jagd nach einem riesigen Saphir und, vor allem, der Abenteuer in der Fremdenlegion, stand ihm ein Stoff zur Verfügung, der mit seiner Anhäufung «typischer» dramatischer Konfigurationen die Parodie geradezu herausfordert. In «The Last Remake of Beau Geste» (Marty Feldmans Drei Fremdenlegionäre – 1976) geht es um den schönen Beau (Michael York) und seinen, nun ja, nicht ganz so schönen Zwillingsbruder (Marty Feldman), der nichts anderes zu tun weiß, als sich andauernd zu opfern, und nicht einmal das gelingt ihm so richtig. Mit der schönen, aber gierigen Schwiegermutter (Ann-Margret) und einem Fremdenlegionsoffizier (Peter Ustinov), der nicht bloß ein Holzbein hat, sondern eine ganze Kollektion davon (und übrigens auch ein dreibeiniges Pferd), ist ebenso fertig zu werden wie mit der Wüste, in der es gelegentlich etwas sonderbar zugeht. Da gibt es Kamele mit drei Höckern, man trifft auf den «Scheich» Rudolph Valentino, der unterwegs nach Hollywood ist, ein blinder Legionärskoch, dessen Kelle mit dem Teller zu treffen ist, erinnert an den blinden Einsiedler in «Young Frankenstein», der dem Monster einen Teller Suppe geben will, wobei sich solche Mildtätigkeit für den Empfänger als verhängnisvoll erweist.

Alle Mittel der komischen Verfremdung werden aufgeboten: Die Handlung wird unterbrochen durch Werbespots für gebrauchte Kamele, vor einem Degenduell wird zum Publikum hinübergealbert, ein chinesischer Koch singt irische Balladen, schließlich spielt Marty Feldman einen filmischen «Dialog» mit Gary Cooper aus der vorletzten «Beau Geste»-Verfilmung (sie stammt aus dem Jahr 1939 und wurde von William Wellman inszeniert), und tanzende Legionäre formieren sich zu einer menschlichen Rosette wie die Revuegirls in einem Busby-Berkeley-Musical.

Natürlich hat auch dieser Film zu Vergleichen mit den Arbeiten von Mel Brooks herausgefordert, und auch hier wurde der «Schüler» vor allem wegen des Mangels an Timing und Disziplin getadelt. Der satirische Ansatz geht jedoch hier über die Persiflage gängiger Kino-Klischees (in einem eher etwas peripheren Genre) hinaus und trifft die Heldenverehrung an sich. Die Gag-Kaskaden des Films zentrieren sich jedoch nicht so eindeutig wie bei Brooks auf eine Hauptlinie, und anstatt durch Verschachtelung einen Effekt der Beiläufigkeit (oder scheinbaren Beiläufigkeit) zu erzielen, werden die Pointen gewissermaßen gleichwertig nebeneinandergestellt. In einer solch offenen Form erinnert «The Last Remake of Beau Geste» ein wenig an eine ausgedehnte TV-Comedy-Show.

In seinem nächsten Film verließ sich Feldman auf eine geradlinigere Geschichte. «In God We Trust» (Dreist und gottesfürchtig – 1980) erzählt die Geschichte des Trappistenmönches Ambrosius (Marty Feldman), der eines Tages vom Abt Thelonius (Wilfrid Hyde-White) den Auftrag erhält, die schützenden Mauern des Klosters zu verlassen, um in der Welt draußen eine Spende für den Erhalt des Klosters zu holen («Als wir ehedem der materiellen Welt Lebewohl sagten, um uns hierher zurückzuziehen, baten wir Gott um nichts – und er hat uns auch nichts gegeben, nicht einen Pfennig, weder gestern noch heute»). Mit einem Empfehlungsschreiben und der stolzen Summe von 50 Dollar ausgerüstet, macht sich Ambrosius auf den Weg nach Los Angeles, um den dort residierenden Armageddon T. Thunderbird, einen frommen und weisen Mann, wie der Abt meint, um Hilfe für das sieche Trappistenkloster zu bitten. Ambrosius kommt zum erstenmal mit der verwirrenden Außenwelt, ihren Verlockungen und ihrem Irrwitz, in Berührung. Es scheint um nichts anderes als um Geld, Sex und Betrug zu gehen. Er begegnet einem Dr. Sebastian Malmoth (Peter Boyle), einem Evangelisten, der die Leute durch eine Lazarus-Puppe von seiner Wundertätigkeit überzeugt, der schönen Hure Mary (Louise Lasser), die einmal, als die Polizei wieder hinter ihr her ist, unter seine Kutte kriecht und die besten Argumente gegen sein Keuschheitsge-

Peter Boyle und Marty Feldman in «In God We Trust» (1980).

lübde vorbringt, Mister Thunderbird, der der «Kirche für den göttlichen Profit» vorsteht und entsprechende Methoden der Bekehrung und der Kommunikation mit den Gläubigen anwendet, und schließlich sogar Gott (Richard Pryor). Aber Ambrosius hat sich da bereits endgültig der Weltlichkeit zugewendet, und er weiß nun, daß Wahrheit viele Gesichter haben kann.

Wie schon in «The Last Remake of Beau Geste» angedeutet, ist auch in «In God We Trust» ein Hauch von offenem, in der «École de Brooks» sonst nicht eben häufigem Moralismus zu spüren. Es geht nicht nur um ein Plädoyer für die Weltlichkeit, das Leben, wenn man so will, und den Zusammenprall absoluter Naivität mit einer längst an ihrer eigenen Motivation erstickenden, doch immer vielgestaltigen Welt, es geht auch und vor allem um die Macht des Geldes, welche die Menschen und ihre Beziehungen deformiert. «Die Figur des Mönches hat mich deshalb besonders gereizt, weil ich in ihn als eine Person meines Alters sowohl Wünsche als auch Verirrungen meiner eigenen Individualität stecken konnte. Dies unterscheidet Ambrosius zum Beispiel von dem Assistenten von Sherlock Holmes' Bruder oder Igor in ‹Frankenstein› oder dem Regie-Assistenten in Mel Brooks' ‹Silent Movie›. Dann suchte ich noch den Drachen, im übertragenen Sinne gesprochen, also das Motiv, um das zu kämpfen sich für den kleinen Mönch lohnen sollte. Ich fand dieses filmische Fabeltier zusammen mit meinem Co-Autor Chris Allen in Gestalt des Geldes und der Institutionen. Beide verfügen schließlich nur über solch gewaltige Machtvollkommenheit, weil die Leichtgläubigkeit der Menschen ihnen Vorschub leistet.»

Zur «École de Brooks» ist wohl auch noch Dom DeLuise mit seinem Regie-Erstling «Hot Stuff» (Heiße Ware – 1979) zu rechnen, einer Gangsterpa-rodie, die auf einer wirklichen Begebenheit beruht. Drei Polizisten in Miami, die ihre jahrelange erfolglose Jagd auf Diebe und Hehler gründlich satt haben, verschaffen einem bekannten Hehler «Urlaub» und führen dessen Geschäfte in seinem Namen weiter, um die Diebe dingfest zu machen. Zu diesem Zweck werden die jeweiligen Transaktionen mit versteckter Kamera aufgenommen. Nachdem ihnen das Geld ausgegangen ist, beginnen sie einen «Ausverkauf». Sie laden alle 171 Diebe, die sie auf Film festgehalten haben, zu einer Party ein, wo sie ihre Kunden, trotz massiver Einmischung der Mafia, festnehmen können. Dom DeLuise als Ernie Fortunato gibt eine zwar ein wenig lärmige Vorstellung, und von allen Mitarbeitern Brooks' entfernt er sich am weitesten in Richtung auf die *mainstream action comedy* (eine riesige Prügelorgie am Ende etwa), doch auch er wendet gelegentlich wirksam die Technik des filmischen Verweises an, etwa wenn Ernie Fortunato, der sich als Mafia-Boss ausgibt, vergnügt die Erkennungsmelodie aus «The Godfather» (Der Pate – 1971 – Regie: Francis Ford Coppola) pfeift.

DeLuise, auch dies unterscheidet ihn von den anderen Brooks-«Schülern» Feldman und Wilder, ist zwar ebenfalls sein eigener Regisseur, nicht aber auch sein eigener Autor geworden. (Das Drehbuch zu «Hot Stuff» stammt von Michael Kane und Donald Westlake.) Auch er bekennt sich zu einer eher physischen Form der Komik: «Ich habe mich nie darauf beschränkt, Komik nur mit Worten auszudrücken, sondern stets meinen Körper, das heißt Gestik und Mimik, mit einbezogen. Man warf mir bisweilen vor, mehr Pantomime als Schauspieler zu sein.» Sein Stil ist geradezu geschmackvoll, und möglicherweise hätte der Film, wäre er nicht einmal mehr von der deutschen Synchronisation ruiniert worden, auch hier ein zusätzliches Publikum für die «École de Brooks» gewinnen können, ein jüngeres vielleicht, das noch nicht nach allzuviel filmhistorischen Verweisen und parodistischen Subtilitäten sucht.

4. Exkurs: Woody Allens Weg zu sich selbst

Noch einmal, nach «Play It Again, Sam», spielte Woody Allen unter der Leitung eines anderen Regisseurs. In dem von Martin Ritt inszenierten und von Walter Bernstein geschriebenen «The Front» (Der Strohmann – 1975) geht es um die «Hexenjagden» des McCarthyismus und ihre Auswirkungen in Hollywood (beide, Regisseur und Drehbuchverfasser, waren im übrigen Opfer dieser antikommunistischen Kampagne geworden). Allen spielt einen «Strohmann», der für verfemte Autoren, die nicht unter ihrem eigenen Namen arbeiten können, seinen Namen und das öffentliche Auftreten hergibt. Der Ruhm steigt ihm zu Kopf, er sieht sich selber als den Künstler, als der er fälschlicherweise gilt, bis er schließlich durch den Selbstmord eines unter Zwang Spitzeldienste leistenden Fernsehstars, mit dem er sich angefreundet hat, auf die brutale Wirklichkeit gestoßen wird, die Praktiken des McCarthyismus, aber auch seiner Opfer, anprangert und dafür ins Gefängnis geht.

Dieser Film, alles andere als ein typischer Woody-Allen-Film, spricht immerhin dafür, daß in Allens späterer Arbeit nicht nur Raum für die Autobiografie und das Bergmansche Melodram ist, sondern auch für ein Moment politischer Satire, die sich als Tragikomödie (im Gegensatz zu seinen eigenen Genre-Parodien) realisiert.

Woody Allen und Diane Keaton in «Annie Hall» (1977).

Woody Allen und Diane Keaton in «Manhattan» (1978).

In seinem eigenen Film «Annie Hall» (Der Stadtneurotiker – 1977) geht Woody Allen jedoch einen Schritt in Richtung auf einen sehr persönlichen und intimen Stil. Es ist die Geschichte des kleinen jüdischen New Yorker Intellektuellen, von Beruf Komiker, seine Probleme mit den Frauen, mit dem Job, mit dem Publikum. «Dabei betreibt Allen weder psychischen Exhibitionismus, noch spinnt er sich in private Wehleidigkeit ein; beschrieben wird der Weg eines Träumers, der schon als Kind nicht mehr arbeiten will, weil irgendwann doch das ganze Universum kaputtgehen wird, der schon seit 15 Jahren beim Psychiater in Behandlung ist, der an eingebildetem und echtem Antisemitismus zu leiden hat und gleich ganz verklemmt wird, wenn er nur das Wort ‹ungezwungen› hört. Woody Allens Selbstdarstellung zeigt ihn als geborenen Verlierer, der seine Wünsche doch erfüllt bekommt – in der Kraft der eigenen Phantasie, mit der er sich dann auf rätselhafte Weise immer wieder behauptet, verwundet zwar, aber nach wie vor lebensfähig. Trost scheint auszugehen von dieser Komödie, die sehr reich an subtilen Gags ist, aber auch eine ganz sanfte, wehmütige Trauer über die Unmöglichkeit dieses Clowns, in dieser Welt seinesgleichen zu finden» (H. G. Pflaum).

Nach einem nicht nur ernsten, sondern sogar sehr ernsten, deutlich an Ingmar Bergman angelehnten Film, «Interiors» (Innenleben – 1978), drehte Woody Allen mit «Manhattan» (Manhattan – 1978) ein Porträt von New York, seinen Intellektuellen und «seinem» Helden inmitten der Stadt und inmitten ihrer Kultur, die anmaßend, hohl und doch auch eine Heimat ist. Diesmal spielt er einen zweimal geschiedenen Fernseh-Autor, der seinen Beruf aufgegeben hat, um ein Buch zu schreiben, vielleicht aber auch, um in der Großstadt sein Glück zu finden, das ihm wohl in Gestalt der siebzehnjährigen Tracy (Mariel Hemingway) begegnet, das er aber durch eigene Schuld verliert. Ihr letzter Satz an ihn ist: «Du mußt ein bißchen Vertrauen in die Menschen haben.» «Dieser Satz sowie Isaacs Bemerkung, daß der Mensch sein Handeln nicht nur auf das Rationale richten, sondern sich mehr vom Gefühl leiten lassen solle, stehen als Essenz den Reaktionen seiner Stadtneurotiker gegenüber, deren Interaktionsrituale zwar an der Oberfläche korrektem Handeln entsprechen, nicht aber den wahren Gefühlen, und somit höchst fragwürdig sind. Sie verweisen zugleich auf ein in der Kommunikationstheorie als digitale und analoge Kommunikation bezeichnetes Verhalten: digitale Kommunikation geschieht mit Hilfe von gesellschaftlich vorgeformten Symbolen wie der Sprache; diese hat zu dem ausgedrückten Objekt eine willkürliche, weil rein inhaltlich bezogene Relation und wird von Isaac und seinen Freunden wortgewandt manipuliert. Analoge Kommunikation geschieht unmittelbar, ist kulturunabhängig und nicht geprägt von eingeübten Ausdrucksformen; sie äußert sich im Tonfall, der Gestik und den Gefühlsgebärden und wird von Tracy gezeigt. Ein Beispiel zur Illustration: Tracy bittet Isaac um eine nächtliche Kutschfahrt durch den Central Park, weil sie das noch nie erlebt habe (analog). Während dieser Fahrt redet er über den Kitsch dieser romantischen Mondnacht (digital), um zuletzt doch dieser Stimmung zu verfallen und sich so zu verhalten wie Verliebte in einer solchen Situation (analog). Ähnliche Beispiele ziehen sich durch den gesamten Film und belegen Allens humane, romantische und nie, wie etwa bei Milos Forman, denunziatorische Komik, die ihren Höhepunkt in der Auseinandersetzung Isaacs mit seinem Freund Yale in einem leeren Klassenzimmer erreicht. In dieser Szene stellt Isaac angesichts der dort hängenden Skelette die entscheidende Frage und Forderung nach der Verantwortung des Intellektuellen gegenüber seiner Umwelt und kommenden Generationen» (Hans Gerhold).

Auf einem ähnlich hohen Niveau des Geschmacks, des Stils, der künstlerischen Verantwortung und der «Philosophie», und mit ähnlich moralischer (statt befreiender) Komik ausgestattet, ist auch Woody Allens nächster Film.

«Stardust Memories» (Stardust Memories – 1980) ist eine oft mit Fellinis «8 ½» verglichene Reflexion über das Filmemachen und die Stellung der eigenen Person. Als Sandy Bates ist Allen in diesem Film Regisseur und Filmdarsteller, der sich eher widerwillig bei einem Seminar seinen

Ein Komiker ...

... ist ein Mensch, der auf seine Kosten kommt, indem er anderen erlaubt, auf seine Kosten zu lachen. Ein Schadenfreudebringer.

Geld und Lachen sind Nachbarskinder. Wo kein Geld ist, da ist auch das Lachen nicht zu Hause.

Fans und den Kritikern stellt. Persönliche Krise, Ärger mit den Studiobossen und die Isolation inmitten der Bewunderung durch das Publikum fügen sich zusammen; Sandy Bates möchte keine «lustigen» Filme mehr drehen, darüber hinaus aber nagen an ihm die Zweifel daran, daß es überhaupt noch sinnvoll sein könnte, *irgend etwas* zu tun. «Das zentrale Motiv des tückisch-zufälligen Schicksals wird in verschiedenen Spielarten variiert (wie man überhaupt Woody Allens Gesamtwerk als kontinuierliche Variation dieses Themas betrachten könnte). Am sarkastischsten geschieht dies dort, wo der erfolgreiche Bates einen ihn beneidenden ehemaligen Schulfreund, genauso zufällig erfolglos, ohne große Überzeugung damit zu trösten versucht, daß er ihm noch schlimmere Möglichkeiten zu bedenken gibt: ‹Wäre ich beispielsweise in Polen geboren, dann könnte ich jetzt ein Lampenschirm sein.› Mehr und mehr entlarven sich Allens Sarkasmen als getrieben von der Obsession am Leiden, das in unzähligen Formen um ihn herum Gestalt annimmt, dem er hypnotisiert entgegenstarrt wie das Kaninchen der Schlange. Bates' Wohnzimmer ist dekoriert mit einer riesengroß aufgemachten Kopie jenes Fotos, das zu trauriger Berühmtheit gelangte: die Erschießung eines Vietcong-Soldaten. Er selbst stellt sich unzähligen Wohltätigkeitsorganisationen und Unterstützungs-Komitees zur Verfügung, läßt sich wie unter Zwang mit noch mehr Elend konfrontieren.

Angsterfüllter Zynismus war noch allen Woody Allen-Filmen eigen, nur konnte man meistens ob der Fülle der Gags, der rasanten Wort- und Bildwitze, dem Slapstick und teilweise auch der Sahnetorten-Dramaturgie die Verzweiflungsmelodie überhören, die der intellektuelle Clown da so salopp vor sich hinträllerte. Im deutschsprachigen Kulturbereich hat ein Werktagsdenker wie Woody Allen es doppelt schwer, ernst genommen zu werden. Wer bei uns philosophieren will, wer vorstößt zu den ‹tiefsten Fragen des menschlichen Seins›, der hat nicht zu trällern, der hat mit Pauken und Trompeten und angemessenem Symbolgedonner einzufahren. Ohne Schreie und Geflüster, ohne russische Seele, ohne italienisches Kuriositätenkabinett und japanische Entmannungen braucht man vor unserem Studiopublikum gar nicht erst aufzukreuzen, erst recht nicht als Amerikaner, denen hierzulande der Ruch der Kulturlosigkeit noch hartnäckiger anhaftet als anderswo. Als Woody Allen mit dem hervorragenden ‹Interiors› sein ursprüngliches Genre verließ, wurde er erwartungsgemäß weithin unterschätzt; man wollte den Unterhaltungs-Schuster wieder bei seinen Komödien-Leisten sehen (eine Forderung, die er in ‹Stardust Memories› bitter persifliert). Allen hat sich der läppischen Schubladisierung von Unterhaltung und Kultur, von Gebrauchsdenken und Sonntagsphilosophie entzogen – es scheint ihn einige Nerven zu kosten, wie er uns mit Sandy Bates zeigt» (Pia Horlacher).

Daß Woody Allen sein Publikum kritisierte, daß er ihm vorenthielt,

Jessica Harper und Woody Allen in «Stardust Memories» (1980).

was es verlangte, vielleicht, daß er sich selber so wichtig nimmt, all das kreidete man ihm, zu einer Zeit, da Amerika nach positiven Ideen gierte und selbst die Kritiker von Patriotismus blind wurden, ausgesprochen übel an. «Stardust Memories» wurde Allens größter Mißerfolg in Amerika. Er hat die völlige Identität seiner Person und seiner Filmfigur erreicht; das Resultat ist eine sehr große Traurigkeit.

5. Rock, TV und Filmkomödie

a) Das «National Lampoon»-Syndrom

Die Zeitschrift «Mad» (die es auch in einer deutschen Version gibt) steht für eine bestimmte, modisch könnte man sagen: ein bißchen kaputte Art des amerikanischen Humors. Sie informiert sehr präzise über das Absurde in unserem Leben, aber die meisten ihrer Beiträge haben mittlerweile einen Grad an humoristischer Abstraktion angenommen, der es noch dem Bravsten möglich macht, «Mad» zu lesen und trotzdem anständig zu bleiben. Die satirische Zeitschrift «National Lampoon», die ohne die Tradition von «Mad» nicht denkbar wäre und sich ihrer auch nicht schämt, geht da einen Schritt näher an die Wirklichkeit heran: Sie nennt die Institutionen und Rituale, die Leute auch beim Namen, die aus unserem Alltagsleben eine groteske Veranstaltung machen. Nachdem diese Zeitschrift in den letzten Jahren einen erfreulichen Zuwachs an Lesern verzeichnen konnte, wurde «National Lampoon» auch zum begehrten Markenzeichen für andere Aktivitäten der Redakteure und Mitarbeiter. So produzierten etwa die beiden Redakteure Michael O'Donoghue (einer der Schöpfer des Kult-Comics «The Adventures of Phoebe Zeit-Geist») und Tony Hendra eine Comedy-Langspielplatte, «Radio Dinner», die sich sogar noch besser verkaufte als Mel Brooks' Album vom 2000 Jahre alten Bierbrauer. In der musikalischen Komödie der beiden, «Lemmings», traten bis dahin unbekannte Schauspieler wie John Belushi, Chevy Chase (die beiden haben sich in sehr verschiedene Richtung entwickelt, haben es aber geschafft, wirklich komisch zu bleiben), Christopher Guest und Mary Mitchell auf. Michael O'Donoghue startete eine «Radio Hour», die zu einem weiteren Kulminationspunkt einer von «National Lampoon» ausgehenden Komiker-Mafia wurde. Harald Remes reißt weitere Zusammenhänge an: «Erstmalig bot sich die Chance für Gilda Radner, die zu diesem Zeitpunkt mit Belushi und Dan Aykroyd als Teil der experimentellen ‹Second City Comedy Revue› von Toronto durchs Land tingelte. In der ‹National Lampoon Show› betrat sie abermals die Bühnenbretter.

Das zweite Set an Schauspielern brachte einen fetten Typ namens ‹Meatloaf› ins Rampenlicht und außerdem Leute wie Ellen Foley, Richard Belzer, Mimi Kennedy und Barry Diamond. Die Show war ein Meisterwerk an Mangel für Feingefühl und appellierte an den Sado-Masochisten in jedem Zuschauer. Alle Traditionen des guten Geschmacks wurden über Bord geworfen. Weitere Alben des Lampoons: ‹The Watergate Tapes›, ‹Cold Turkey›, ‹Goodbye Pop›, ‹That's not funny, that's sick!› und der Soundtrack zu ‹Animal House› (Ich glaub' mich tritt ein Pferd). Für viele junge Talente bestand hier die Möglichkeit, sich erstmalig zu profilieren.

O'Donoghue indes wechselte 1975 über zur NBC und wurde dort Hauptschreiber für die aggressive, gelegentlich frivole, in jedem Falle spontane und erfrischende satirische Show ‹Saturday Night Live›. Wem ‹Kentucky Fried Movie› zu lahm oder abgedroschen ist, kommt hier voll auf seine Kosten. Die Show gliedert sich in mehrere Teile. Da ist zum einen die Rolle des Conférenciers, der die einzelnen Teile zusammenhält. Sie wird von Sendung zu Sendung neu besetzt und gibt so Schauspielern, Nachrichtensprechern, Musikern und Komikern die Möglichkeit, sich nach eigenem Gusto zu produzieren. In Sketchen findet die SNL-typische Medienauseinandersetzung statt mit Abschweifungen in tagespolitische und kulturelle Ereignisse. Blieben noch die fiktive Nachrichtensendung ‹Weekend Update› und der Musikblock mit Interpreten wie Zappa,

Stones, Dylan, Bowie und anderen. Chevy Chase, langjähriger Beau der SNL-Familie, eröffnete den Newsblock mit Komplimenten wie: ‹I'm Chevy Chase and I don't like you› oder ‹I'm ... and you're not›, um dann unvermittelt Nachrichten wie ‹Moshe Dayan still isn't able to recognize the PLO› abzulesen, während als Bildinsert genannter Politiker, statt mit einer, mit zwei Augenbinden freundlich in die Kamera lächelt.»

Eine Reihe von Komikern, die alle auch in der Filmkomödie reüssierten, wie etwa Steve Martin, Richard Pryor oder Robin Williams, begründeten oder festigten in der «Saturday Night Live»-Show ihre Popularität. Hier fanden sich auch John Belushi und Dan Aykroyd zu den «Blues Brothers» zusammen. Aber auch die meisten anderen neuen Komiker-Stars des US-Films kommen vom Fernsehen, wobei gelegentlich erstaunen mag, daß die Fernseh-Sketche oft wesentlich bissiger, «obszöner» und anarchistischer erscheinen als die Filme.

«Da sich die Liste bemerkenswerter Komiker noch weiterführen ließe, seien abschließend noch drei Schauspieler erwähnt, die manch einer bereits auf der Leinwand erspäht haben dürfte. Andy Kaufman, eine kontroverse Gestalt mit Chicano-Einschlag, spezialisiert auf die Darstellung nicht definierbarer ethnischer Gruppen, hat – Marotte oder Masche? – eine starke Abneigung gegen Frauen (dumm, schwach, gehören in die Küche), was bisweilen in einem vereinten Pfeifkonzert des Publikums kulminiert, jedoch nicht stört. Henry Winkler (‹Heroes›) wurde in erster Linie durch seine TV-Auftritte in dem gelungenen ‹American Graffiti›-Abklatsch ‹Happy Days› bekannt. ‹The Fonz› – mit Schmalztolle – ist allen alters- und erfahrungsmäßig ein gut Stück voraus: Ein cooler, immer etwas besserwisserischer, sympathischer Rock'n'Roll-Casanova.

Lily Tomlin, eine der äußerst wenigen Frauen im Business, stammt aus Detroit, tingelte durch Clubs, um schließlich in der Comedy-Show ‹Laugh In› beliebt und bekannt zu werden. In drei Filmen (‹Nashville›, ‹Die Katze kennt den Mörder›, ‹Von Augenblick zu Augenblick›) wirkte sie mit, veröffentlichte zwei Platten und gewann eine Auszeichnung für ‹Appearing Nitely›, ihre One-Woman-Show. Ihr kalkulierter, etwas steifer, intellektueller Sozialhumor ist allerdings nicht jedermanns Sache» (Harald Remes). Zwei der durch das Fernsehen bekannt gewordenen Komiker gaben ihr Leinwand-Debüt in Filmen des ehemaligen TV-Regisseurs Carl Reiner. Henry Winkler spielt in «The One and Only» (Das charmante Großmaul – 1977) einen ein bißchen windigen Möchtegern-Schauspieler, der in den fünfziger Jahren vom großen Aufstieg träumt und als geborener Star auftritt, ohne es wirklich zu schaffen. Seine Erfüllung findet er schließlich als Darsteller in einer Catcher-Show, wo er allerdings ein paar ausgefallene Ideen realisiert (so wählt er als *nom de guerre* keinen der in diesem Metier üblichen martialischen Bezeichnungen, sondern er tritt als der «Liebhaber» auf). Winkler setzt hier mehr oder weniger seine in der

Fernsehserie «Happy Days» entwickelte Figur des Fonzarelli, genannt «The fonz», fort.

Ebenfalls Carl Reiner inszenierte, nach einem Drehbuch von Carl Gottlieb, Michale Elias und Steve Martin, «The Jerk» (Reichtum ist keine Schande – 1979), das Film-Debüt des in Comedy-Shows zu einiger Berühmtheit gekommenen Steve Martin. Es verlief um einiges glücklicher als das von Henry Winkler, vielleicht nicht zuletzt deshalb, weil seine Figur, nicht unähnlich der von Jerry Lewis' «the kid», in der Tradition der Personage der Slapstick-Comedy feste Umrisse hatte. «Navin ist der weiße Adoptivsohn einer schwarzen Farmersfamilie, der sich eines Tages aufmacht, die große weite Welt zu erobern. Zunächst landet er an einer Tankstelle, wo er, gegen einen Hungerlohn plus freies Logis in einer Abstellkammer, arbeitet. Eines Tages begegnet ihm dort der Unternehmer Stanley Fox, dessen Problem eine ihm ständig von der Nase rutschende Brille ist. Der immer hilfsbereite Navin nimmt sich dieser Plage an und behebt die Schwierigkeit, indem er einen kleinen Metallgriff am Brillengestell befestigt. Fox ist von dieser Idee überwältigt: Er möchte die Erfindung in Serie gehen lassen und verspricht Navin bei Erfolg die halbe Umsatzbeteiligung.

Navin hat aber andere Sorgen: Er wird von einem schießwütigen Verrückten verfolgt, der ihn aus unerfindlichen Gründen umbringen will. Also verläßt er die Tankstelle und schließt sich einem fahrenden Rummelplatz an. Und hier erlebt er auch seine erste große Liebe: Die tollkühne Motorradartistin Patty nimmt ihn in Arme und Besitz und erklärt ihn zu ihrem ‹Macker›. Patty ist allerdings mit körperlicher Gewalt nicht gerade zimperlich, und das bekommt Navin bald zu spüren. Als er die hübsche Kosmetikerin Marie kennenlernt und sich mit ihr verabredet, kriegt er Pattys stahlharte Fäuste zu spüren. Doch die Liebe zu Marie siegt; mit ihr verlebt er glückliche Tage, bis Marie ihn verläßt, weil sie sich mit dem armen Navin keine gemeinsame Zukunft vorstellen kann. Aber auch in dieser tragischen Situation läßt ihn das Glück nicht im Stich: Stanley Fox hat mit seiner Brillen-Erfindung das große Geld gemacht und schickt ihm nun den ersten Scheck über eine Viertelmillion.

Marie kehrt natürlich sofort zurück, die beiden heiraten und beginnen ein Leben in schon immer ersehntem Luxus: Mit eigener Disco und viel Personal, herzförmiger Badewanne und ‹echten› Rembrandts. Doch das vollkommene Glück zerbricht schließlich an einer Bürgerinitiative: Navins Erfindung, der Brillenhalter, hat einen Fehler, schon nach einigen Tagen beginnt der Träger zu schielen. Die aufgebrachten Käufer – an ihrer Spitze Regisseur Carl Reiner – verlangen Schadenersatz: Navin verliert seinen Prozeß, muß Abfindung über Abfindung zahlen und Konkurs anmelden – woraufhin Marie ihn verläßt. Und so landet er – einsam und verlassen – bei den Pennern, bis eines Tages ein Luxusschlitten am Straßenrand hält: Navins Adoptivfamilie, die seine monatlichen Überweisungen geschickt angelegt hat und zu Reichtum gekommen ist, holt den verlorenen Sohn dorthin zurück, wo die Geschichte angefangen hat: Heim nach Mississippi.

Dem Regisseur Carl Reiner ist mit dieser ‹Vom-Tellerwäscher-zum-Millionär›-Geschichte ein witziger und amüsanter Film gelungen, ein Gemisch aus Situationskomik und lustig-kritischem Blick auf den *american way of life*. Navin, das große, leicht vertrottelte Kind, das keinen Unterschied macht zwischen dem Leben auf der Straße und dem eines reichen Mannes, ist der geborene Verlierer: Berechnung liegt ihm fern, und sein Blick auf Profit und Konsum ist immer der eines spannungsgeladenen Zuschauers; wie kann aus so einem schon ein Erfolgreicher werden?

Und doch ist er nie vom Glück verlassen; wenigstens ein Hund gibt immer Antwort auf seine Fragen. Navin, dieser Mensch, der nicht gewinnen kann, weil er nichts weiß von Betrug und aller Schlechtigkeit, dieser Navin, der immer liebevoll und ohne jede Denunziation von seinem Regisseur beobachtet wird – er ist am Ende doch der Sieger; er hat alles hergegeben, was er hatte, und bekommt dafür das einzige, was er will: Wärme und Zuneigung von anderen Menschen» (Martina Borger).

Vor allem der Film mit Steve Martin wurde in den Vereinigten Staaten ein großer Erfolg, möglicherweise entspricht er, wie in Ansätzen auch Henry Winkler, einer neuen Form von Optimismus und Naivität, die sich auch in der Filmkomödie niederschlägt. In eine ganz ähnliche Richtung tendiert auch das Film-Debüt des ebenfalls im Fernsehen populär gewordenen Robin Williams (in Deutschland lief seine Serie kurzfristig unter dem Titel «Mork vom Ork»). In Robert Altmans 1981 realisierter Film-Version des Comic «Popeye» spielt er den «Spinatmatrosen» mit den eisernen Fäusten.

Die neue Komiker- und Autorengarde des amerikanischen Films zeichnet sich nicht nur durch mannigfaltige Medienerfahrung und beharrliche Arbeit auch und besonders vor Publikum aus, sondern auch durch eine gewisse Affinität zur Rockkultur. Während einige wie etwa Cheech & Chong vom Rock herkommen, andere, wie die Blues Brothers, als Musiker beinahe mehr Erfolg haben denn als Komiker, haben viele von denjenigen, die sich nicht direkt auf Rock beziehen oder Phänomene dieses musikalischen und kulturellen Idioms zitieren, zumindest ein Gefühl für ein Publikum entwickelt, das mit dem Tempo und den Ideen des Rock groß geworden ist.

Neben dem musikalischen und dem anarchistischen Element in der neuen amerikanischen Filmkomik dominiert auch hier das Moment der Parodie, und was diese anbelangt, haben auch die aus dem «National Lampoon»-Umfeld stammenden Komiker und Autoren viel von den Genre-Parodien der englischen «Monty Python»-Truppe gelernt.

b) Monty Pythons Genre-Parodien

Mit der BBC-Serie «Monthy Python's Flying Circus» hatte die Comedy-Gruppe «Monty Python» um Terry Jones und Terry Gilliam nachhaltigen Erfolg beim Publikum, und auch eines der in den angelsächsischen Ländern so beliebten Comedy-Albums («The Monty Python Matching Tie and Handkerchief») und ein erster Kino-Film («And Now For Something Completely Different») ließen die sechsköpfige Gruppe (nach Bedarf durch Gast-Stars verstärkt) zum populärsten englischen *comedy act* werden.

In «Monty Python and the Holy Grail» (Die Ritter der Kokosnuß – 1974) wandten die Autoren und Regisseure Terry Jones und Terry Gilliam den Monty-Python-Stil auf eine Genre-Parodie an. Mit einer humoristischen Tour de force durch Klischees des Ritterfilms, filmische Heldenverehrung und Hexenverfolgung verfuhr man noch ganz im Stil der TV-Shows. «Die Einfälle werden allzu ziellos durcheinandergeschleudert, und dem ganzen chaotischen Unsinnstreiben fehlt eine dramaturgisch dosierende Struktur. Die Gagmaschinerie läuft immer wieder leer, weil die Ritterwelt des Königs Artus und seiner Helden, unter denen Lan-

«Monty Python and the Holy Grail» (1974) von Terry Jones und Terry Gilliam.

celot und Galahad hervorragen, nicht als zu parodierende Substanz in ihrer ganzen legendenhaften und geistigen Größe ernst genommen wird, sondern als Steinbruch für eine ziellose, anarchistische Groteskkomödie im Stile der ‹Crazy Comedy› herhalten muß» (Franz Ulrich).

Die (gelegentlich auch gezeichneten) filmischen Verweise treffen Vorbilder von Orson Welles' «Chimes at Midnight» (Falstaff – 1966) bis Roman Polańskis «Macbeth» (Macbeth – 1971), während sich bei den eher mechanischen Gags eine Verwandtschaft zu Comics und Cartoons ausmachen läßt. So etwa wird der schlimme «Schwarze Ritter» von König Artus bis auf den Rumpf zusammengehauen und kämpft doch, als wäre er ein defekter Roboter, immer noch weiter. Verweise auf «Filmsprache» finden sich ebenso dort, wo jede Bewegung der Ritter vom typischen Aufeinanderschlagen der hohlen Kokosnüsse begleitet wird, das die «Geräuschmacher» so gern demonstrieren, wie dort, wo der Vorspann zum Film durcheinandergerät (er wimmelt von fehlerhaften und unsinnigen Angaben, es wird dauernd von Elchen berichtet), der übergeschnappte Korrektor durch einen Kollegen ersetzt wird, der aber, aus Solidarität mit seinem Vorgänger, erst recht alles falsch macht. Und wie bei Mel Brooks und Marty Feldman drängen sich in die «filmische» Erzählweise gelegentlich andere Formen der Unterhaltung (hier sind es Quiz und Reportage).

Wieder in die Zeit des Mittelalters führte «Jabberwocky» (Der Jammerwoch – 1977 – Regie: Terry Gilliam), zugleich eine Parodie auf den Monster- und Katastrophenfilm und eine Hommage an Lewis Carrolls gleichnamiges Gedicht aus dem Jahr 1872. Der Film ist daneben aber auch eine Parabel, zunächst eine auf Macht, Furcht und Untertanentum im allgemeinen, dann aber auch eine auf aktuelle politische Zustände in England. Schließlich verband sich mit der parodistischen Handlung eine durchaus stringente Kapitalismus-Kritik, wo sich zeigt, wie die Kaufleute sich das Monster/die Krise funktional machen, um ihren Profit noch zu erhöhen.

In den in Tunesien zurückgelassenen Filmkulissen von Franco Zeffirellis «Jesus»-Film drehte Terry Jones nach einem Drehbuch der Monty Python, Graham Chapman, John Cleese, Terry Gilliam, Eric Idle, Terry Jones, Michael Palin (die auch die Hauptrollen spielen), die Bibelfilm-Parodie «Monty Python's Life of Brian» (Monty Pythons Das Leben des Brian – 1979). Am Beginn des Films wird den Heiligen Drei Königen ein unliebsamer Empfang bereitet: Sie haben sich in der Krippe geirrt, und wer da vor ihnen und seiner keifenden Mutter liegt, ist nicht Jesus, sondern Brian Kohn. Herangewachsen, wird Brian, nachdem seine Mutter ihm gestanden hat, daß er ein Besatzungskind ist, zum Römer-Hasser und tritt einer freilich nicht sonderlich effektiven «Volksfront von Judäa» bei. Mit den religiösen Problemen, über die Jesus von Nazareth predigt, mit dessen Wegen sich die seinen gelegentlich kreuzen, hat er weniger im

Sinn. «Römer raus!» schmiert Brian des Nachts auf die Wände, doch weil es bei ihm mit der Orthographie hapert, zwingen ihn zwei römische Legionäre, die ihn erwischt haben, zur Strafe hundertmal orthographisch korrekt «Römer raus!» an die Häuserwände zu pinseln. Als Brian sein Werk vollendet hat, wird er zum Volkshelden, und die Römer veranstalten nun eine Jagd auf den Rebellen. Weil ihm die Sache eher lästig geworden ist und er sich seiner Anhänger kaum noch erwehren kann, zieht sich Brian in die Berge zurück, doch ohne Ärger geht auch das nicht ab, denn es gibt Leute, die sich weigern, bei Brians Bergpredigt Eintritt zu bezahlen. Schließlich wird Brian von den Römern gefangen und zur Kreuzigung verurteilt; er ist an diesem Tage die Nummer 140. Mit seinen Mitgekreuzigten stimmt er ein Lied an, das davon handelt, wie man doch alles auch von der leichteren Seite betrachten kann.

Insbesondere in den USA haben zahlreiche religiöse Vereinigungen gegen diesen «blasphemischen» Film protestiert, was freilich seinem Erfolg beim Publikum eher dienlich war (der Film wurde zu einem der größten Kassenerfolge in den USA aus diesem Jahr). Der Film ist wahrscheinlich nicht wirklich blasphemisch, aber anders als etwa «Wholly Moses» (Oh, Moses! – 1980 – Regie: Gary Weis) ist er auch nicht völlig frei davon. «Niemand von uns», meinte Terry Gilliam, «wollte Jesus ernsthaft an die Karre fahren. Aber wir hatten halt Spaß daran, den Herrn ein bißchen zu verarschen.»

c) Wahnsinn on the Rocks: Blues Brothers, Cheech & Chong, Meatloaf

Von den mannigfaltigen Aktivitäten der aus dem Umkreis von «National Lampoon» und «Saturday Night Life» stammenden Herren John Belushi und Dan Aykroyd führt ein direkter Weg zu ihrem Auftreten in Steven Spielbergs «1941» (1941 – Wo bitte geht's nach Hollywood – 1979), der als Meilenstein der Entwicklung der neuen amerikanischen Filmkomödie auch ins Bewußtsein des Publikums hätte gedrungen sein können, wenn er nicht zumindest in Amerika selbst einen «patriotischen Nerv» verletzt hätte.

Es geht darum, daß vor der amerikanischen Westküste im Jahr 1941 ein japanisches Unterseeboot auftaucht, Bevölkerung und Armee in Panik versetzt und zu hektischen Abwehrmaßnahmen treibt, die freilich meistens sich gegen die eigenen Systeme richten. Da bombardiert ein stets betrunkener Bomberpilot (John Belushi) den Hollywood Boulevard, wo sich ein General gerade Walt Disneys «Dumbo» ansieht und über dem Schicksal des fliegenden Elefanten in Tränen ausbricht, während sich auf der Straße Angehörige der verschiedenen Waffengattungen eine Riesen-

John Belushi in «1941» (1979) von Steven Spielberg.

prügelei liefern; eine Familie, in deren Vorgarten sich die Kavallerie ein-
nistet, verliert ihr Haus, das einfach den Berg hinab ins Meer kippt, und
zwei wachsame und wehrhafte Bürger rollen mitsamt dem Riesenrad, auf
dem sie Wache halten, in die See.

«Für 40 Millionen Dollar ist das mal wieder der teuerste Film, und auch
wenn sich alles im Kreise dreht, die Zerstörungen überhandnehmen und
sich leichte Ermüdung einstellen könnte, bleibt Steven Spielberg der
Könner: Er handhabt Zitate und Stil der großen Regie-Meister von gestern glatt und geläufig, ob hinreißende Verfolgungsjagden oder handfe-
ste Prügelorgien – wenn die Amerikaner durchdrehen, ist dies ein Fest
fürs Publikum.

Hin und wieder siegt allerdings die Technik über den Witz, der beim
fast Zwei-Stunden-Dauer-Chaos auch nicht ohne Wiederholungen auskommt: Neben einem neu entwickelten Computer-System, das mit seiner
Elektronik Trick- und Life-Aufnahmen nahtlos mischen kann, wurden
über 60 Prozent des Films mit dem neuen Louma-Crane-Kameraverfah-
ren aufgenommen. Louma Crane – die Kamera befindet sich auf einem
Galgen und wird vom Kameramann über einen Video-Monitor über-
wacht und gesteuert – wurde zuvor nur einmal für eine Einstellung in
einem James-Bond-Film benutzt: Kameramann William A. Fraker, der

Filme wie ‹Rosemary's Baby›, ‹Auf der Suche nach Mr. Goodbar› und ‹Der Himmel soll warten› fotografiert hat, gelingen Einstellungen, die mit der herkömmlichen Technik nur unzureichend verwirklicht werden konnten. So kann die Kamera beim Louma-Crane-Verfahren in einer Einstellung einer Person folgen, die ein Haus betritt, die Treppe hinaufläuft und sich dann in ein Zimmer begibt.

‹Nostalgie, Nachahmung, Parodie und Karikatur sind die vier apokalyptischen Reiter der siebziger Jahre›, bemerkte der Filmkritiker Jack Kroll, und Steven Spielberg nahm diesen Satz scheinbar als Konzept für ‹1941›, der bei der amerikanischen Filmkritik allerdings nur wenig Anklang fand, da der Film ausgerechnet bei Beginn der iranischen Geiselaffäre gestartet wurde: Und bei solch gespannter Lage konnten die Amis Satire und Spaß nur schwer verkraften!

Neben der reinen Slapstick-Manie, die auf lockeres Konsum-Kino zielt, hat Steven Spielberg auch viele Anspielungen eingebaut, die dem kinoerfahrenen Zuschauer das freudige Wiedererkennen bekannter Vorbilder bescheren; ob Stanley Kramers ‹total, total verrückte Welt›, Ken Annakins ‹tollkühne Männer mit ihren fliegenden Kisten› oder Zitate aus John Schlesingers ‹Tag der Heuschrecke› und Raoul Walshs ‹Urlaub bis zum Wecken›: Steven Spielberg variiert nicht nur Gag-Sequenzen von Stan Laurel bis Jerry Lewis, er verarbeitet auch eine Szene aus seinem ‹weißen Hai› – ein nacktes Girl schwimmt im Wasser, aber kein Hai beißt an, sondern ein japanisches U-Boot taucht auf» (Manfred Hobsch).

Daß man zerstört, was man zu erringen oder zu verteidigen glaubt, dieses Motiv zieht sich durch die amerikanische Film-Komödie, aber selten ist es so gründlich geschehen wie in Spielbergs Film. Zugleich ist diese Komödie auch eine konsequente Fortsetzung der Arbeit des Regisseurs. «Wenn immer der monumentale Aufwand und der geistige Ertrag in diesem monströsen Film nie so recht in Übereinstimmung gelangen, so ist ‹1941› doch mehr als eine zum Selbstzweck inszenierte Kino-Orgie. Wie schon in seinen früheren Filmen ‹Duel›, ‹Sugarland Express›, ‹Jaws› und ‹Close Encounters of the Third Kind› beschwört Spielberg auch hier eine unheimliche, in ihrem Umfang nicht faßbare Bedrohung herauf, welche die amerikanische Bevölkerung – oder zumindest Teile von ihr – aus einem scheinbar festgefügten Alltag reißt und ihre Realität in einem neuen Lichte erscheinen läßt. Die Reaktion ist meistens heftig, bisweilen hysterisch. Nicht selten wird dabei ein Gefüge von scheinbar festen Werten demontiert. Ob von Geisterhand gesteuerter Truck, menschenfressender Hai, unheimliche Wesen aus dem All oder japanisches U-Boot, ist einerlei – immer geht es Spielberg um Verhaltensweisen angesichts einer Bedrohung. Selbst in einem so vordergründigen Film wie ‹Jaws› läßt die Reaktion auf den gefräßigen Riesenhai, der die Badestrände bedroht und das Geschäft auffliegen läßt, den aufrichtigen Amerikaner zu einem häßlichen werden, der mit seinen Privatinteressen in ein Netz von Korruption verstrickt ist. Daran ändert letztlich auch nichts, wenn am Ende die Legende – wohl nicht zuletzt durch Auflagen des Produzenten – wieder zurechtgerückt wird. Solche Konzessionen finden in ‹1941› nun allerdings nicht statt. Die Entlarvung eines falsch verstandenen Patriotismus, eines Mutes, der sich als Übermut entpuppt, sowie der hysterischen und chaotischen Reaktion auf das Auftauchen des japanischen U-Bootes geschieht hier in einer Konsequenz, die keine Versöhnlichkeit mehr kennt. Zynismus, ein giftiges Mittel der Polemik, versteckt sich allenthalben hinter den lauten Gags, und Spielberg scheut sich nicht, was möglicherweise noch schlimmer ist, amerikanischen Nationalstolz der Lächerlichkeit preiszugeben. In den Vereinigten Staaten wurden die komödiantisch verpackten, aber deswegen nicht minder deutlichen Anspielungen auf nationale Überreaktion im Falle der Bedrohung offensichtlich sehr wohl verstanden. Im Gegensatz zu hier, wo man sie offenbar erst unter einem Berg von kinematographischen Ballast hervorgraben muß, haben die Amerikaner prompt und sauber reagiert: kein Wunder, fiel doch die Premiere von ‹1941› ausgerechnet mit dem Geiseldrama in der US-Botschaft von Teheran zusammen – wahrlich kein guter Starttermin für einen Film, der

Plakatmotiv zu «1941».

Superpatriotismus und Zusammenschluß zum Widerstand veräppelt» (Urs Jaeggi).

Der zwei Jahre zuvor entstandene Film «National Lampoon's Animal House» (Ich glaub' mich tritt ein Pferd – Regie: John Landis), eine Campus-Komödie aus den sechziger Jahren mit John Belushi in der Hauptrolle, zeigte nur in Ansätzen das «anarchistische» Potential im «National Lampoon»-Humor; es schien, als habe man ein wenig Respekt vor den Möglichkeiten des Mediums und der Notwendigkeit des Erfolgs gehabt. In Jack Nicholsons Western-Burleske «Goin' South» (Der Galgenstrick – 1977) spielte Belushi nur eine kleinere Rolle.

In ihrem «eigenen» Film, «The Blues Brothers» (Blues Brothers – 1980 – Regie: John Landis) war mit einer turbulenten, aktionsreichen Komödie eine Hommage an die musikalischen Vorbilder des Duos verbunden. Der Film beginnt mit einem langen Flug über eine gottverdammte amerikanische Industriestadt, über Chicago, und man weiß gleich, daß alles, was nachher passieren wird, damit zusammenhängt. Er führt zu einem Sonnenaufgang über einem Gefängnis. Davor hält ein alter schwarzweißer Dodge, Monaco 440, Baujahr 1974, ein ehemaliges Bullenauto. Daneben steht ein langer, hagerer Typ, schwarzer Anzug, schwarzer Hut, schwarze Sonnenbrille, und wartet. Es ist Elwood Blues, der lange Hagere von den Blues Brothers. Durch endlose Gänge, Tor um Tor nach den dafür vorgesehenen Ritualen passierend, nähert sich ein Gefangener (John Belushi) der Freiheit, oder erst mal der Ausgabestelle für die Privatsachen, er kriegt seinen schwarzen Anzug, seinen schwarzen Hut und seine schwarze Brille. Es ist Jake Blues, der Dicke bei den Blues Brothers, der drei Jahre wegen bewaffneten Raubüberfalls abgesessen hat und nun wegen guter Führung entlassen wird. Jake und Elwood (Dan Aykroyd) begrüßen sich nach (Musiker-)Mafia-Art. Sie fahren los, rein nach Chicago. Jake trauert dem schönen Bluesmobil nach, das sein Bruder gegen ein Mikrofon eingetauscht hat. Ein Mikrofon! Ganz davon abgesehen, daß es ihm nicht paßt, von seinem eigenen Bruder nach fast drei Jahren Knast in einem Bullenauto abgeholt zu werden. Begleitet von dem «Peter Gunn»-Motiv (Henri Mancini hat es für die TV-Serie gleichen Namens geschrieben), das immer wieder auftauchen wird, solange die beiden unterwegs sind, kommen sie in die Stadt. Mit einem gekonnten Sprung über eine Hebelbrücke überzeugt Elwood Jake von den Qualitäten des neuen Autos.

Elwood stoppt es vor dem Waisenhaus, in dem die beiden aufgewachsen sind. Jake hat nämlich ein Gelübde getan, am ersten Tag der Freiheit den Pinguin, die unheimliche, resolute Schwester Mary Stigmata zu besuchen. Er hätte sich lieber nicht daran erinnert. Das Haus ist ganz schön heruntergekommen, aber so, wie die Stadt aussieht, fällt es nicht weiter auf. Zugegeben, Waisenhäuser stellt sich jemand, der da nicht groß geworden ist, immer anders vor, so mit Grünanlagen und Bäumen und Spencer Tracy, der mit den Jungen Fußball spielt, oder wenigstens Shirley MacLaine mit kleinen Tränen in ihren Augen. Aber hier ist es nicht nur schäbig, sondern auch unheimlich, die Türen schließen sich von selbst, Licht gibt es wie in einem Horrorfilm. Jake und Elwood sind fast wieder so klein, wie sie als Kinder waren. Der Pinguin ist niemand anderes als Kathleen Freeman, die Frau, die in einer Reihe von Filmen Jerry Lewis das Fürchten lehrte, als Matrone, Kommandeuse, Drachen. Dem Waisenhaus fehlen 5000 Dollar, um Steuerschulden bezahlen zu können. Das ist normal, denn Waisenhäuser sind im Kino immer in Bedrängnis, nicht ganz so normal ist es, daß die eigene Kirche den Pinguin mitsamt seinem Haus loswerden will. Zunächst mal kriegen die Blues Brothers Prügel, weil sie sich über den Gebrauch der Worte «Scheiße» und «Kacke» nicht einigen können, und vor allem, weil Mary Stigmata kein gestohlenes Geld annehmen will. Einmal die Treppe heruntergefallen, liest der greise Hausmeister des Waisenhauses, Curtis, die beiden auf. Er und der Pinguin waren die einzigen Menschen, die sich um die Blues Brothers gekümmert hatten, als sie Kinder waren. Aber können wir uns vorstellen, daß die Blues Brothers jemals Kinder gewesen sind? Wahrscheinlich haben sie schon immer so ausgesehen wie jetzt. So wie Laurel und Hardy als Kinder einfach nur kleiner waren.

Curtis, das ist Cab Calloway, der, will man den Legenden glauben, das Vorbild zu Sportin' Life in «Porgy and Bess» war. Die beliebte Wortverbindung «schäbige Eleganz» jedenfalls hätte für ihn erfunden werden müssen; er kommt aus Filmen wie «The Singing Kid» und aus Filmen mit W. C. Fields und ganz besonders aus einem Film, den er selbst (mit) geschrieben hat, «Minnie the Moocher» (*moocher* bedeutet soviel wie Strolch, Tagedieb). Aber in erster Linie ist er Musiker, Bandleader und Tänzer, einer zwischen Jazz und Tin Pan Alley, ein Entertainer, der nirgendwo fehl am Platz zu sein scheint, von den verrufenen Nachtclubs in New York bis zu Disneyland. Oder überall ein prickelndes bißchen.

Curtis führt die Blues Brothers in sein Domizil, den Heizungskeller des Waisenhauses – ein merkwürdiges Oben und Unten zwischen ihm und dem Pinguin. Unten gibt es statt Prügel Drinks aus Wassergläsern und einen guten Rat. Die beiden sollen zu der Baptistenkirche «Zu den drei Felsen» gehen, wo Reverend Cleophus James predigt. Der nun wieder ist James Brown, einer der ersten Superstars der Soul-Music; man erinnert sich: «Say It Loud, Im Black and Proud», «It's a Man's World» und «Sex Machine». James Brown war Schuhputzer, Baumwollpflücker, Wagenwäscher, Autodieb, Einbrecher und dann halt Sänger und Millionär, Besitzer von Rundfunksendern und Musikverlagen, und er besitzt, was später in diesem Film karikiert wird, Soul-Food-Restaurants. Er war so eine Art Messias der schwarzen amerikanischen Underdogs (und schwarze ameri-

«The Blues Brothers» im Hühnerdrahtkäfig.

kanische Underdogs sind auch die Blues Brothers, wenn auch mit weißer Hautfarbe unter Hut und Brille).

Reverend Cleophus predigt, daß die Fetzen fliegen. Das beflügelt zum Tanzen und den einen oder anderen zu ganz unmöglichen Sprüngen durch die Kirchenhalle. Auch die Blues Brothers erwischt es; Jake hat eine veritable Erleuchtung, und die Wahrheit drängt über seine Lippen: «Wir müssen die Band wieder zusammenbringen.» Ab jetzt handeln die Blues Brothers in göttlichem Auftrag.

Die Band der Blues Brothers besteht, wie im Film, so in Wirklichkeit, aus bekannten Größen der Rock- und Funk-Szene. Da sind Steve Cropper (Gitarre) und Donald «Duck» Dunn (Baß), die beide zu den Gründungsmitgliedern von «Booker T. and the M.G.'s» gehörten. Die M.G.s (für Memphis Group) hatten zum Beispiel mit Otis Redding zusammen gespielt, mit dem gemeinsam Steve Cropper das legendäre «Dock of the Bay» geschrieben hat. Der erste Saxophonist bei den Blues Brothers, Tom Scott, gehört zur Creme der Jazz-Rock-Bläser und hat mit Gott und der Welt zusammen gespielt, der zweite Saxophonist, Lou Marini, kommt von Woody Herman und «Blood, Sweat and Tears» und war vorher bei «Ten Wheel Drive» und Frank Zappa. Solche Leute sind schon eine Erleuchtung wert, auch wenn die Musiker zunächst kaum so recht Lust haben, die Band wieder auf Trab zu bringen.

Noch bevor die ersten Leute von früher gefunden sind, überfährt Elwood, der Motorkopf, der irgendeine eher seltsame Beziehung zu Autos haben muß, eine Ampel; das Bluesmobil wird von zwei Streifenpolizisten gestoppt. Da gegen den Fahrer das eine oder andere vorliegt, wie der Bullencomputer weiß, sollen Führerschein und Bluesmobil eingezogen werden. Den Führerschein können die Bullen haben, der war sowieso gefälscht; das Bluesmobil wird aber noch gebraucht, und so läßt Elwood den Motor laufen. Das Bluesmobil und die es verfolgenden Streifenwagen vernichten eine nette kleine Einkaufspassage. Während sie durch Auslagen, Stände und Einkaufsräume fetzen, bewundern die Blues Brothers Zweckmäßigkeit, Vielfalt und Eleganz derartiger Einrichtungen. Irgendwie kriegt Jake keinen Hamburger, das nimmt ihm ein bißchen den Spaß an der Sache.

Die Blues Brothers sind nun einerseits im Auftrag des Herrn unterwegs, andrerseits werden sie von den Bullen gejagt. Noch jemand verfolgt sie: Carrie Fisher, die die Blues Brothers nur knapp mit einer Panzerfaust verfehlt und überhaupt ihr Teil dazu beiträgt, daß dies ein Film ist, in dem auf nette Weise verdammt viel zu Bruch geht.

Als Polizisten und Vertreter des Gerichts am nächsten Morgen das schäbige Hotelzimmer entern, in dem die Blues Brothers untergekommen sind, unternimmt Carrie Fisher gerade ihren nächsten Mordanschlag und befreit so die beiden unwissentlich.

Auf ihrer Suche nach den verschollenen Band-Mitgliedern begegnen die Blues Brothers John Lee Hooker, dem Blues-Musiker, der zahlreiche Rock-Bands beeinflußt hat, und Ray Charles, der so etwas wie ein Vater der Soul-Music ist. Den letzten der Musiker finden sie schließlich in einer Soul-Food-Imbißstube, deren Chefin Aretha Franklin ist. Alle diese Begegnungen finden natürlich ihren musikalischen Ausdruck.

Bei Jakes Versuch, telefonisch einen Gig an Land zu ziehen, sprengt Carrie Fisher die Telefonzelle in die Luft. Rakete! Immerhin kriegt man bei der Landung so ein bißchen Kleingeld. Übrigens haben sich die Blues Brothers neben den Bullen und Carrie Fisher noch ein paar Feinde gemacht: die putzigen amerikanischen Nazis, denen sie eine Versammlung kaputtgemacht haben.

Um seine Band zu beruhigen, erschwindelt sich Jake einen Gig in einem Country-Bungalow, wo das Publikum aus Hillbillies und Truckern besteht, die nichts anderes hören als Country & Western. Sie mögen die Rhythm & Blues-Musik nicht, die die Blues Brothers machen, aber sie werfen auch, wenn's ihnen gefällt, mit ihren Bierflaschen. Gott sei Dank ist die Bühne mit Hühnerdrahtgitter gesichert. Der Gig wird ein Erfolg, nachdem die Blues Brothers dem Geschmack des Publikums entgegengekommen sind. Aber der Besitzer des Lokals verlangt eine Menge mehr Geld für das konsumierte Bier, als er bereit ist, für die Gage zu zahlen.

Die Blues Brothers sind wieder auf der Flucht, und nun ist noch eine Verfolgergruppe hinter ihnen her, die «Good Ole Boys», die Country-Band in ihren Rhinestone-Cowboy-Uniformen und in einem prächtigen Countrymobil, deren Gig die Blues Brothers usurpiert haben. Der große Auftritt der Blues Brothers aber kommt noch. Mit Hilfe von Curtis und den Waisenkindern füllen sie eine große Halle. Fast genausoviel Polizisten wie Publikum sind da, ebenso die «Good Ole Boys», mit Baseball-schlägern bewaffnet, amerikanische Nazis, und auch Carrie Fisher ist um die Wege. Da die Blues Brothers aufgehalten werden, gibt erst mal Cab Calloway seine Nummer zum besten. Dann kommen die Blues Brothers.

Wie die schwarzen Musiker, die im Film zitiert werden, aus einer religiösen eine weltliche Musik gemacht haben, so machen die Blues Brothers aus der Getto-Klage und dem musikalischen Schlachtruf ein Stück Showbusiness. Rhythm & Blues ist die Grundlage, zu der Rock, Reggae und ein wenig Jazz kommen. Elwood und Joliet Jake Blues garnieren ihre Auftritte, von ihren Tanzeinlagen mal abgesehen und von Jakes Saltos, mit den ältesten und abgestandensten Kalauern und Zoten, die wirken, als hätten sie sie gerade erfunden. Sie fangen mit der Musik und dem Entertainment da wieder an, wo wir so rüde unterbrochen wurden. Abgesehen von der Anzahl der Polizisten im Saal, ist das Konzert dem wirklichen in Los Angeles 1978 nachempfunden, das den Durchbruch der Blues Brothers gebracht hatte. Es ist ja überhaupt ein autobiografischer Film, wenn man den Be-

John Belushi und Dan Aykroyd in «The Blues Brothers» (1980).

griff nicht allzu eng sieht. («Wenn ich jemals einen Film drehe», hatte Dan Aykroyd gesagt, «dann in Chicago.»)

Hinter der Bühne steht ein Plattenmogul und sondert Geld ab. Mit den erforderlichen 5000 Dollar verschwinden die Blues Brothers durch die Kanalisation, während die Band weiterspielt. Da unten steht aber Carrie Fisher mit einem automatischen Gewehr. Jetzt kommt's raus: Jake hat sie sitzenlassen. Er becirct sie; nicht gerade die stärkste Szene des Films. Es folgt die längste, materialreichste Autoverfolgungsjagd, die man in letzter Zeit gesehen hat, da wird die Streifenwagen-Armada einer ganzen Stadt vernichtet. Das ist erstens die Erfüllung eines ganz persönlichen Wunsches von Dan Aykroyd und zweitens die Erfüllung des Gebets jedes amerikanischen Teenagers. Insofern ist der Kampf gegen die Polizisten auch die völlig logische Fortsetzung der Musik. Zum Schluß sind die Polizei, beritten, im Auto und zu Fuß, die Bürgerwehr, die Feuerwehr, schließlich sogar die amerikanische Armee und immer noch die «Good Ole Boys» und die amerikanischen Nazis hinter den Blues Brothers her, die es trotzdem fertigbringen, die 5000 Dollar aufs Finanzamt zu bringen, den Pinguin und das Waisenhaus zu retten. Im Gefängnis spielen die Blues Brothers den «Jailhouse Rock».

Wie «1941» traf «The Blues Brothers» wohl den Nerv einer sich auf die nationalen Tugenden und den Zusammenhalt besinnenden amerikanischen Gesellschaft; das Publikum reagierte ob dieser anarchistischen und ein paar heilige Kühe schlachtenden Destruktionsorgie negativ, und vielleicht hatten die Blues Brothers für den Geschmack des weißen Mittelstandspublikums auch ihre Vorliebe für die schwarze Musik allzusehr betont. «1941» und «The Blues Brothers» jedenfalls markieren bereits wieder das Ende des kurzen Aufflackerns einer neuen amerikanisch-anarchistischen Filmkomödie.

Im umgekehrten Verhältnis, was Aufwand und Erfolg anbelangt, stehen zu «The Blues Brothers» (die als Musiker nach wie vor erfolgreich sind) die beiden Rock-Musiker mit parodistischem Einschlag, Cheech Marin und Tommy Chong alias Cheech & Chong, mit ihren Filmen. Die beiden sind so etwas wie die Misfits der amerikanischen Rock-Szene; sie sind von den Medien ihrer rüden Scherze wegen gemieden und nicht zuletzt deshalb, weil im Zentrum all ihres Denkens, und folgerichtig ihrer Komik, Haschisch und LSD stehen (so wie bei vielen akzeptierten Komikern der Alkohol im Zentrum steht). Ihr Publikum ist aus einem eingeschworenen Fandom erwachsen, das sich ohne die «kalten» Medien wie TV und Presse formiert hat. Viele ihrer Lieder handeln von der (eben sehr häufig auch ziemlich grotesken) Jagd nach dem Stoff, und auch in ihrem ersten Film «Up in Smoke» (Viel Rauch um nichts – 1978 – Regie: Lou Adler) stehen natürlich Drogen im Mittelpunkt. Höhepunkt des Films ist die «Überführung» eines Lastwagens, der gewissermaßen aus

Cheech Marin und Tommy Chong in «Cheech and Chong's Next Movie» (1980).

Haschisch besteht, über die mexikanische Grenze. Dabei gibt es natürlich auch Verfolgungsjagden, Cheech & Chong gegen die vertrotteltsten Polizisten, die man sich denken kann, alles sehr viel bescheidener als bei den Blues Brothers, und schließlich geht, während Cheech & Chong auf der Bühne einen rauschenden Erfolg feiern (vor einem ziemlich berauschten Publikum nämlich), draußen der Lastwagen in Rauch und Feuer auf.

Cheech & Chongs Komik verdankt viel der Erzählweise und dem Stil der amerikanischen Underground-Comics, von Robert Crumb («Fritz the Cat») bis Gilbert Sheldon («The Freak Brothers»), und im Gegensatz zu Landis' Blues-Brothers-Film zielt sie auch nie höher, als der *counterculture*, zu der sich fast schon jeder, der nicht Generalmanager von Coca Cola oder ITT ist, rechnen darf, Stoff zum Lachen über eigene und mehr noch über die Widersprüche des «Gegners» zu liefern.

In der Fortsetzung, die dem enormen, trotz gelegentlichen Boykotts erzielten Erfolg von «Up in Smoke» entsprang, «Cheech and Chong's Next Movie» (Noch mehr Rauch um überhaupt nichts – 1980), führte

Thomas Chong auch die Regie. Wieder geht es vor allem um die geliebten Joints, um Geld, das aufzutreiben ist, und auch um Benzin, das man klaut (dabei wird so viel von dem guten Stoff verschüttet, daß Cheech & Chongs Auto in die Luft fliegt, als sich Chong seinen Joint anzündet). Ein Hotel, ein Massagesalon, das Arbeitsamt und ein Nachtclub werden von den beiden auf den Kopf gestellt, und schließlich gibt es noch eine Begegnung mit Besuchern aus dem Weltall.

Meatloaf, der schwergewichtige Rock-Sänger mit einer sehr expressiven Stimme, gab sein Film-Debüt in der «Rocky Horror Picture Show», der Film-Version des Rock-Musicals «Rocky Horror Show», einer Verbindung von Komödie, Horrorfilm, Musik und Transvestiten-Show. (Meatloafs Rolle war allerdings, so eindrucksvoll sein Auftritt auf dem Motorrad war, klein genug, daß sie in einigen der in Deutschland kursierenden Kopien des Films völlig fehlt, vermutlich wegen der Gewalttätigkeit gegen ihn, der er zum Opfer fällt.)

Nomineller Star war Meatloaf dagegen in dem Film «Roadie» (Roadie – 1979 – Regie: Alan Rudolph). Er spielt einen texanischen Bierfahrer, der aus Liebe zu dem Groupie Lola Bouilliabase (Kaki Hunter) zum Roadie (also einem der Techniker und Assistenten, die den Rock-Bands das Auf- und Abbauen der Verstärkeranlagen auf Tourneen besorgen) wird. Travis B. Redfish erweist sich als sehr erfindungsreich in diesem Geschäft – er schafft es unter anderem, den gewünschten Sound mit Sonnenenergie zu erzeugen, und arrangiert gekonnt eine Saalschlacht. Travis wird zum «König der Roadies», arbeitet mit allen Größen des Rock-Business, darunter Alice Cooper und Blondie zusammen. Lola wird ein bißchen eifersüchtig auf deren Sängerin Debbie Harry; im Gegenzug beschließt sie, die erste Liebesnacht mit dem wüsten Alice Cooper zu verbringen. Trotz solcher Komplikationen findet das Paar schließlich zueinander; allerdings muß zuvor noch die Landung des anscheinend unvermeidlichen Ufos überstanden werden.

Die Verbindung von Rock und Filmkomödie, die sich für eine Zeit als produktiv erwiesen hatte, verlor mit dem Mißerfolg von «The Blues Brothers» und dem eher mäßigen Einspielergebnis von «Roadie» für die Produzenten an Attraktivität. Die Rock-Musik fand indes mit den Video-Tapes ein schnelleres Medium für die Vermittlung. Aber Cheech & Chong werden sicher noch weiter Filme drehen, denn hier ist die vollkommene Synthese von Rock-Musik und B-Filmkomödie, die harmloseste Form des «Underground»-Films gelungen.

Mythologie und Genre-Parodie

1. Zum Genre-Begriff

Offensichtlich gibt es zwei verschiedene Filmkulturen und -traditionen, die miteinander nicht viel mehr gemein haben als die Technik, die zur Herstellung erforderlich ist, und gelegentliche «Kreuzungen» in der Filmgeschichtsschreibung. Das eine ist Kunst, und das andere ist Unterhaltung.

Natürlich gibt es die Wanderer zwischen den Welten. Die eine Filmart bedient sich einmal, wenn Talent, Ironie, Souveränität da sind, der Stilmittel der je anderen Form. Aber der prinzipielle Unterschied will gewahrt sein, bis zur Länge einer Filmkritik, bis hinein in die Sprache des Rezensenten. Die Filmkunst erscheint als die Sache eines «Autors»: Einer filmt da seine Träume, seine Obsessionen, seine politischen Überzeugungen, seine pädagogischen Impulse ab. Unterhaltung, das ist etwas anderes. Das ist Business; Handwerker, wenn man Glück hat, bemühen sich, dem Publikum zu geben, was es angeblich haben will, oder was das Business will, daß es haben soll. Dem Filmkunstpublikum wird Unterhaltung nur geadelt durch einen Grad der Strenge in der Form, etwa bei Boetticher oder bei Melville, oder durch «gekonnte» Ausflüge ins Reich des schlechten Geschmacks wie bei Russ Meyer oder Radley Metzger.

Der «Autor» ist frei – würde ihn ein Kritiker nach ausschließlich moralischen Kategorien behandeln, würde man ihm gewiß entgegnen, er verstünde nichts von Kunst und möge sich doch überhaupt am besten um eine Stelle in der Kulturbürokratie kümmern, wo sozusagen die natürlichen Feinde der Kunst zu sitzen pflegen. Kommen die Filme aber als Unterhaltung daher, werden sie auf ihre soziale Bekömmlichkeit abgeklopft. Erst als Klassiker sind «Unterhaltungsfilme» dagegen gefeit, danach befragt zu werden, ob sie uns denn guttun, ob sie uns nicht etwa verderben, politisch verdummen, menschlich verrohen, seelisch verkümmern lassen.

Unterhaltung, nicht nur im Kino, entwickelt sich als «Verabredung» zwischen Produzenten und Konsumenten; etwas, das wir, oder einige von uns, nicht notwendig brauchten als Aussage, Sinnvergewisserung, (erotische) Phantasie, das wird auch nicht Unterhaltung. Etwas, das niemanden von uns etwas angeht, wird nicht Unterhaltung. Etwas, das uns nur verstören, aber nicht befriedigen, nur abstoßen, aber nicht auch faszinieren, nur erzürnen, aber nicht auch versöhnen, kurz, was unser Los nicht auch erleichtern würde, für den Augenblick jedenfalls, das wird auch nicht Unterhaltung. Und weder wird etwas Unterhaltung, was wir nicht verstehen, noch wird etwas Unterhaltung, was wir nur mit dem Kopf verstünden. Während Kunst, zumindest seit sich von ihr die Unterhaltung abgespalten hat, sich versteht als das Vorantreiben, das Kommentieren von ästhetischen und (daher) sozialen Prozessen, als das Modell von Eingreifen und Gestalten allemal, will Unterhaltung nichts anderes als gefallen.

Doch lehrt die Alltagserfahrung, daß auch dieses leichte, flüchtige Gefallenfinden ausgesprochen komplexe, ja schwierige Bedingungen hat. Es ist, wie für jemanden, der ein Leid hat, der über einen Verlust nicht hinwegkommt, einen Widerspruch nicht verarbeiten kann, das eine oder andere Wort des Trostes zu finden. Diese Worte müssen nicht viel mit Wahrheit zu tun haben, und oft müssen sie, um den einen zu trösten, einen anderen, der vielleicht glücklicherweise nicht zuhört, «schlechtmachen». Es werden, wie man so sagt, alle Register gezogen, damit vergessen wird, was uns peinigt, was an unseren Lebensbedingungen eigentlich nicht auszuhalten ist. Es kann der Schrecken sein, der uns herausreißt aus diesem zugleich schrecklichen und langweiligen Hier und Jetzt, das Gelächter, eine unsägliche, befreiende Traurigkeit, die Illusion von grenzenloser Weite und Freiheit, eine atemberaubende Konzentration von sexuellen Signalen oder die schnelle Reise zurück in Traumwelten der Kindheit. Doch immer ist dieser Bruch mit der Wirklichkeit zugleich deren Abbildung; Unterhaltung ist das Massengrab unserer unerfüllten Wünsche.

Begraben müssen die Wünsche in ihr sein, nicht bloß, weil ein Wort des Trostes die Krankheit nicht beseitigt, weil ein Märchen die Angst nicht endgültig besiegt, weil ein Mythos für einen Widerspruch keine wirkliche Lösung ist, sondern weil sie ganz einfach nicht zu erfüllen sind. Sie sind in Wahrheit nicht einmal zu formulieren, und daher ist Unterhaltung nicht nur das Monument der unerfüllten Wünsche, sondern auch die Preisung der Unerfüllbarkeit. Fast alle meine Helden aus den Jugendträumen haben den einen, vielleicht entscheidenden Schritt ins ganz andere, ins wirklich Abenteuerliche nicht getan. Sie alle haben, wie auch Humphrey Bogart, gute Gründe dafür gehabt, und große Gefühle und Taten gab es ja trotzdem. Freilich konnten die Helden früher noch große Taten aus nichts als Sehnsucht und Übermut vollbringen, und heute wohl nur noch aus übermächtigem Zorn.

Alles, was Unterhaltung ist, ist eigentlich Bewegung und Rhythmus, und wer das alles nur von den Zielen her sieht, zum hundertsten ideologiekritischen Exorzismus ausholt, als gelte es, wieder einen Satz von Adorno zu «beweisen», mit geschlossenen Augen und zugehaltenen Ohren, der wird nicht begreifen, wie nah dran an unserer Wirklichkeit die Unterhaltung ist. Denn «Manipulation» oder «Warenästhetik» sind ja nur zwei von vielen Dimensionen in der Unterhaltung, darunter die der ungeschriebenen Geschichte, die unserer zivilisatorischen Verluste, die unserer Sehnsucht danach, uns bewegen zu können, als wäre mit dem Verkehr nicht auch das Reisen endgültig durch eine freudlose Form der Bewegung ersetzt.

Was immer an schrecklichen, menschenverachtenden Elementen in der Unterhaltung steckt, sie ist als Linderung unserer Schmerzen aus dem Alltagsleben, als einziges Mittel dagegen, uns selbst unnütz und unsere Umwelt als Gefängnis zu sehen, für uns unverzichtbar, wir können längst nicht ohne sie leben und brauchen stets höhere Dosen. Eben nicht bloß, um unsere Augen vor der Wirklichkeit zu verschließen, sondern auch, weil wir eine Projektionsfläche für unsere Phantasie brauchen, vor die man so ganz alltäglich schon zu viele IBM-Hochhäuser, Atomkraftwerke und Gefängnisse jeder Art gebaut hat. Da kommt einer über den Berg geritten, und da ist keine Autobahn und keine Müllhalde, sondern nur Pferde grasen da, ganz friedlich, und ein Planwagen, bei dem einer steht und an einem Feuer Kaffee kocht. Das ist es, was als Reklame und ganz gegen uns gerichtet vom Western übriggeblieben ist, vielleicht eine der Essenzen des Western, neben der Tatsache, daß der Gute den Bösen einfach niederschlägt oder, wenn's sein muß, erschießt.

Kritisches Bewußtsein muß sich gegen Unterhaltung wehren, wahrscheinlich gerade wegen des fast immer verborgenen kleinen utopischen Elements in ihr. Aber ich weiß nicht, was uns mehr «verblöden» kann, «Pudelnackt in Oberbayern» oder ein Margarine-Stuhl von Joseph Beuys. Ich weiß aber, daß beides etwas aussagt über uns. Das eine reagiert direkt auf unsere traurigen Verhältnisse, das andere reagiert auf die Traurigkeit unseres Erkenntnisstandes. Und ganz sicher als statisches, ästhetisches (und ökonomisches) Konstrukt ist beides, solange beidem die falschen Fragen gestellt werden.

Unterhaltung kann sich keinem individuellen Leid und keinem von dessen gesellschaftlichen Ursachen verschließen, sie kann sie nur umdeuten, verschieben, verkleiden im Interesse von Kapital und Herrschaft. Aber alles, was sich über unsere Gesellschaften von uns selbst aussagen läßt, findet auf die eine oder andere Weise auch ihren Ausdruck in der Unterhaltung. Jede Gesellschaft schafft sich ihre Mythologie, in der erklärt ist, wo man hergekommen ist, wie man geworden ist, so wie man lebt, warum die Herrschaftsanteile so und nicht anders verteilt sind, warum dies zu tun und jenes zu lassen sei, was mit den Toten geschieht, warum dieser nicht mit jener schlafen darf und jene diesen nicht heiraten soll, woher Strafe und Belohnung kommen; kurz: jede Gesellschaft träumt sich gemeinsam ein phantastisches System, das alles erklärt, was man erleben kann, und in das jedes neue Phänomen, das man beobachtet oder von dem man gehört hat, integriert wird. Und sollte diese Integration nicht ohne Schwierigkeiten oder Widersprüche zu bewerkstelligen sein, so werden unter diesem Zwang das System oder Teile des Systems verändert, zum Teil durch gemeinsame kreative Phantasie-Arbeit aller Mitglieder einer Gesellschaft, zum Teil durch «Dekret» der Herrscher. Es gibt keine Gesellschaften ohne Mythologien, und andrerseits verändert sich jede Mythologie im selben Maße, wie Herrschafts- und Verkehrsformen der Gesellschaft sich verändern.

Überträgt man dieses aus der modernen Ethnologie stammende Modell einmal auf unsere eigene Gesellschaft, gibt es eigentlich gar keinen anderen Schluß als diesen: Unterhaltung ist unsere Form der Mythologie. Daher müßte, vom neuen Modetanz über jede erfolgreiche Comic-Serie bis zur Filmproduktion, jedes Produkt der Unterhaltung eine Bedeutung *in einem System* von Aussagen haben, die zusammen gesehen eine perfekte Abbildung aller über den reinen Produktions- und Konsumtionsprozeß hinausgehenden Impulse in einer durch Ideologie allein nicht zu konstituierenden Gemeinschaft sein müßten. Noch mehr: Es müßte nicht nur alles, was uns bedrückt, und alles, was wir uns wünschen, all unsere Liebe und all unser Haß in der Unterhaltung stecken, sondern all das müßte auch untereinander verbunden sein, dürfte sich nicht unerträglich widersprechen, oder es müßte zumindest immer eine Verbindung zu schaffen sein.

Diese Mythologie hat eine Geografie, zum Beispiel: Den fernen Westen, den geheimnisvollen Osten, den hohen Norden und den tiefen Süden, und sie hat eine Architektur, einen Himmel, eine Welt (die wiederum hierarchisch getrennt ist) und eine Hölle, in der sich die verbotenen Wünsche aufheben mögen. Und diese Mythologie hat eine Lebensalter-Dimension, sie hat dem Kleinkind etwas zu sagen, und etwas dem Greis, und sie ist, immer so stark wie die Gesellschaft, die sie sich träumt, polarisiert in einen weiblichen und einen männlichen Teil. Sie hat etwas, das den bestätigt, der sein Glück zu Hause sucht, im Winkel, und etwas für den, der hinaus will ins Abenteuer. Es gibt einen Platz für die Kritischen und Fordernden, und es gibt einen Platz für die Rückwärtsgewandten, und in ihr steckt die Sehnsucht nach Anarchie wie die nach faschistischer Ordnung. Und doch ist sie ein Ganzes, ein System, eine Methode und, als Ergebnis, eine Struktur.

Den verschiedenen Medien werden dabei in diesem System unterschiedliche, ergänzende und avancierende Funktionen zukommen. Zumindest eine Zeitlang hat der Film hier eine bestimmende Rolle gespielt; er hat in der Unterhaltung den Himmel am glänzendsten, die Welt am buntesten und am schwärzesten und die Hölle am schrecklichsten abbilden können. Er war am reichsten.

Alle diese Überlegungen werden sicher der «Verabredung» zwischen Filmproduzenten und Publikum, dem Genre, einen anderen als einen rein produktionstechnischen und verwertungsorientierten Stellenwert geben müssen. Denn wenn die Unterhaltung als populäre Mythologie der Industriestaaten ein geschlossenes System darstellt (in dem es freilich dynamisch und brodelnd zugehen mag), dann muß das Genre darin eine Rolle als untergeordnete Einheit spielen, die mit anderen vergleichbaren Ordnungen korrespondiert. Natürlich gibt es wichtige und weniger wichtige, große und kleine, langlebige und boomartig verbrennende Genres, aber alle Genres sind darin einander verwandt, daß sie auf einen Grundwiderspruch in der sozialgeschichtlichen Entwicklung zurückweisen (der sich für das Individuum als Widerspruch zwischen einer großen Sehnsucht und einem großen Interesse, einer starken Furcht und einem starken Wunsch äußern mag) und die mythische Lösung für diesen Grundwiderspruch durch ihre Haltung zum Thema isolieren und folglich «unvergleichlich» machen. Jedes Genre behandelt einen bestimmten Aspekt der Geschichte, der Macht, der Liebe, und es behandelt ihn auf bestimmte Weise. Natürlich gibt es Variationsmöglichkeiten und mannigfaltige Verbindungen – wie jede Mythologie funktioniert ja auch die der Unterhaltung ein wenig nach einem Baukastensystem der Phantasie. Trotzdem mag, wer die Geschichte der einzelnen Genres (nicht nur) im Film verfolgt, überrascht sein, mit wie wenig Grundmustern und mit welch geringem Repertoire an Figuren hier ausgekommen wird. Doch diese Reduktion hindert uns nicht im geringsten daran, jedesmal aufs neue gebannt zu sein, ganz so, als erlebten wir, was da auf der Leinwand geschieht, das erste Mal. Voraussetzung ist nur, daß das Genre noch lebt (daß also die in ihm verborgenen Fragen uns noch betreffen und die Wünsche noch offen sind) und daß der entsprechende Film sich nicht nur an die Regeln hält, sondern auch an den Geist des Genres. Schließlich gehört zu den «Verabredungen» eines Genres auch ein gewisses handwerkliches und ausstatterisches Niveau, das zu einem bestimmten Zeitpunkt nicht mehr ohne die Produktion von unfreiwilligem Humor zu unterschreiten ist.

Vermutlich ist es ausgesprochen gefährlich, ein Genre anders als in seiner Geschichte, von den außerfilmischen Quellen bis zu den eventuellen Verfallserscheinungen und Bastardisierungen, zu beschreiben. Denn ästhetische Determinanten und inhaltliche Konstanten allein würden den Begriff Genre nur für ganz wenige, als solche wiederum «klassisch» gewordene wie Western, Gangsterfilm oder Horrorfilm brauchbar machen. Diese «Supergenres», die durch geografische, historische oder atmosphärische Einheit bestimmt sind, vereinen in sich jedoch die verschiedensten Beispiele.

Man hat im übrigen in der amerikanischen Filmgeschichtsschreibung den Begriff des Sub-Genres eingeführt, der freilich in zwei verschiedenen

Bedeutungen verwendet wird. So mag er das eine Mal eine Seitenlinie eines Genres bezeichnen, die sich schließlich von der Hauptlinie entfernt und als Ergebnis eine «Abspaltung» darstellt, deren zentrale Botschaften dem ursprünglichen Genre sogar entgegengesetzt sein können. So zeichnet sich die *Fantasy* als Abspaltung von der Science-fiction gerade dadurch aus, daß sie technologische Utopie und Rationalisierung (nicht: Rationalismus) zurücknimmt. Natürlich ist auch der Schluß möglich, daß ein solches Subgenre als Kritik und Ergänzung zugleich ein Genre gewissermaßen auf seine Einzelteile hin untersucht und kommentiert. So verschieden der Italo-Western vom amerikanischen Western ist, es gibt darin fast nichts, was nicht in letzterem schon angelegt ist. Unter Sub-Genre läßt sich auf der anderen Seite aber auch die Feingliederung eines Genres in einzelne, miteinander verflochtene Stränge verstehen. So lassen sich als Sub-Genres des Horrorfilms etwa der «gothische» Horrorfilm, der psychologische Horrorfilm oder der allegorische Horrorfilm verstehen.

Wenn ein Genre eine Kommentierung, eine mythische Lösung, eine Tröstung für ein relevantes Problem, einen Konflikt allemal, ist, so kann also die Entwicklung eines Sub-Genres Reaktion auf die Verschärfung eines Konflikts sein, sie kann aber auch ein Problem spezifizieren. Ist der Western der amerikanische (und darüber hinaus universale westlich-demokratisch-kapitalistische) Gründungsmythos mit der nur so und nicht anders möglichen Versöhnung von Individualismus, Freiheit, Glück auf der einen, Landnahme, Ausbeutung, Gewalt auf der anderen Seite, so ist der Kavallerie/Indianer-Western eine Spezifizierung, etwa die Verklärung eines schrecklichen, unverzeihlichen und weiter fortdauernden Ausrottungskrieges (ebenso die vorsichtige, eben noch aushaltbare Kritik daran).

Wirklich definieren kann sich ein Genre nur durch seine Geschichte und die seiner Abspaltungen, ja selbst den Begriff Genre an sich wird man ein wenig anders füllen müssen, wendet man ihn entweder auf den Western oder den Rockerfilm an. Zudem sind die Genres überlagert von stilistischen Wellen, in denen es neue Erkenntnisse und Techniken gibt; der *film noir*, die Psychologie der fünfziger Jahre, CinemaScope. Man hatte eine neue Weise zu sehen, unabhängig vom Genre und doch mit jeweils anderen Ergebnissen. Schließlich entwickelten, als es das Studio-System in Hollywood noch gab, die Studios und die Mogule ihre eigenen Stilformen: Ein Warner-Film aus den dreißiger Jahren ist in den meisten Fällen auf Anhieb von einem MGM-Film zu unterscheiden. Und natürlich ist «The Searchers» nicht nur ein Western, sondern auch ein John-Ford-Film, so wie «Ugetsu Monogatari» nicht nur ein Jidai-geki ist, sondern auch ein Kenji-Mizoguchi-Film. Das heißt, die Filmgeschichte ist nach vielen verschiedenen Leitlinien zu verfolgen und zu erforschen, und ganz sicher deckt die Geschichte der Film-Genres sich nicht mit der Geschichte des Films, nicht einmal mit der des Unterhaltungsfilms. Aber in der populären Mythologie der Film-Genres treffen sich Alltag und Geschichte und versöhnen sich glanzvoll, pathetisch und bewegend – für den Augenblick. Obwohl Genre kein normästhetischer Begriff ist und daher nur in seiner historischen Dimension zu fassen ist (insbesondere wenn er gebraucht wird, wie es hier im Ansatz entwickelt wurde), läßt sich natürlich auch ihm ein pragmatischer, «technischer» Aspekt abgewinnen. Schließlich wird auch die Genre-Parodie von einem «technischen» und einem mythologischen Aspekt her zu beschreiben sein.

Nun gut. Dann wäre also ein Genre Teil einer umfassenden populären Mythologie, mit der man mit dem Begriff «Unterhaltung» umgeht, und Film-Genres wären davon ein besonderer, durch Technik und – wieder einmal – durch Geschichte bestimmter Teil. Nun gut. Und die Geschichte der Film-Genres könnte nicht nur zu den Produktionsstätten des Kinos führen und nicht nur in die Gedanken der Schöngeister, sondern auch mitten hinein in unseren Alltag. Nun gut, nun gut. Man mag das akzeptieren oder nicht, man mag das bedeutsam finden oder nicht. Aber was um alles in der Welt ist denn nun ein Genre?

Ganz einfach: «Eine Gruppe von fiktionalen Filmen mit gewissen gemeinsamen Merkmalen. Diese gemeinsamen Merkmale können geographischer (beispielsweise Western), zeitlicher (beispielsweise Ritterfilme), thematischer (beispielsweise Kriegsfilme), motivischer (beispielsweise Musical), dramaturgischer (beispielsweise Epischer Film) oder produktionstechnischer Natur sein (beispielsweise Ausstattungsfilm) – meist ist es eine Kombination von mehreren derartigen Elementen. Die Mehrzahl der Genrefilme bezog ihre Themen zunächst aus der Literatur; in jüngster Zeit kam es jedoch auch vereinzelt zumindest zu genreähnlichen Erscheinungen, die ihre Inspiration aus anderen Bereichen der Unterhaltungsindustrie bezogen (Rockfilme) oder selbst entwickelten (Rockerfilme). Da es immer einer größeren Anzahl von genügend gleichartigen Werken bedarf, um eine Genrebezeichnung sinnvoll zu machen, sind Genres fast ausschließlich Spielarten populärer Mengenware.» So steht es in der deutschen Fassung des «Oxford Companion to Film».

Ein paar von den Problemen, die sich hier versteckt haben, hat Stuart M. Kaminsky in seiner Studie «American Film Genres – Approaches to a Critical Theory of Popular Film» angeschnitten. «Natürlich ist die Behauptung richtig, daß die Leute hauptsächlich deshalb ins Kino gehen, um sich unterhalten zu lassen. Sie sagt aber nichts darüber aus, warum manche Film-Formen lange bestehen bleiben, warum andere neu entstehen und wieder andere verschwinden. Oder warum der eine sich von Detektivgeschichten angesprochen fühlt und nicht etwa von Liebesromanzen, oder warum in der einen Gesellschaft in den bevorzugten Genres Gewalt vorherrscht und in den bevorzugten Genres der anderen Gesellschaften passives Verhalten. Die Frage ist also, mit anderen Worten: Wie ist das Wesen der Formen von Unterhaltung beschaffen, von denen wir uns angesprochen fühlen? Film- und Fernseh-Genres machen einen großen Teil des Angebots aus, der unsere Freizeit füllt, aber nur wenige von uns bringen sich zu Bewußtsein, was das bedeutet. Auf einer bestimmten Ebene läßt sich durchaus die These vertreten, daß Genres im Film, im Fernsehen, in der Literatur zu einem Großteil frühere formelle Arten der mythischen Integration aller Lebensumstände wie etwa die Religion oder die Volkssage ersetzt habe. Dies ist keine grundsätzlich neue Idee. Ähnliche Gedanken gibt es in der Literaturgeschichte, der Anthropologie und der Psychologie; es gibt sie in den Arbeiten etwa von Kenneth Burke, Northrop Frye, Sir James Frazer, Sigmund Freud und Carl Gustav Jung, um nur einige zu nennen.

Gelegentlich kommt uns unsere eklatante Unfähigkeit zu Bewußtsein, den populären Film wirklich zu begreifen. Wir lieben diese Art, und wir wissen, daß sie eine wichtige Rolle in unserem Leben und in unserer Gesellschaft spielt, aber wir haben keine Ahnung, wie wir sie in den Griff bekommen sollen. Für den Lehrer, der den Film auf seine Bedeutung für den einzelnen und für die Gesellschaft hin untersuchen und seinen Schülern erklären will, ist der populäre Film das wichtigste Material, aber viel zu oft flüchtet er sich in den Gedanken vom Film als Kunst, weil er sich mit dem Genre-Film nicht auseinanderzusetzen weiß. Viele Kritiker und Lehrer halten es eher für ihre Aufgabe, dafür zu sorgen, daß Geschmack und Stilempfinden gehoben wird, als daß gerade jene Filme *verstanden* werden können, mit denen man es am meisten zu tun hat.»

Offensichtlich gibt es bei dem Versuch, näher an den populären Film heranzukommen, der immer ein Genre-Film ist (entweder ist er als Genre-Film populär, oder seine Popularität konstituiert ein Genre/Sub-Genre), für Kritiker, Historiker und Lehrer (wenn es denn bei uns für den Bereich des Films so etwas gäbe) schier unüberwindliche Barrieren. Für uns also ist es einfacher, über den Film als Kunst zu informieren, wie Kaminsky an anderer Stelle sagt, als über den Film als (Genre-)Unterhaltung. Und, wäre hinzuzufügen, es ist, wenn wir schon eine dumpfe Verantwortung spüren, historische, politische Dimensionen neben den künstlerischen ausfindig zu machen, uns ein tausendfach leichteres, über den Film in Lateinamerika und Afrika und seine Rolle zu sinnieren als über das, was uns ständig erreicht. Natürlich steckt darin auch Kulturpolitik; mit dem Kunst-Film (oder dem «relevanten» Film) ist auch das Schreiben über den Kunst-Film (oder den «relevanten» Film) subventioniert, während es schwerfallen dürfte, eine Arbeit über die deutschen Provinz- und Sexklamotten zu finanzieren, in denen ganz bestimmt mehr über uns zu erfahren ist als in den Filmen von, zum Beispiel, Fassbinder, Herzog, Syberberg. Vielleicht zuviel.

Parodie aufs klassische Vorbild: George Segal in «The Black Bird» (1975), einer ironischen «Fortsetzung» zu John Hustons «The Maltese Falcon» aus dem Jahr 1941.

Ich weiß: Unterhaltung ist uns sehr nahe. Alle Aussagen über den aktuellen Genre-Film, gehorchen sie nicht einem eingeschliffenen Schema, das sich in der Fachpublizistik herausgebildet hat, in dem Sätze so austauschbar sind wie die Filmtitel (wenn es die meisten Herren und manchmal auch Damen auch nicht ganz verhindern können, daß der eine oder andere Satz sich gegen den Urheber richtet, so ganz aus Versehen und mitten in der schönsten Entrüstung), alle diese Aussagen also sind nicht zu machen, ohne die eigene Betroffenheit, die eigenen Probleme vielleicht zumindest zu klären. Diese ja nicht nur von Stuart M. Kaminsky diagnostizierte Berührungsangst der Cineasten, Intellektuellen, Journalisten mit dem Genre-Film deutet daraufhin, daß es dabei eben um mehr geht als um Konventionen, um Formen, ästhetische Regel und Variation. Es geht ganz offensichtlich um Probleme, die in der Seele eines Genre-Filmes verborgen sind, Probleme, die niemand haben mag und jeder hat. Mal hiervon, mal davon.

Mit anderen Worten: Geografie, zeitliche Fixierung, Thema (?) und Motiv (?), Dramaturgie und Produktionstechnik, all das ist nur Mittel.

Mit denen haben wir so gut wie keine Schwierigkeiten. Es macht ja wirklich Spaß, etwas über die Tricks zu erfahren, bei den Horror- und Science-fiction-Filmen, zum Beispiel. Aber vielleicht dienen alle «Informationen», die wir vom Unterhaltungs- und Genre-Film bekommen können, die infantilen, affirmativen ebenso wie die scheinbar kritischen, nur dazu, daß wir das Problem nicht sehen müssen. Unser Problem, das da so prächtig aufgelöst ist. Unser Wunsch, der irgendwie nicht so recht mit unserer Moral zusammengehen will. Das Wesen eines Genres ist nicht die Gemeinsamkeit seiner Beispiele in Form und Inhalt, das Wesen eines Genres ist die Gemeinsamkeit eines Problems.

Die Langeweile in unseren Filmkulturen rührt ja auch daher, daß man sich weder zu der Erlösung zurück ins Vorbewußte und zugleich hinauf in die utopische Sternenwelt bekennen mag, noch daß man den Weg aufnimmt, durch Dschungel, Prärien über Autobahnen, an deren Rändern Tote in ihrem Blut liegen, und durch Städte von Camelot zu Metropolis, das Problem zu finden oder das System von Problemen, denn wir sind fortgeschritten seit der Zeit, als Tarzan uns nichts anderes vormachte, als zugleich ohne Zivilisation und mit ihr zu leben.

Nein, auch dies hat es uns leichtgemacht, daß es keine Lösung der Widersprüche ohne diesen Hauch von Liebe gibt: Jedes Genre hat seine eigene Form von erotischer Sinnvergewisserung. Und wie diese einmal gelingt, da hat es der Über-den-Film-und-das-Kino-Schreibende leicht, campy und ganz lyrisch zu werden. Welch saurer Kitsch der Filmpublizistik wird publiziert, wo die cineastischen «Sensiblen» das «Triviale» entdecken, und gar darin eine Reinheit von Sprache und Seele; mit einemmal verschwindet der mürrische Moralismus und die Verachtung, und es kommt zu Lobpreisungen in sehr hohen Tönen. Aber auch da wird, merkwürdigerweise, das Vollendete im Genre als Spiegel der Seele und nicht als Spiegel der Gesellschaft gedeutet. Vielleicht, weil wir, die Kritiker, Historiker und Lehrer, den Film immer verteidigt haben, statt ihn zu verstehen, verteidigt gegen imaginäre oder tatsächliche Vorwürfe, Vorwürfe, die wir uns selbst gemacht haben, das sei alles nicht wichtig genug und kindisch, anstatt uns mit jenen zu solidarisieren, die nicht ins Kino gehen, um mit neuen Erkenntnissen (oder neuem Party-Gesprächsstoff) herauszukommen, sondern um wieder ein paar Tage auszuhalten, mit einem etwas besseren Gefühl im Bauch und im Herzen.

Für die ist das Genre eine Autorität, weil garantiert ist, daß sie bekommen, was sie brauchen. Möglicherweise sind, bedingt durch die Produktionsformen und die Kinostruktur, die klassischen Film-Genres ersetzt durch teils übergreifende Formen (statt Horrorfilm und Thriller der «Film mit viel Blut», wie ich einmal eine Kartenverkäuferin einen Film habe anpreisen hören), teils durch kurzlebigere Formen und Film-Serien, teils schließlich durch alle möglichen Formen von Bastardisierungen, die so recht keine stabilisierte Form annehmen wollen. Und doch ist nach wie vor das populäre Kino ein Kino der Genres und Sub-Genres.

Eine Bestimmung der Genres scheint mir, wie gesagt, nur in einer historischen Entwicklung sinnvoll, wollte man dem Genre nicht die ästhetischen und ideologischen Regeln, die man ihm empirisch entlockt hat, im Gegenzug wieder als Imperative verordnen. Aber durchaus sinnvoll ist sozusagen in der zweiten Dimension die Frage nach der *Struktur*. Denn Struktur und Geschichte sind, wie Jean-Paul Sartre einmal bemerkt hat, nicht die einander ausschließenden Perspektiven, als die sie gelegentlich in der modischen Diskussion gesehen werden. Nur sollte diese Struktur nicht aus dem Film, sondern aus dem Kino entwickelt werden, das heißt, nicht aus den Drehbüchern und ihren Umsetzungen (wie es bei einem «Autor» vielleicht angebracht wäre), sondern aus der Gesamtheit von Film und Publikum, der Feier, dem Ritual, wenn man so will, welche das Alltagsleben zugleich kontrastieren und strukturieren. Der Genre-Film ist demnach zu lesen als Gewohnheit und «Tribut» seines Publikums, das reinigende *worshipping* eines metaphysischen Konstrukts, das Hingabe fordert und Kraft gibt.

Aber jedes metaphysische und jedes mythische Gebilde fordert, gleichviel in welchem Ausmaß, die Häresie und das Ketzertum heraus. Mitten unter den Faszinierten sitzen die Spötter. Und wie der Mythos auf den Widerspruch in der Welt verweist, so verweist der Spott auf die Krankheit des Mythos, seine Überständigkeit und seinen Verlust an Glaubwürdigkeit durch ein Übermaß an Formalisierung und Abstraktion. So begleiten Genre-Parodien als mehr oder minder solidarische Kritik die Entwicklung eines Genres. Aber auf der anderen Seite steht am Ende eines Genres oder am Ende eines Zyklus innerhalb eines Genres eine Häufung von parodistischen Filmen, deren Großteil nichts mehr mit Korrektur und Zurechtrücken von Maßstäben, sondern mit wirklicher Zerstörung zu tun hat. Nicht wiedergutzumachen ist, was Bud Abbott und Lou Costello mit dem «klassischen» Horrorfilm von Universal in den vierziger Jahren angestellt haben – und konnten sie es anders tun als im Auftrag des Publikums? Nicht wiedergutzumachen ist, was Bud Spencer und Terence Hill mit dem Italo-Western gemacht haben, und nur das Publikum konnte ihre Rülps- und Prügelorgien sanktionieren. Und wahrscheinlich ist auch nicht wiedergutzumachen, was der «Drunken Master» mit dem Kung-Fu-Film angestellt hat. Befreiendes Lachen erlöst uns, wenn ein Genre droht, sich dem Dialog mit dem Publikum zu verschließen.

Wenn also die Genre-Parodie eine einmal solidarische, das andere Mal bösartige Kritik am Genre selbst darstellt (das eine Mal funktionieren die Regeln des Genres auf unkonventionelle Weise, das andere Mal funktionieren sie überhaupt nicht), so wird über die Parodie etwas über das Wesen des Genres zu erfahren sein.

2. Bemerkungen zur Technik der Film-Parodie

Wie in allen Mythologien, so sind auch in denen der Film-Genres die einzelnen Komponenten (der Held, der Gegner, der Weg, der Kampf) in einem ausgesprochen labilen Gleichgewicht komponiert; da sie aus Widersprüchen zusammengesetzt sind, drohen alle Helden und alle «Behauptungen» einer Mythologie/eines Genres gewissermaßen in ihre einander widersprechenden Bestandteile zu zerfallen. In einem besonderen Fall produziert dieser Zerfallsprozeß Komik.

Die parodistische Zeichnung eines Helden zerlegt ihn, nimmt ihn auseinander mit den verschiedensten Techniken und mit kindlicher, sadistischer Neugier. Und wie mit dem Helden, so kann die Film-Parodie mit genretypischen Szenen, Dekors, ja sogar ganzen Geschichten verfahren. Es fehlt etwas, etwas nicht ganz da Hingehörendes ist da, etwas ist nicht am richtigen Ort, etwas hält sich nicht an die Regeln. In dieser Unordnung sorgt nur die Pointe für Ausgleich. Eine Form der «solidarischen Parodie», eine letztlich doch bestätigende Ironie, verwendet das Fehlerhafte, das Ungewohnte, das scheinbar Unpassende als Ausgangspunkt, um schließlich doch die Regeln des Genres wieder ins Recht zu setzen, mit kleinen Weiterungen möglicherweise. Beispiel für eine solche solidarische Parodie ist etwa George Marshalls «Destry Rides Again» (Der große Bluff – 1939), wo James Stewart zunächst so ganz und gar dem idealen Bild vom Westerner zu widersprechen scheint (er trägt keine Waffe, und er redet ziemlich viel), bis er in der Art, wie er die Konflikte löst, doch beweist, daß die Pioniertugenden in ihm stecken.

Eine andere Form der Parodie läßt, ausgehend von dem einen oder anderen «Fehler» in der Darstellung, nichts mehr ganz und kommt folgerichtig über die Parodie des Genres zur Parodie filmischer Darstellung überhaupt. Beispiel für eine solche, möglicherweise liebevolle, doch nicht dem Genre gegenüber solidarische Parodie ist Mel Brooks' «Blazing Saddles» (Is' was, Sheriff? / Der wilde wilde Westen – 1974). Eine «solidarische Parodie» wie die von George Marshall, entstanden im «großen Jahr des Western» 1939 neben den dramatischen «Klassikern» wie John Fords «Stagecoach» (Ringo / Höllenfahrt nach Santa Fé), Cecil B. DeMilles «Union Pacific» (Union Pacific / Die Frau gehört mir) oder Michael Curtiz' «Dodge City» (Der Herr des Wilden Westens), wird die Entwicklung eines Genres eher fördern, das Repertoire an Figuren und Situationen erweitern und vielleicht, wie im angesprochenen Fall, daran erinnern, daß in allen guten Heldengeschichten ein Hauch von Ironie enthalten sein muß. Die konsequentere, Held und Hintergrund nicht schonende Form der Parodie wird man eher am Ende der Entwicklung eines Zyklus im Genre finden; es ist Kritik und Abschied in ihr.

Parodie funktioniert durch den Verweis; man sieht, was man sieht, aber dahinter noch etwas anderes, dessen (komisches) Derivat das ablaufende Geschehen ist. Die Abbildung evoziert das Abgebildete und macht es im verdrehten Abbildungsmaßstab komisch. Die Verweisung im Film kann sich dabei zweier Möglichkeiten bedienen:

1. Der Verweis wird parallel zur Handlungsebene des Films angelegt; eine Situation wird geschildert, während sozusagen im Hintergrund die Verweisung auf einen anderen Film abläuft. Das Geschehen des Filmes kann also auch dann verstanden werden, wenn die Verweisung nicht realisiert wird; dieser «verdeckte Verweis» (Hans-Peter Kochenrath) ist oftmals ein reiner *insider-joke*, den ein Nichtfachmann beziehungsweise Nichtfan gar nicht verstehen kann oder soll. Die eigentliche Handlung und selbst die eigentlichen Gags in einem komischen Film sind davon nicht berührt. Mit «What's Up, Doc?» (Is' was, Doc? – 1972) hat Peter Bogdanovich einen regelrechten Verweis-Film gedreht, in dem es kaum Szenen gibt, die nicht als Hinweise auf andere, meist solche aus klassischen Hollywood-Filmen dienen. Dennoch funktioniert die Komödie auch für einen der Geschichte des Hollywood-Films gänzlich unkundigen Zuschauer: der verdeckte Verweis ist also so etwas wie eine Dreingabe, die Wonne der Eingeweihten, zu denen man schnell gehört.

2. Im Gegensatz dazu steht der offene Verweis, der in die Handlung integriert ist und der, wenn er nicht nachvollzogen wird, eine Lücke im Verständnis des Films hinterläßt. Beispiel: In «Duck Soup» imitiert Harpo Marx die Szene des opfermütigen Botenritts eines jungen Soldaten aus den beliebten Filmen über den Unabhängigkeitskrieg, «Paul Revere's Ride». Anstatt jedoch seine Botschaft zu überbringen, läßt sich Harpo von einer schönen Frau einladen (eine Umkehrung des melodramatischen Abschieds-*topic*) und zieht es dann doch vor, sein Pferd mit ins Bett zu nehmen (Persiflage auf das Treueverhältnis von Mensch und Tier). Eine Szene wie die in Mel Brooks' «High Anxiety», wo ein Hoteldiener mit einer zusammengerollten Zeitung auf einen duschenden Hotelgast einsticht, wirkt komisch erst, wenn man weiß, daß die Szene Einstellung für Einstellung der berühmten Mord-Szene aus Alfred Hitchcocks «Psycho» nachempfunden ist.

Einige Beispiele für die Technik des filmischen Verweises:

1. Das Zitat: Die Szene, die man persiflieren will, wird direkt original eingeschnitten (so begegnet Marty Feldman in seinem eigenen «The Last Remake of Beau Geste» Gary Cooper in einer Originalszene aus «Beau Geste», dem Fremdenlegionärsdrama, in dem er die melodramatische Hauptrolle spielte). Oder der betreffende Schauspieler tritt selber auf – die Star-Gastrollen in vielen Hollywood-über-Hollywood-Filmen: In «It's a Great Feeling» (Judy erobert Hollywood – 1949 – Regie: David Butler) imponiert in einer Szene auf dem Studiogelände Edward G.

Robinson, der Gangster in zahlreichen Filmen aus den dreißiger und vierziger Jahren, Doris Day mächtig durch einen Auftritt als *tough guy*, der natürlich nur gespielt ist. Oder eine Szene aus einem anderen Film wird genau nachgespielt (wie in zahlreichen Genre-Parodien und Hommage-Filmen). Das Zitat kann sich auch auf Symbole und Formen der Filmherstellung beziehen. So begegnen Bob Hope und Bing Crosby in einem ihrer «The Road to ...»-Filme dem strahlenumkränzten Paramount-Berg; in «Silent Movie» präsentiert sich ein Filmproduzent (Sid Caesar) an Stelle des Löwen in einer dem MGM-Symbol nachempfundenen Grafik (die als Wahlspruch «Ars est Pecunia», Kunst ist Geld, trägt). Sehr viel diffiziler sind Zitate von gewissen Stil-Merkmalen; zu den einfachsten Methoden, das Flair gewisser Filme zu evozieren, gehört der Einsatz typischer Musik. Zitate können natürlich auch (und vermutlich in größerem Umfang) von außerfilmischen Vorbildern stammen. So können sich in komödiantischen Action-Filmen Aktionen unversehens in sportliche Veranstaltungen verwandeln: In «Continuavano a chiamarlo Trinità» (Vier Fäuste für ein Halleluja – 1971 – Regie: E. B. Clucher) verwandelt sich die Jagd nach einem Goldschatz buchstäblich in ein Football-Spiel, und in «Flash Gordon» (Flash Gordon – 1980 – Regie: Michael Hodges)

Jerry Lewis in einer Szene aus «Don't Give Up the Ship» (1959), die als Parodie auf die Gerichtsszenen aus «The Caine Mutiny» (1954) von Edward Dmytryk angelegt ist.

entgeht der Held eine Zeitlang seiner Gefangennahme durch seine *tackling*-Technik. Klischees aus Fernsehen, Bühne, Politik, kurz alle Formen öffentlicher Kommunikation und Unterhaltung, lassen sich in ihren Darstellungsmethoden zitieren. «The Kentucky Fried Movie» etwa bezieht sich in Teilen seiner Struktur auf das Fernsehprogramm, Woody Allens «Bananas» parodiert die Form einer Fernsehreportage.

2. Die Überziehung: Wieder wird eine Szene nachgespielt, doch um eine Kleinigkeit überzogen, so daß die latente Lächerlichkeit etwa der Heldenverehrung, der Befehlsgewalt, der Gewohnheit, des Rituals deutlich wird. Dasselbe läßt sich mit dem Gebaren oder der Stimme eines Schauspielers machen, was besonders dort komische Wirkung erhält, wo die Haltung des Zitierten (etwa: Männlichkeit, Sicherheit, Draufgängertum) in groteskem Mißverhältnis zur Person des Darstellers steht. Aber schon ein Bösewicht, der allzu bösartig, ein Held, der allzu strahlend ist, bekommt einen parodistischen Zug.

3. Die Verkleinerung: Eine spektakuläre Szene aus einem Ausstattungs- oder Action-Film wird auf einer niederen Ebene wiederholt. Bekanntes Beispiel: In «Une Grosse Tête» (Eddie und die scharfen Kurven – 1961 – Regie: Claude de Givray), einem Film, der fast ausschließlich auf

Travestie auf einen Indianerüberfall. «Bronco Billy» von Clint Eastwood.

der Verweistechnik aufgebaut ist, wird das Wagenrennen aus «Ben Hur» in Schnitt und Aufnahmeverfahren wiederholt auf der Ebene eines Go-Kart-Rennens. Die «Verkleinerung» eines Helden ist eine andere Möglichkeit.

4. Die Verlagerung: Für eine bestimmte Filmart signifikante Schlüsselszenen werden in ein anderes Milieu verlagert, die an sich harmlose Auseinandersetzung zwischen zwei Männern nimmt die Form eines *showdown* aus den Westernfilmen an, oder ein Requisit, das einem Film-Genre eigentümlich ist, taucht an unpassender Stelle auf.

Genre-Parodie entsteht also durch eine Abbildung der für ein Genre typischen Situation in gewissermaßen verzerrter Perspektive. Dinge und Personen werden zu klein, zu groß, Zuordnungen geraten durcheinander. Als zweites Grundprinzip ist die Spiegelung aktueller Ereignisse oder Phänomene in das Milieu eines Genres vorrangig; dieser Anachronismus erlaubt auch, etwa eine Erzählung in einem anderen Stil fortzusetzen (beispielsweise in der Art eines Werbespots). Die dritte Methode, die Parodie zu forcieren, ist schließlich die Leugnung der jedem Genre inhärenten Ideologie (Beispiel: Statt sich für die Allgemeinheit einzusetzen, denkt der Held zuerst an sich; in einer typischen Situation entscheidet er sich genau entgegen der Verbindlichkeit im Genre; der Held nimmt sein Schicksal oder seine Aufgabe nicht an, sei es, weil er zu faul, zu feige oder zu unwissend ist), oder, im Gegenteil, die Übertreibung, unter anderem auch die solcher latenter Elemente, die laut «Verabredung» unausformuliert bleiben.

3. Genre-Parodien der siebziger Jahre

In den siebziger Jahren, als ein New Hollywood aus den Traditionen des amerikanischen Films, aber auch auf Anregungen von Europa reagierend, den amerikanischen Film erneuerte und ihn zugleich restaurierte, waren Nostalgie und Parodie so etwas wie eine Zuflucht aus dem Desaster einer Situation, in der sich die «Absprachen» zwischen Produzenten und Publikum nicht mehr so recht erfüllen wollten. Hollywood selbst, und am liebsten eine der «großen Zeiten», wurde zum beliebten Thema.

Stanley Donens «Movie Movie» (Movie Movie – 1978) parodierte, neben dem typischen B-Melodram um Aufstieg und Fall eines Boxers im ersten Teil seines als Double Feature ausgegebenen Films, im zweiten, als aufwendige A-Produktion angelegten Teil «Baxter's Beauties of 1933», auch die in den Depressionsjahren um 1933 beliebte Showbusiness-Apologie. Der erste, in Schwarzweiß gedrehte Titel vereint alle nur denkbaren Klischees seines Genres, vom Opfermut des Champions, dessen Schwester sich einer Augenoperation unterziehen muß, dem redlichen

George C. Scott und Harry Hamlin in «Movie Movie» (1978) von Stanley Donen.

Trainer, der früher selbst ein Star des Boxsports war, bis zu den Schurken, die dafür sorgen, daß das Boxgeschäft ein schmutziges und über den *fight* selbst hinaus hartes wird. Auch im zweiten Teil von «Movie Movie» (in beiden Teilen übrigens spielt George C. Scott eine tragende Rolle) ist kaum bewußte Verfremdung, allenfalls Anhäufung von Typischem das Werkzeug der Persiflage. Da geht es um den Impresario einer Revue, der erfährt, daß er nicht mehr lange zu leben hat. Vor seinem Tod will er noch einmal eine große Revue zustande bringen, was ihm schließlich gelingen soll. Unter den Revue-Girls ist, zunächst noch unbekannterweise, auch die Tochter Baxters, und um das Maß voll zu machen, gibt es einen Mann, der sie liebt und vom Vater nicht akzeptiert wird. Als der Vorhang der gelungenen Revue fällt, schickt sich Baxter zum Sterben an, nicht ohne zuvor seine Fehler bereut, allen verziehen und seiner Tochter und dem Geliebten seinen Segen gegeben zu haben.

Während hier also ganz ohne komische Verdrehungen und ironische

Brechungen die Parodie ausschließlich und dennoch wirksam dadurch erreicht wird, daß Stoffe und Stile aus den Jahren der Weltwirtschaftskrise am Ende der siebziger Jahre wiederholt werden (nicht ganz ohne die eingestandene Sehnsucht nach der «Naivität» der Träume in dieser Zeit), führen Filme wie Mel Brooks' «Springtime for Hitler» oder später «Silent Movie» (vergleiche den Abschnitt «Mel Brooks: Funny is Money») das Showbusiness auf seine Quelle zurück: Geld. Dagegen nimmt sich Michael Winners 1975 entstandener «Won Ton Ton, the Dog Who Saved Hollywood» (Won Ton Ton ... der Hund, der Hollywood rettete) eher ein wenig kindlich aus: ein Star-Melodram, auf einen an Rin Tin Tin erinnernden Hund übertragen (am Ende ist der Hunde-Star, ob der Grausamkeit des Showbusiness, «gebrochen»). Sind hier in Nebenrollen zahlreiche *has been*-Hollywood-Stars zu sehen, so treten in «Silent Movie» Stars des neuen Hollywood als «sie selber» auf.

In allen diesen Filmen ist die Quelle der Komik jene vergangene, nun leicht als Mythos zu durchschauende Konstruktion, welche den Mächtigen und den Stars, ihren Geschöpfen, über das Melodramatische etwas von ihrer verlorenen Menschlichkeit (und ihrer Nähe zu den Bewunderern) zurückgeben will. Diese Konstellation ist so sehr «Hollywood», daß sie kaum in den Film-über-Film-Satiren anderer Länder verwendet wird. In Europa bevorzugt man eher die Geschichte vom unschuldig/unbewußt ins Film-Geschehen geratenden «kleinen Mann»; so wird etwa in dem englischen Film «Double Take» (Crazy Movie – Das große Lachen – 1972 – Regie: Harry Booth), ein wenig in Anlehnung an Billy Wilders «Some Like it Hot», die Geschichte zweier junger Männer erzählt, die auf der Flucht vor Gangstern sich als Stuntmen in einer Filmproduktion verdingen.

Peter Bogdanovich, dessen Filme im Grunde alle auf filmische Traditionen bezogen sind und dabei den Weg von kritisch-nostalgischer Betrachtung zur (auch ideologischen) Restauration gegangen sind, drehte mit «Nickelodeon» (Nickelodeon – 1976) eine komödiantische Hommage an Hollywoods Frühzeit. In die Geschichte vom Rechtsanwalt, der eher wider Willen zum Filmpionier wird, dabei auch die Brutalität des Filmgeschäfts in den Jahren von 1910 bis 1920 kennenlernt, ist die Verehrung für diese archaisch kreative Phase der Filmgeschichte gespiegelt. Natürlich gibt es auch in diesem Film Anspielungen auf berühmte Gestalten der Filmgeschichte, so auf Harold Lloyd oder David Wark Griffith, aber im wesentlichen werden Slapstick-Elemente mit einer romantisch-komödiantischen Handlung verbunden, die verklärend die damalige Film-Produktion als eine Veranstaltung von Solidarität, einer «großen Familie» und tatkräftiger Aktion (auch gegen die Macht des Geldes) feiert. Mel Brooks' «Silent Movie» widersprach dem und blieb Sieger, auch an den Kinokassen.

Ryan O'Neal in «Nickelodeon» (1976) von Peter Bogdanovich.

a) Die phantastischen Genres

Der Boom des neuen Horrorfilms, zumeist ausgesprochen blutrünstiger und in ihrer Gewalttätigkeit unsubtiler Filme um das Zombie- und Kannibalen-Motiv oder um die Figur des wahnsinnigen Mörders zentriert, ließ das Arsenal des klassischen, des «gothischen» Horrorfilms ungeschützt gegenüber dem Zugriff der Parodie. In den siebziger Jahren und schon gar nicht an deren Ende zu den Achtzigern hin gab es, einigen Wiederbelebungsversuchen zum Trotz, keinen Platz für Dracula, Frankensteins Ungeheuer, die Schlösser und die Fackeln, außer in der Parodie, die wohlfeil zu haben war.

Eine nahezu todsichere Wirkung war zu erzielen, indem man die Mythen und Gestalten der klassischen Horrorfilme mit einer gelegentlich satirisch überzeichneten Schilderung des alleralltäglichen Lebens kontrastierte. Mit dem Abgesang an die Horrormotive, die längst heimelig und harmlos wirken mußten angesichts der neuen Horrorfilme, welche Geschmack und Nerven auf harte Proben zu stellen vermochten, verbanden sich des öfteren satirische Seitenhiebe auf nationale Eigenheiten ebenso wie auf Auswüchse der Medienkultur. Spanien mit «El pobrecito Draculin» (Draculin – 1976 – Regie: Juan Fortuny) beteiligte sich ebenso an dem Boom der komischen Vampir-Travestien wie Frankreich mit «Dracula père et fils» (Die Herren Dracula – 1976 – Regie: Edouard Molinaro), wo immerhin Christopher Lee, der Star der englischen Horrorfilme der Hammer-Studios, den Dracula gibt, der von einem ungeratenen Sohn (Bernard Menez) geplagt wird, der sich nichts aus dem Blutsaugen macht, sondern viel lieber das Leben eines «normalen», vielleicht sogar ein bißchen spießigen Bürgers führen würde. Um etliches schlimmer erging es den Gestalten des Genres in Deutschland, wo sie sich die Transponierung ins Milieu der Heimat- und Sexklamotte gefallen lassen mußten, in «Graf Dracula (beißt jetzt) in Oberbayern» (1979 – Regie: Carlo Ombra). Immerhin verbindet Molinaros mit Ombras Film die Vorstellung, daß Vampirzähne in Verbindung mit Zahnbürsten ausgesprochen komisch zu sein hätten. In Amerika schließlich hatte Graf Dracula (George Hamilton) es in «Love at First Bite» (Liebe auf den ersten Biß – 1979 – Regie: Stan Dragoti) mit den Ärgernissen und Wunderlichkeiten des *american way of life* in der Metropole zu tun.

Immer war diese Übertragung mit dem satirischen Blick auf je eigene Verhältnisse verbunden (insofern geben gerade solche Parodien Aufschluß über den Stand der verschiedenen Kinematographien und der Gesellschaft, die sie hervorbringt); die Komik ergibt sich aus der Konfrontation des Unvereinbaren, des Pathos mit dem Banalen, des Mythischen mit dem Aktuellen, des Tragischen mit dem kleinlichen Suchen des eigenen Vorteils oder der bürokratischen oder provinzlerischen Ignoranz.

Das Phantastische bricht ins Alltagsleben ein – und das Alltagsleben erweist sich als stärker. Es absorbiert das Phantastische, macht es zuerst komisch, dann heimisch, bis es ganz im Alltäglichen aufgelöst ist. Diese Umkehrung des Konstruktionsprinzips des Phantastischen ist von gänzlich anderer Natur als das von Roman Polańskis Parodie «The Fearless Vampire Killers» / «Dance of the Vampires» (Tanz der Vampire – 1966), wo das Phantastische selbst zum Komischen wird, ohne daß das Schreckliche es je wirklich verlassen würde, ja gerade die Grenze zwischen dem Schrecklichen und dem Komischen (und umgekehrt) wird ständig aufgelöst. So hat Polańskis Film, auch wenn es wohl eine der bösesten (und treffendsten) Genre-Parodien ist, das Genre des Horrorfilms kaum wirklich «kritisiert». Im Gegensatz zu ihm verbreiten die erwähnten neueren Filme Genugtuung über den Sieg des Alltäglichen über das Phantastische.

Unter den vielen Ursachen, die das Ende des gothischen Horrorfilms bedingten, gehört sicher zu den prominentesten die Tatsache, daß die erotischen Andeutungen in dieser Form längst schon durchleuchtet und allgemein gebräuchliches *topic* waren. Hatte Mel Brooks in «Young Frankenstein» auf absurde Art die im Mythos des künstlichen Menschen ent-

George Hamilton und Susan Saint James in «Love at First Bite» (1979) von Stan Dragoti.

haltenen erotischen Phantasien decouvriert, so exploitierten andere Filme wie etwa «Frankenstein all'italiana» (Casanova Frankenstein – 1975 – Regie: Armando Crispino) das Motiv weiter. Komik entwickelte sich dabei, von Verweisen auf filmische und außerfilmische Vorstellungen abgesehen, durch den Entlarvungseffekt (der das bereits Bekannte «entlarvt»). Diese Entwicklung vollendete sich in Sex-Filmen, die das Phantastische als Nebenmotiv verwenden, wie «Dracula Sucks» (Liebling, du beißt so gut – 1979 – Regie: Philip Marshall).

Mehr in Richtung auf eine soziale Satire, trotz exploitativer Elemente, tendiert etwa «Frankensteins Spukschloß» (1975 – Regie: Ivan Passer), wo Momente der Kriminalkomödie und der Parodie auf moderne Finanzgebaren und die (auch erotische) Korruption durch den Reichtum angewendet werden. Auch hier entsteht die komische Spannung durch die Verbindung der überkommenen Mythen mit Erfahrungen des gegenwärtigen Alltagslebens (oder doch schon wieder einer Kino-Vorstellung davon), ebenso in «Lady Dracula» (1977 – Regie: F. J. Gottlieb), einem Film eher am unteren Ende der üblichen Qualitätsskala, wo eine vampirische Comtesse (Evelyne Kraft) im modernen Wien zu neuem Leben erwacht.

Udo Kier in «Dracula vuole vivere: cerca sangue di vergine» (1973) von Paul Morissey.

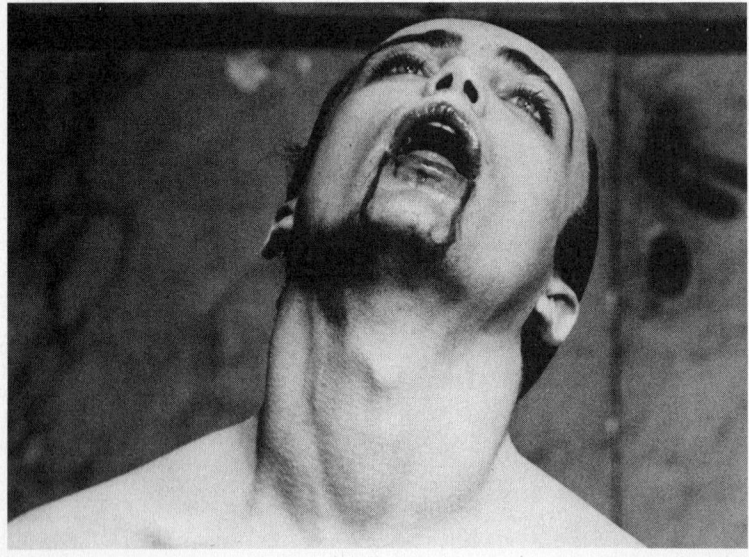

Die beiden Elemente der Horror-Parodie, Konfrontation der Mythen mit «trivialem» Alltagsgeschehen und die «Entlarvung» verborgener erotischer Aspekte, waren in zwei italienischen Filmen von Paul Morrissey verbunden mit einer Drastik und einer Übersteigerung des Schrecklichen und Unappetitlichen, die einerseits als letztmögliche, konsequente Parodie gelten kann, andererseits auch die neuen, drastisch-blutigen Horrorfilme vorwegnimmt. In «Carne per Frankenstein» (Andy Warhols Frankenstein – 1973), effektvoll in 3-D gedreht, türmen sich Leichen und Leichenteile, und in «Dracula vuole vivere: cerca sangue di vergine» (Andy Warhols Dracula – 1973) verdirbt sich der Vampir den Magen am Blut von jungen Mädchen, die Draculas Hoffnungen zum Trotz keine Jungfrauen mehr sind. In der Schlußszene wird Dracula (Udo Kier) buchstäblich in Stücke geschlagen, auch dies eine groteske Übersteigerung der genreüblichen Szene, in der dem Vampir durch das Pfählen der Garaus gemacht wird.

Auch die Welle der mal mehr, mal weniger phantastischen «Katastrophenfilme» neigte sich in der zweiten Hälfte der siebziger Jahre dem Ende zu, und auch ihr Versiegen wurde von einer Anzahl Parodien begleitet. James Frawley inszenierte «The Big Bus» (Die haarsträubende Reise in einem verrückten Bus – 1976): ein 36 Meter langer, mit Atomkraft angetriebener Reisebus mit jedem erdenklichen Komfort trägt eine nach dem Modell der Katastrophenfilme «spannungsgeladen» zusammengesetzte Gruppe illustrer Personen von New York nach Denver, darunter die Tochter des Bus-Konstrukteurs, ein «gefallener» Priester, eine nymphomane Modeschöpferin. Ein in einer eisernen Lunge liegender Supergangster läßt ständig neue Attentate auf den Bus begehen, was die «Bewährung» der Passagiere sowie der Fahrer (der eine hat sich nie ganz von dem Verdacht reinwaschen können, nach einem Unfall die Passagiere verspeist zu haben, der andere ist so nervenschwach, daß er ständig in Ohnmacht fällt) verlangt, etwa als der Bus über einem tiefen Abgrund hängt.

Während in diesem Film die typischen Konstellationen des Genres: die Reise in einem technischen Wunderwerk, die bunt zusammengewürfelte Reisegesellschaft, die Helden mit dem leichten Knacks, die erst ihr Selbstvertrauen wiedergewinnen müssen, die Läuterung der in Untugenden verstrickten Passagiere und die Vertiefung von Beziehungen in der Gefahr, grotesk übersteigert und so als Klischees erkennbar wurden, funktioniert Arthur Hillers «Silver Streak» (Transamerica-Express – 1976) als komödiantischer Thriller. Er ist das typische Beispiel einer internen Parodie, das heißt, die Gesetze von Thriller und Katastrophenfilm werden durch Handlungsführung und Charakterzeichnung nicht in Frage gestellt, auch wenn diese im Ansatz komisch sind. Der Film spielt in und um einen modernen, schnellen Zug, der von Los Angeles nach Chicago fährt. Einer der Passagiere (Gene Wilder), von eher sanftem und schüchternem Gemüt, gerät in ein Mord-Komplott (Hitchcocks «The Lady Vanishes» wird beiläufig zitiert, ohne daß dieser Aspekt der Parodie überbetont wäre), wird zweimal aus dem Zug geworfen und erreicht ihn mit Hilfe eines kleinen, sympathischen Diebes (Richard Pryor) wieder. Am Ende muß er in einer heldenhaften Aktion die Passagiere retten, indem er die Wagen von der Lokomotive abkuppelt, die führerlos in den Bahnhof rast, ein hübsches kleines Desaster anrichtend. Möglicherweise zeigt dieser Film, wie nahe der Thriller und eine bestimmte Form der Komödie beieinanderliegen: in beiden Filmformen geht es um den «Unschuldigen», den «Schwachen» in einer Auseinandersetzung mit unverhältnismäßig starken Kräften. Nicht der Überlegene ist hier der Held, sondern der über sich hinauswachsende, alle Zufälle und Wunder beschwörende «kleine Mann».

Die wohl böseste Satire auf das Hollywood-Katastrophen-Spektakel drehten Jim Abrahams, David Zucker und Jerry Zucker (Regie und Drehbuch), die mit «Kentucky Fried Movie» (Kentucky Fried Movie – 1978) einen komödiantischen Rundschlag gegen Fernsehen und Film (etwa eine Kung-Fu-Parodie) in der Tradition der «National Lampoon»-Schule realisiert hatten. Im Gegensatz zu «Kentucky Fried Movie», das aus einer Aneinanderreihung von Parodien auf Werbesendungen, Lehrfilme, Nachrichtensendungen und andere Medienangebote besteht, weist «Airplane» (Die unglaubliche Reise in einem verrückten Flugzeug – 1980) für seine nicht weniger verzweigten Anspielungen und Parodien einen roten Faden der Handlung auf. Weil ihn seine Freundin, eine Stewardess, verlassen hat, überwindet der Held seine Flugangst und muß, als die Besatzung ausgefallen ist, das Flugzeug, in das er ihr gefolgt ist, landen. Es geschieht, ins Komische verkehrt, alles, was in den nach Arthur Haileys Roman gefertigten «Airport»-Filmen und ähnlichen geschieht, dazwischen ist Raum für etliche *running gags* (jeder, dem der Held die Geschichte seines psychischen Defekts erzählt, bringt sich um; markig sagt der Flughafenleiter gelegentlich, daß es nicht die Zeit sei, sich das eine oder andere Laster abzugewöhnen, Rauchen, Trinken etc., «in solch einer Situation», bis er schließlich beim Leim-Schnüffeln angelangt ist und sich selber außer Gefecht setzt), ein paar obszöne Anspielungen (der automatische Pilot ist eine Gummipuppe, der es sichtlich Vergnügen bereitet, von der hübschen Stewardess aufgeblasen zu werden; der Pilot interessiert sich auffallend für kleine Jungen) und eine Reihe von parodistischen Verweisen auf andere Filme («Love Story») und Formen der TV-Unterhaltung.

Den Filmen von Abrahams, Zucker und Zucker ist noch am ehesten etwas von der anarchischen Intention des Mel-Brooks- und «National Lampoon»-Humors zu eigen, und während etwa in den Filmen mit Henry

Kareem Abdul-Jabbar, Julie Hagerty und Peter Graves in «Airplane» (1980).

Winkler oder Steve Martin ein neuer Positivismus, ja neue Sentimentalität Eingang in die Filmkomödie findet, scheuen sich Abrahams und die
Brüder Zucker auch nicht vor böse geschmacklosen Scherzen: In dem
Flugzeug in «Airplane» wird ein herzkrankes kleines Mädchen transportiert, dem eine typische Hollywood-«Schwester» (hier ist es eine der Ste-
wardessen) ein typisches Hollywood-Aufbaulied zur Gitarre singt, dabei
reißt sie versehentlich die Kanüle aus dem Tropf, und das Entsetzen auf
dem Gesicht des Kindes wird als Begeisterung mißdeutet.

Von gänzlich anderer Art sind die ironischen phantastischen Filme, die
seit dem Erfolg von «The Absent-Minded Professor» (Der fliegende Pau-
ker – 1960 – Regie: Robert Stevenson) die Walt-Disney-Studios verlassen. Die phantastischen Disney-Komödien bestätigen durch das Phantastische das Alltägliche. Inmitten einer als typisch geschilderten Kleinbür-
ger-Welt mit entsprechend kleinen Frustrationen (wobei ein Gran milder
Kritik gestattet ist) taucht etwas Phantastisches auf: In «Freaky Friday»
(Ein ganz verrückter Freitag – 1976 – Regie: Gary Nelson) tauschen Mutter und Tochter ihre Identität, in «The Cat from Outer Space» (Die Katze
aus dem Weltraum – 1978 – Regie: Norman Tokar) taucht ein intelligentes
Wesen aus dem All in Form einer Katze auf, in «The Spaceman and King
Arthur» (König Artus und der Astronaut – 1976 – Regie: Russ Mayber-

«The Spaceman and King Arthur» (1976) von Russ Mayberry.

ry), frei nach Mark Twains «A Yankee from Connecticut at King Arthur's Court» entstanden, gerät ein amerikanischer Astronaut ins Mittelalter. Immer geht es dabei um den Sieg einer bestimmten Lebenshaltung, die das Phantastische zu absorbieren imstande ist. Der Einbruch des Phantastischen dient dabei gewissermaßen als Ferment, die positiven (überwiegenden) von den negativen Elementen des gutbürgerlichen *american way of life* zu trennen.

Der Boom des phantastischen Films in den siebziger Jahren hatte bis zu einem gewissen Grade eine Mystifizierung, positive (Science-fiction) und negative (Horror) «Erlösungsmythen» geschaffen. Die zahlreichen Parodien machten nicht nur den gothischen Resten des Genres den Garaus, sie zeigten auch eine Möglichkeit auf, dem Phantastischen, in das leicht sich einzuspinnen war, wieder zu entkommen, Angst und Pathos abzubauen. In der Konfrontation mit dem «fröhlichen Alltag» mußte das Phantastische ebenso seinen Schrecken verlieren wie in der mit den Komikern der Serienfilme. So versuchten sich Louis de Funès oder Bud Spencer an Science-fiction-Komödien. De Funès etwa tritt in «Le gendarme et les extraterrestres» (Louis' unheimliche Begegnung mit den Außerirdischen – 1978 – Regie: Jean Girault) in seiner aus mehreren Filmen bekannten Rolle als spießig-cholerischer, übereifriger Gendarm auf, der mit einer Invasion aus dem Weltall fertig werden muß. Das Grundmuster erinnert eher an «Invasion of the Body Snatchers» als an den im deutschen Verleihtitel angesprochenen Film von Steven Spielberg (die Außerirdischen nehmen jede beliebige Form – unter anderem die der Vorgesetzten und der Familie des Gendarmen – an, was Anlaß zu Verkettungen von Verwechslung und Mißverständnis gibt). In solchen Filmen wird freilich zumeist das Phantastische in die Grundstruktur der Komik eines Darstellers integriert und weist als Parodie nur wenig Signifikanz auf.

b) Western

Die meisten Genre-Parodien erzielen komische Effekte dadurch, daß die (geschriebenen oder ungeschriebenen) Gesetze der Helden-Schurken-Konfrontation am Alltäglichen, am Gewöhnlichen gebrochen werden. Die Verbindung der Heldentat mit Eigennutz anstatt altruistischer oder tragischer Verpflichtung ist dabei ebenso ein Ansatzpunkt wie ein Held, der die Regeln, nach denen gelebt und insbesondere gekämpft wird, nicht durchschaut (freilich ist auch ein Held, der sie allzugut durchschaut, ein Protagonist für Parodie). Heutiges Wissen, heutige Marotten, gespiegelt in die Organisation, die Technik und die Rituale vergangener oder legendärer Epochen, produzieren komische Widersprüche wie die Konfrontation des scheinbar oder tatsächlich im Mythos nicht mehr zu Vereinbarenden.

Im Western ist eine gewisse Form von Ironie immer präsent, insbesondere in jenen Arbeiten, die die Legende anstatt der Psyche ihrer Helden zum Thema haben. Denn die *tall stories* des Westens, die Aufschneidergeschichten der Cowboys und Westerner, aus denen einmal das Genre entstanden ist, haben wesentlich immer einen Zug des Humorvollen, des Nicht-ganz-ernst-Gemeinten gehabt. So lassen sich solche Klassiker wie die Filme von Howard Hawks als Komödien verstehen, und in den Filmen von John Ford gibt es fast immer humorvolle Nebenlinien. Das Komödiantische im Western wird man demnach von der eigentlichen Parodie zu unterscheiden haben, und so viele komödiantische Western wir kennen, so wenige Parodien im eigentlichen Sinne gibt es doch.

Da in vielen Western etwas von einem Erziehungs- und Entwicklungsroman steckt, ist es naheliegend, zwischen dem, der im Westen (als der «Schule der Nation») erzogen, geformt wird, und dem Formenden, dem Leben im Western, eine so große Spannung aufzubauen, daß sie nur noch komisch zu lösen ist. Eingefleischte englische Snobs und ihre Abenteuer im Westen etwa sind ein des öfteren aufgegriffenes Thema, natürlich der Tenderfoot, oder der Intellektuelle, der sich im Westen von einigen seiner Neurosen kuriert. In Robert Aldrichs «The Frisco-Kid» (Ein Rabbi im

Wilden Westen – 1979), um ein neueres Beispiel zu erwähnen, wird die
klassische Western-Mythologie und die Outlaw-Legende an der Tradition
jüdischen Denkens gebrochen: Ein junger Rabbi (Gene Wilder) aus Polen und ein Yankee-Outlaw (Harrison Ford) zusammen auf einer Odyssee durch den amerikanischen Westen lernen und verändern sich aneinander. «Die Inszenierung hält sich bei aller Ausgelassenheit der Akteure
stilsicher im Rahmen der jiddischen Überlieferung derartiger Aufbruchs-
geschichten aus der alten Welt Galiziens und Polens in die neue Welt
Amerikas. Was jiddischer Humor ist, wird mit Gespür für seine spezifi-
sche Eigenart trefflich herausgearbeitet, Aldrich verzichtet auf vorder-
gründige, klamaukhafte Gags» (film-dienst).

Eine derartige Ironisierung des Erziehungsromans im Western ist freilich alles andere als eine wirkliche Genre-Parodie. Doch wie Elliot Silver-
steins «Cat Ballou» (Cat Ballou – 1965) nimmt er gewisse Bewegungen,
gewisse Ordnungen mehr als Motive auf, um sie mit sanfter Ironie zu
füllen. Der gerühmte «Cat Ballou» nimmt die Form der Legende auf, die
Handlung wird umrahmt von einer Ballade, und neben einigen überspitz-
ten, grotesken Szenen (das Pferd des betrunkenen Helden ist ebenfalls
betrunken) finden sich auch satirische Spitzen gegen Aspekte der amerikanischen Geschichte. Zugleich eine populäre Western-Persiflage und

Gene Wilder in «The Frisco-Kid» (1979) von Robert Aldrich.

ein Beispiel für den kurzlebigen Versuch des «neuen Western», trifft «Cat Ballou» dennoch nicht das Wesen des Genres, wo er das Verhältnis der Abbildung zum Abgebildeten mit den Mitteln der Komödie kritisiert. Seine formale Gestaltung wurde von einigen anderen Filmen nachgeahmt, so von «Waterhole No. 3» (Wasserloch Nr. 3 – 1967), von Blake Edwards produziert und von William Graham inszeniert. Hier beginnt, wie in «Cat Ballou», die Handlung mit einer Ballade; doch auch die «stimmt» schon nicht mehr ganz: Roger Miller singt vom «Code of the West», der gründlich auf den Kopf (oder vom Kopf auf die Füße) gestellt erscheint. «Was du nicht willst, daß man dir tu, das füge anderen zu», heißt es da, und in der Tat ist Eigennutz das bestimmende Motiv. Nach diesem Prinzip handeln alle Figuren so sehr, daß jede Erinnerung an die Pionier-Werte verblaßt. Sheriff, Banditen, Kavallerie, Barmädchen, sie alle haben nichts anderes im Sinn, als sich zu bereichern, und am Ende steht als Betrogene ausgerechnet die Frau da, die sich so etwas wie Unschuld bewahrt hat.

Diese Western-Parodien, von denen am Ende der sechziger Jahre eine ganze Anzahl entstanden, sagten im Grunde fast dasselbe auf komödiantische Art aus, was der Italo-Western auf dramatische Weise sagte: daß die alten Tugenden (und eigentlich auch die alten Probleme) des Westerners nicht mehr zeitgemäß waren, und daß Egoismus und Neurose, Merkmal des Helden in den sechziger Jahren vom Agentenfilm bis zur Komödie, auch den Western-Helden zuständen. So waren die Helden von Filmen wie Burt Kennedys «Support Your Local Sheriff» (Auch ein Sheriff braucht mal Hilfe – 1968) oder «Support Your Local Gun Fighter» (Latigo – 1971) (beide Male von James Garner verkörpert) nichts anderes als die komischen Widerparts der Ringo, Django und Sabbata im italienischen Western: Sie denken zunächst ans Geld, an die eigenen Chancen, und dann erst an die Belange der Bürger, die sie – mehr aus Zufall – beschützen.

Wie im Genre des Phantastischen, so leisteten auch die Disney-Komödien im Gewande des Western so etwas wie eine (freilich hoffnungslose) Restaurationsarbeit. Zwar funktioniert in diesen Filmen das große Heldentum nicht mehr so recht, und auch die historische Dimension des Western ist aufs Provinzielle zusammengeschrumpft, aber dafür funktionieren die anderen Werte: das Vertrauen, die Solidarität, der Sturz des Bösen gewissermaßen als Naturgesetz. Die *boy-hero*-Beziehung erweist sich als noch tragfähig, selbst wenn sie am Anfang in Frage gestellt scheint, und die familienstiftende Kraft setzt sich auch hier durch. Die Reihe der komödiantischen Disney-Western begann mit Filmen wie «The Tenderfoot» (Denn Pulverdampf ist kein Parfüm – 1964 – Regie: Byron Paul), einmal mehr die Geschichte von Greenhorn, der sich zum Westerner mausert, und «The Adventures of Bullwhip Griffin» (Bullwhip Griffin, oder Goldrausch in Kalifornien – 1966 – Regie: James Neilson), wo der Butler eines verarmten Geschwisterpaares zum Helden wird, und sie reicht zu Filmen wie «The Apple-Dumpling Gang» (Die Semmelknödel-Bande – 1976 – Regie: Norman Tokar) oder «Hot Lead – Cold Feet» (Heiße Schüsse – kalte Füße – 1979 – Regie: Robert Butler), eine der Zwillingsverwechslungsgeschichten der Komödie im Milieu des Western. Einen gewissen zusätzlichen nostalgischen Reiz gewinnen diese Filme durch die Mitwirkung ehemaliger Western-Stars der zweiten Garde und *character actors* des Genres.

Das Verhältnis zum Western, dem eigenen Gründungsmythos, war in Amerika in den siebziger Jahren indes so desolat, daß nicht einmal Parodien und komödiantische Versuche im Genre noch verfangen konnten. Filme wie «The Great Scout and Cathouse Thursday» (Der Superman des Wilden Westens – 1976 – Regie: Don Taylor), im Gegensatz zu den Disney-Filmen mit einem Hauch von Melancholie ausgestattet und Geschichtliches nicht völlig aussparend, reüssierten selbst mit Hilfe großer Stars (hier: Lee Marvin in einer der von «Cat Ballou» nicht unähnlichen Rolle als alternder, einst berühmter Westerner) beim Publikum sowenig wie bei der Presse. Mel Brooks ließ sich mit der Melancholie, der gelegentlich etwas scheinheiligen Trauer um den Tod des Western in vielen Western-Komödien der siebziger Jahre gar nicht erst ein; für «Blazing Saddles» (vergleiche das Kapitel «Mel Brooks: Funny is Money») bezog er sich auf die Kino-Konventionen und ließ sie Revue passieren; seine Helden sind nicht Figuren mit Defekten, sie sind von vorherein völlig irreal (und zugleich, im Verhältnis zu den Helden im Genre, sehr «realistisch»).

Ganz dem Slapstick vertrauten hingegen andere Filme wie «Cactus-Jack» (Kaktus-Jack – 1979 – Regie: Hal Needham), der nach dem Prinzip der «Road Runner»-Cartoons funktioniert; ein (nicht einmal völlig unsympathischer) Bösewicht (Kirk Douglas) liegt beständig auf der Lauer, die Guten zu berauben, und fällt dabei stets gewaltig auf die Nase. «Der Plot, ganz einfach: Kaktus-Jack soll einen Geldtransport überfallen und das Geld dem Bankdirektor, der den Transport auf den Weg gebracht hat, wieder aushändigen. Das dürfte, wenn man das Pärchen anschaut, das da durch die Prärie kutschiert und dabei aussieht, als fahre es in die Sommerfrische, nicht schwer sein. Er, Handsome Stranger (Arnold Schwarzenegger), ist einfältig und gutgläubig; sie, Charming Jones (Ann-Margret), legt es nur darauf an, ihn zu verführen. Aber da hat man die Rechnung ohne den Regisseur gemacht. Hal Needham nämlich, ehemals einer der besten Stuntmen Amerikas, bleibt in seinem Metier, und Kirk Douglas muß mindestens zehn Überfälle ‹inszenieren›, bevor er vor Freude in die Luft springt, nicht weil er das Geld endlich hat, sondern weil Charming Jones diesen größten aller Helden zum Liebhaber wählt.

Die Überfälle werden denn auch mit viel Getöse vorbereitet. Kaktus-Jack hält sich dabei vorzugsweise auf riesigen Felsen auf, damit er oder

Bud Spencer und Terence Hill in «Lo chiamavano Trinità» (1970) von E. B. Clucher.

besser einer der vierundzwanzig Stuntmen, die für diesen Film verpflichtet wurden, tollkühn auf den vorüberfahrenden Wagen springen oder Felsbrocken, denen man ansieht, daß sie aus Pappmaché bestehen, in Bewegung setzen kann» (Anne Frederiksen).

Eine andere Möglichkeit der Ironisierung des Western boten Filme, die Formen der Boulevard- und der romantischen Komödie ins Genre übertrugen. Western, in denen etwa Doris Day mitspielt, konnten von vornherein so wenig vollkommen ernst bleiben wie solche mit Bob Hope. Ein Beispiel für den Boulevard-Western aus den siebziger Jahren ist Melvin Franks «The Duchess and the Dirtwater Fox» (Wer schluckt schon gerne blaue Bohnen – 1975). Mit Goldie Hawn als «Herzogin» und Beischlafdiebin und George Segal als Outlaw, der seinen Mitganoven mit der Beute durchgegangen ist, stehen dem Regisseur dabei für diese Art der Komik typische Schauspieler zur Verfügung.

Als der Italo-Western den Höhepunkt seiner Entwicklung überschritten hatte, häuften sich auch in diesem Sub-Genre die komödiantisch angelegten Filme. Bereits in der ersten Hälfte der siebziger Jahre begann sich von der Hauptlinie der dramatischen Filme, die immer blutiger und zugleich abstrakter wurden, keine Geschichten mehr zu erzählen hatten, eine Nebenlinie komödiantischer Western abzuspalten, deren Absichten freilich weniger im Parodistischen lagen. Es ging zum einen darum, ein verlorenes jugendliches Publikum für das Genre zurückzugewinnen, zum anderen darum, etwas dem Pathos, dem Tragischen entgegenzusetzen, das allmählich zu einer Belastung geworden war, weil es sich weder beliebig wiederholen noch gar sich steigern ließ. In den ansonsten gleich ausgerichteten narrativen Grundkomponenten ersetzte man einfach die endlosen blutigen Schießereien durch meist ebenso endlose Prügeleien mit gelegentlichen Slapstick-Einlagen. Mit Terence Hill und Bud Spencer formte sich dann auch ein in gewisser Weise an Laurel und Hardy erinnerndes Slapstick-Paar im Wilden Westen, das in zwei Filmen von Enzo Barboni, «Lo chiamavano Trinità» (Die rechte und die linke Hand des Teufels – 1970) und «Continuavano a chiamarlo Trinità» (Vier Fäuste für ein Halleluja – 1971) wohl den Höhepunkt der, wie sie auch genant wurden, «Halleluja-Western» erreichte. Bud Spencer allein kehrte zehn Jahre später erst zum Genre des komödiantischen Western mit «Occhio alla penna» (Eine Faust geht nach Westen – 1980 – Regie: Michele Lupo) zurück. Das Komiker-Paar Franco Franchi und Ciccio Ingrassia, das buchstäblich jeden erfolgreichen Film in Italien in einer meist mit sehr einfachen Mitteln gestalteten Parodie verarbeitete, versuchte in «I due figli dei Trinità» (Die Söhne der Dreieinigkeit – 1972 – Regie: Richard Kean) so etwas wie eine Parodie der Parodie.

Von den durchaus mit parodistischen Glanzlichtern aufwartenden Filmen von Barboni und wenigen anderen Filmen abgesehen, waren die meisten Halleluja-Western nichts anderes als die heiteren Gauner- und Big Caper-Motive ins Gewande des Western transportiert. Vereinzelt wurden aber in solchen «Klamauk-Western» durchaus auch zeitbezogen satirische Momente sichtbar, so beispielsweise in «Cipolla Colt» (Zwiebel-Jack räumt auf – 1975 – Regie: Enzo G. Castellari), wo Probleme «kapitalistischer Ausbeutung» und der Umweltzerstörung an Hand des Schicksals eines skurrilen Außenseiters, gespielt von «Django»-Darsteller Franco Nero, behandelt werden.

Auch Sergio Leone, zusammen mit Sergio Corbucci Begründer des Genres, nahm sich, nur als Autor diesmal, des Western-Mythos noch einmal auf ironische Art an; in «Il mio nome è Nessuno» (Mein Name ist Nobody – 1973 – Regie: Tonino Valerii) konfrontiert er den «neuen», listigen Westerner (Terence Hill) mit dem alten Westerner, dem Helden der Legende (Henry Fonda). Und hier besonders wird deutlich, daß in den Genre-Parodien neben Spott, Kritik, Aggression sehr oft auch noch etwas anderes steckt: Wehmut.

Anhang

1. Filmografische Notizen zur klassischen Filmkomik

Max Linder
(1883–1925) (Gabriel Levielle oder Leuville)

Linder trat in einer Anzahl von Kurzfilmen auf zwischen den Jahren 1906 und 1925. Er führte selbst Regie und schrieb das Drehbuch.

Unter dem Titel LACHEN MIT MAX LINDER brachte seine Tochter eine Zusammenstellung von drei Filmen als Wiederaufführung ins Kino.

Die meisten Filme von Max Linder sind heute verschollen.

Mack Sennett
(1880–1960) (Michael Sinnott)

Sennett war Schauspieler und Regie-Assistent, bevor er sich als Produzent von zahllosen Slapstick-Kurzfilmen etablierte. Seine in den zwanziger Jahren entstandenen Filme, bei denen er auch gelegentlich Regie führte, begründeten die Tradition der Slapsticks. Unter den Komikern, die er betreute und, wie einige seiner Kritiker meinten, auch ausbeutete, waren «The Keystone Cops», Louise Fazenda, Fred Mace, Chester Conklin, Mack Swain, Billy West, Slim Summerville und Charlie Chaplin.

Nach Einführung des Tonfilmes waren Sennetts Ideen erschöpft, denn die filmischen Tricks wurden durch neue Formen des Gags und der Filmsprache ersetzt.

1937 wurde Mack Sennett für seinen «Beitrag zur Technik der Filmkomödie» mit einem Ehren-Oscar ausgezeichnet.

1955 erschien seine Autobiografie «King of Comedy».

Charles Chaplin
(1889–1977)

Als Mitglied der Komikertruppe von Fred Karno kam Chaplin 1910 von England nach Amerika.

Im Jahr 1914 drehte er insgesamt 35 Kurzfilme für Mack Sennetts *Keystone Company*. Regie führten zunächst Mack Sennett, Henry Lehrman und George Nichols. Seit CAUGHT IN A CABARET übernahm Chaplin selbst die Regie (zum Teil zusammen mit Mabel Normand).

Es erleichtert die stilistische und historische Einordnung der Vielzahl von Chaplin-Filmen, wenn man sie nach ihrer Entstehungszeit und Produktionsfirma gliedert:

1915 schloß sich Chaplin der Firma *Essanay* an, die ihm eine größere künstlerische Entfaltungsmöglichkeit bot. Partner in den Filmen, die 1915 und 1916 entstanden, waren unter anderen Edna Purviance, Ben Turpin, Lloyd Bacon, Billy Armstrong und Wesley Ruggles. Insgesamt wurden in dieser Zeit 14 Filme mit Chaplin produziert. Die bekanntesten sind: His New Job, The Tramp und Work, bei denen Chaplin selbst Regie führte und Roland Totheroh an der Kamera stand.

1916 unterzeichnete Chaplin einen Vertrag bei der Firma *Mutual*, wo er bis 1917 insgesamt 11 Filme fertigte.

1918 drehte er für die Firma *First National*. Bis 1923 hatte er neun Filme fertiggestellt, darunter den mittellangen Shoulder Arms und seinen ersten Langfilm The Kid.

Chaplin war Mitbegründer der Firma *United Artists*, für die er seine weiteren Filme produzierte:

1925 The Gold Rush (Goldrausch)

1928 The Circus (Circus)

1931 City Lights (Lichter der Großstadt)

1936 Modern Times (Moderne Zeiten)

1940 The Great Dictator (Der große Diktator)

1947 Monsieur Verdoux – A Comedy of Murder (Monsieur Verdoux – Der Heiratsschwindler von Paris)

1952 Limelight (Rampenlicht)

1957 A King in New York (Ein König in New York)

1967 A Countess from Hongkong (Die Gräfin von Hongkong)

Chaplin hatte seine Wahlheimat Amerika verlassen, da man ihn im Zuge der Kommunistenverfolgung in Hollywood schmählich behandelt hatte.

1972 verlieh ihm die Akademie einen Ehren-Oscar, und Chaplin nahm dieses Versöhnungsangebot an.

Buster Keaton
(1895–1966) (Joseph Francis Keaton)

Buster Keaton war zusammen mit seinen Eltern als die «Drei Keatons» im Vaudeville-Theater aufgetreten. Eine Parodie auf den Gesangsstil seiner Mutter machte ihn populär.

1917 bis 1919 trat er in insgesamt 16 Filmen des Komikers Roscoe «Fatty» Arbuckle auf, der hier auch selbst Regie führte.

Zwischen 1923 und 1927 entstanden einige der besten Langfilme mit Buster Keaton:

1923 THE THREE AGES (Die drei Zeitalter), Regie: Keaton und Eddie Cline; OUR HOSPITALITY (Verflixte Gastfreundschaft), Regie: Keaton und John G. Blystone;

1924 SHERLOCK JUNIOR (Sherlock Junior), Regie: Keaton; THE NAVIGATOR (Der Seefahrer/Seefahrt tut not/Der Navigator), Regie: Keaton und Donald Crisp;

1925 SEVEN CHANCES (Sieben Chancen), Regie: Keaton; GO WEST (Buster Keaton, der Cowboy/Der Cowboy), Regie: Keaton;

1926 BATTLING BUTLER (Der Killer von Alabama), Regie: Keaton; THE GENERAL (Der General), Regie: Keaton und Clyde Bruckmann;

1928 STEAMBOAT BILL JR (Steamboat Bill jr.), Regie: Charles F. Reisner.

1928 verkaufte Keaton seine Produktionsfirma an die MGM, was er später als verhängnisvollen Fehler bezeichnete.

1929 THE CAMERAMAN (Der Kameramann), Regie: Edward Sedgwick. Dies war einer der letzten Filme, bei denen Keaton seine Vorstellungen von Filmkomik verwirklichen konnte.

1930 DOUGHBOYS war der letzte Film, auf den er Einfluß nehmen konnte.

1933 verließ Keaton die MGM; sein Alkoholismus und einige Fehlschläge bei dem Versuch, im europäischen Film Fuß zu fassen, dazu eine menschlich wie wirtschaftlich ruinöse Scheidung schadeten weiter seiner Karriere.

1935 bis 1937 entstanden einige Kurzfil-

me unter der Regie von Charles Lamont, die EDUCATIONAL COMEDIES.

Spätere Filme, darunter die beiden um die JONES FAMILY und die Serie der COLUMBIA COMEDIES, waren nur noch ein Abglanz seines Talentes.

In den späten fünfziger Jahren wurden im amerikanischen Fernsehen die Stummfilmkomiker wiederentdeckt, und Buster Keaton wurde ein gesuchter Gast von Fernsehshows.

1957 verfilmte Paramount die Geschichte seines Lebens unter dem Titel THE BUSTER KEATON STORY.

1966, seinem Todesjahr, trat Keaton nochmals auf: als Denkmal seiner selbst in Richard Lesters A FUNNY THING HAPPENED ON THE WAY TO THE FORUM (Toll trieben es die alten Römer) und als Symbolfigur der absurden Existenz in Samuel Becketts FILM.

1959 erhielt Buster Keaton einen Ehren-Oscar für «seine einzigartigen Talente, die unsterbliche Komödien auf die Leinwand brachten».

1962 erschien die Autobiografie «My Wonderful World of Slapstick».

Harry Langdon
(1884–1944)

Mit zwölf Jahren verließ Langdon sein Elternhaus, um sich einem vorbeiziehenden Wanderzirkus anzuschließen. Großen Erfolg auf der Bühne erzielte er vor allem mit einer Nummer, die er immer weiter ausbaute: Als Chauffeur gekleidet, mußte er sich mit einem (hölzernen) Auto herumplagen, das vor einem Krankenhaus stehengeblieben war. Dieses Auto zerfiel unter Langdons «fachkundigen» Händen in seine Bestandteile.

1923 kam er zum Film und trat zwischen 1924 und 1926 in 27 Kurzfilmen auf, die Mack Sennett produzierte.

1926 gründete er die *Harry-Langdon-Corporation*, bei der sechs längere Filme produziert wurden:

1926 THE STRONG MAN (Der starke Mann), Regie: Frank Capra; TRAMP, TRAMP, TRAMP (Der große Lauf), Regie: Frank Capra;

1927 LONG PANTS (Lange Hosen/Die ersten langen Hosen), Regie: Frank Capra; THREE'S A CROWD (Vergebliche Liebesmüh), Regie: Langdon;

1928 THE CHASER (Der Herumtreiber), Regie: Langdon; HEART TROUBLE (Herzeleid), Regie: Langdon.

Nach diesen längeren Filmen drehte Langdon eine Anzahl kurzer Filme für Hal Roach (*MGM*).

Der Tonfilm bedeutete das Ende von Harry Langdons Karriere als Filmkomiker. Er spielte noch einige kleinere Rollen, konnte aber nicht mehr an die früheren Erfolge anschließen. Der erste dieser Tonfilme war 1933 HALLELUJAH, I'M A BUM (Hallelujah, ich bin ein Taugenichts), der letzte 1944 SPOTLIGHT SCANDALS.

Langdon arbeitete später als Gag-Schreiber für andere Komiker und spielte wieder auf der Theater-Bühne. Sein Stück «Out of the Frying Pan» wurde ein Kassenschlager. Die Kolportage, er sei als armer und verbitterter Mann gestorben, entspricht vermutlich nicht der Wahrheit.

Harold Lloyd
(1893–1971)

Seit 1916 trat Lloyd in Hunderten von *two-reelers* auf, in denen vor allem seine akrobatischen Fähigkeiten zum Einsatz kamen.
Große Erfolge der langen Filme wurden vor allem:

1922 GRANDMA'S BOY;

1923 SAFETY LAST;

1925 THE FRESHMAN.
In diesen Filmen führte Fred Newmayer Regie.
Die wichtigsten weiteren Filme waren:

1926 FOR HEAVEN'S SAKE;

1927 THE KID BROTHER (Harold, der Pechvogel);

1930 FEET FIRST (Harold, halt dich fest);

1932 MOVIE CRAZY (Filmverrückt).

Preston Sturges filmte 1947 eine kritische Reflexion über die Filmfigur Harold Lloyd: MAD WEDNESDAY (Verrückter Mittwoch).

Als zu Beginn der sechziger Jahre Charles Chaplin mit Zusammenstellungen seiner frühen Kurzfilme erfolgreich war, tat es ihm Lloyd gleich. Unter dem Titel WORLD OF COMEDY (Selten so gelacht) stellte er Ausschnitte aus seinen Filmen zusammen und erntete damit bei den Filmfestspielen in Cannes 1962 großen Beifall.

1963 brachte die *Harold-Lloyd-Corporation* eine weitere Zusammenstellung von Filmszenen heraus: HAROLD LLOYD – FUNNY SIDE OF LIFE (Harold Lloyd – Spaß muß sein).

1952 erhielt Lloyd einen Ehren-Oscar für seine Verdienste als «Meisterkomödiant und guter Bürger» (!).

Laurel und Hardy
Stan Laurel (1890–1965) (Arthur Stanley Jefferson)
Oliver Hardy (1892–1957)

Stan Laurel war, wie Charles Chaplin, mit der Schauspieltruppe von Fred Karno aus England in die Vereinigten Staaten gekommen. Seit 1915 trat er in Slapstick-Kurzfilmen auf. Oliver Hardy hatte bereits 1913 begonnen, kleinere Rollen in Stummfilm-Komödien zu spielen.

1926 traten beiden zum erstenmal gemeinsam in einem Film auf, und in der Folgezeit gewann das Duo rasch an Popularität.

Während der Zeit des Stummfilms produzierten Laurel und Hardy über 50 Filme (*one-reelers* und *two-reelers*). Bei manchen dieser Filme führte Stan Laurel die Co-Regie und arbeitete am Drehbuch mit. Dies änderte sich, als das Duo sich 1940 von dem Produzenten Hal Roach trennte. Bei den langen

Tonfilmen konnte Stan Laurel nur noch gelegentlich an der Gestaltung mitwirken.
Einige der langen Filme:

1932 PACK UP YOUR TROUBLES (Die Teufelsbrüder), Regie: George Marshall und Raymond MacCarey;

1933 SONS OF THE DESERT (Die Wüstensöhne), Regie: William A. Seiter;

1937 WAY OUT WEST (Zwei ritten nach Texas), Regie: James W. Horne;

1938 OUR RELATIONS (Die Doppelgänger von Sacramento), Regie: Harry Lachmann; BLOCK HEADS (Die Klotzköpfe), Regie: John G. Blystone.

1952 entstand in Frankreich der letzte Film, in dem beide gemeinsam auftraten: ATOLL K, Regie führten John Berry und Leo Joannon.

Stan Laurel wurde 1960 mit einem Ehren-Oscar für «seine Pionierleistungen auf dem Gebiet der Film-Komödie» ausgezeichnet.

Das Zweite Deutsche Fernsehen strahlte 1970 eine Folge von Kurzfilmen des Komiker-Duos aus. Die lieblose und gewalttätige Aufbereitung der Filme in dieser Serie ließ jedoch leider jedes Gespür für die in der Komik von Laurel und Hardy angelegten subtileren Töne vermissen (Titel der Serie: «Dick und Doof»). 1975 folgte, ebenfalls im ZDF, eine Serie unter dem Titel «Zwei Herren Dick und Doof» (im österreichischen Fernsehen unter dem Titel «Zwei Herren Laurel und Hardy»). Im selben Jahr begann im Abendprogramm unter dem Obertitel «Theo Lingen präsentiert» die Ausstrahlung von einigen längeren Filmen von Laurel und Hardy, es handelte sich hier um integrale Fassungen in deutscher Synchronisation.

Marx Brothers

Chico Marx (1891–1961) (Leonard Marx)
Harpo Marx (1893–1964) (Adolph Marx)
Groucho Marx (geb. 1895) (Julius Marx)

Die Marx Brothers, zu Beginn noch zu fünft (Gummo Marx und Zeppo Marx verließen das Team später), waren in Vaudevilles und Theater-Shows aufgetreten und kamen durch einen Erfolg am Broadway zum Film.
Filme u. a.:

1929 THE COCOANUTS, Regie: Robert Florey und Joseph Stanley;

1930 ANIMAL CRACKERS, Regie: Victor Heerman;

1931 MONKEY BUSINESS (Die Marx Brothers auf See), Regie: Norman McLeod;

1932 HORSE FEATHERS (Blühender Blödsinn), Regie: Norman McLeod;

1933 DUCK SOUP (Entensuppe/Die Marx Brothers im Krieg), Regie: Leo McCarey;

1935 A NIGHT AT THE OPERA (Die Marx Brothers in der Oper), Regie: Sam Wood;

1937 A DAY AT THE RACES, Regie: Sam Wood;

1939 AT THE CIRCUS (Die Marx Brothers im Zirkus), Regie: Edward Buzzell;

1940 GO WEST, Regie: Edward Buzzell;

1941 THE BIG STORE (Die Marx Brothers im Kaufhaus), Regie: Charles Reisner;

1946 A NIGHT IN CASABLANCA, Regie: Archie L. Mayo.

1949 erschien der letzte Film mit den Marx Brothers: LOVE HAPPY; Regie führte David Miller.
Daneben gab es Gast-Auftritte der Marx Brothers in anderen Filmen, im Fernsehen und auf der Bühne. Zum Teil traten die Brüder auch einzeln in kleineren Rollen in verschiedenen Filmen auf (berühmtes Beispiel: Grouchos Auftritt in dem Film WILL SUCCESS SPOIL ROCK HUNTER, den Frank Tashlin 1957 inszenierte).

Harpo Marx veröffentlichte 1961 eine Autobiografie: «Harpo Speaks!» Groucho Marx schrieb einige semibiografische Bücher, darunter «Groucho and Me» (1959), «Memoirs of a Mangy Lover» (1964) und «The Groucho Letters» (1967).

Um ein 1972 erschienenes Buch, das Groucho Marx gemeinsam mit Richard Anobile verfaßt hatte, gab es wegen einiger offenherziger Äußerungen in bezug auf weibliche Hollywood-Stars einige Kontroversen.

W. C. Fields

(1879–1946) (William Claude Duckinfield)

Der ehemalige Varieté-Künstler (Jongleur) hatte bereits in der Zeit des Stummfilms eine beträchtliche Zahl von Filmen gedreht (sein Debüt gab er 1915 mit POOL SHARKS).
Da ein Großteil seiner Komik im sprachlichen Bereich lag, wurde er erst mit dem Tonfilm ein wirklicher Star.
Für viele seiner Filme verfaßte Fields das Drehbuch selbst; er benützte dabei Pseudonyme wie Mahatma Kane Jeeves, Otis Criblecoblis etc.
Tonfilme u. a.:

1932 IF I HAD A MILLION; MILLION DOLLAR LEGS, Regie bei beiden Filmen: Eddie Cline;

Ernst Lubitsch
(1892–1947)

Lubitsch begann seine Karriere beim Film als Schauspieler in Deutschland, wurde dann Regisseur und realisierte vor allem romantische Kostümfilme. In den frühen zwanziger Jahren kam er nach Amerika.
Filmkomödien u. a.:

1924 THE MARRIAGE CIRCLE (Die Ehe im Kreise);

1930 MONTE CARLO (Monte Carlo);

1932 ONE HOUR WITH YOU (Eine Stunde mit Dir); TROUBLE IN PARADISE (Ärger im Paradies);

1933 DESIGN FOR LIVING (Serenade zu dritt);

1937 ANGEL (Engel);

1939 BLUEBEARDS EIGHTH WIFE (Blaubarts achte Frau);

1942 TO BE OR NOT TO BE (Sein und Nichtsein);

1943 HEAVEN CAN WAIT (Ein himmlischer Sünder);

1946 erhielt Lubitsch einen Ehren-Oskar der Akademie.

1933 THE BARBER SHOP; THE FATAL GLASS OF BEER; THE PHARMACIST, Regie bei diesen drei Filmen: Arthur Ripley;

1934 MRS WIGGS OF THE CABBAGE PATCH; IT'S A GIFT, Regie bei beiden Filmen: Norman Taurog;

1939 YOU CAN'T CHEAT AN HONEST MAN, Regie: George Marshall;

1940 THE BANK DICK (Der Bank-Detektiv); MY LITTLE CHICKADEE (Mein kleiner Gockel), Regie bei beiden Filmen: Eddie Cline;

1941 NEVER GIVE A SUCKER AN EVEN BREAK (Gib einem Trottel keine Chance), Regie: Eddie Cline.

Einem größeren Publikum in Deutschland wurde der Komiker Fields erst bekannt, als in den Jahren 1971 und 1972 das Deutsche Fernsehen in den dritten Programmen seine Filme ausstrahlte, zumeist in Originalfassungen mit Untertiteln.

1976 veranstaltete das Österreichische Filmmuseum eine Retrospektive mit den Filmen von W. C. Fields.

Frank Capra
(geb. 1897)

Capra wurde als Regisseur durch eine Reihe von Filmen mit Harry Langdon bekannt.
Einige seiner Filmkomödien:

1934 IT HAPPENED ONE NIGHT (Es geschah in einer Nacht);

1936 MR DEEDS GOES TO TOWN (Mr. Deeds geht in die Stadt);

1938 YOU CAN'T TAKE IT WITH YOU (Lebenskünstler);

1939 MR SMITH GOES TO WASHINGTON (Mr. Smith geht nach Washington);

1941 MEET JOHN DOE (Hier ist John Doe);

1944 ARSENIC AND OLD LACE (Arsen und Spitzenhäubchen);

1946 IT'S A WONDERFUL LIFE (Ist das Leben nicht schön?);

1961 A POCKETFUL OF MIRACLES (Die unteren Zehntausend).

George Cukor
(geb. 1899)

Cukor kam vom Broadway zum Film.

Komödien u. a.

1932 ONE HOUR WITH YOU (Liebling, ich werde jünger), Regie: Cukor und Ernst Lubitsch; A BILL OF DIVORCEMENT (Eine Scheidung);

1937 HOLIDAY;

1940 PHILADELPHIA STORY (Die Nacht vor der Hochzeit);

1949 ADAM'S RIB (Ehekrieg);

1961 LET'S MAKE LOVE (Machen wir's in Liebe).

Gregory La Cava
(1892–1949)

La Cava war Cartoonist und Drehbuchautor, bevor er Regisseur wurde. Seine Filme sind in Deutschland kaum bekannt geworden.
Seinen Ruf als Komödienregisseur begründeten insbesondere:

1935 SHE MARRIED HER BOSS (Sie heiratete den Chef);

1936 MY MAN GODFREY (Mein Mann Gottfried);

1937 STAGE DOOR.

Leo McCarey
(1898–1969)

McCarey inszenierte in der Zeit des Stummfilms unter anderem Filme mit Laurel und Hardy und arbeitete später mit den Marx Brothers zusammen.
Sein bedeutendster Beitrag zum Genre der Screwball-Comedy ist:

1937 THE AWFUL TRUTH (Die schreckliche Wahrheit).

George Stevens
(1904–1974)

Stevens arbeitete seit 1923 in Hollywood und schuf in den späten dreißiger und frühen vierziger Jahren einige schöne Beispiele des Genres.
Filme u. a.:

1942 WOMAN OF THE YEAR (Die Frau von der man spricht); THE TALK OF THE TOWN (Stadtgespräch);

1943 THE MORE THE MERRIER (Immer mehr, immer fröhlicher).

Stevens machte sich auch einen Namen als Regisseur des letzten James Dean-Filmes:

1955 GIANT (Giganten).

Howard Hawks
(1896–1977)

Hawks hat nicht nur in seine ausgesprochenen Komödien, sondern auch in die Filme anderer Genres den umstürzlerischen Geist der Screwball-Comedy einfließen lassen.
Komödien u. a.:

1934 TWENTIETH CENTURY (Napoleon vom Broadway);

1938 BRINGING UP BABY (Leoparden küßt man nicht);

1940 HIS GIRL FRIDAY (Sein Mädchen für besondere Fälle);

1949 I WAS A MALE WARBRIDE (Ich war eine männliche Kriegsbraut);

1952 MONKEY BUSINESS (Liebling, ich werde jünger);

1953 GENTLEMEN PREFER BLONDES (Blondinen bevorzugt).

Preston Sturges
(1898–1959) (Edmond P. Biden)

Sturges war zunächst Bühnenautor, Erfinder und Geschäftsmann. Er kam zur *Paramount*, der er ein Drehbuch unentgeltlich anbot, wenn er selbst Regie führen dürfe.

1940 THE GREAT MCGINTY (Der große McGinty); CHRISTMAS IN JULY (Weihnachten im Juli);

1941 SULLIVAN'S TRAVELS (Sullivans Reisen); THE LADY EVE (Die Falschspielerin/Die Freibeuterin);

1942 THE PALM BEACH STORY;

1943 THE GREAT MOMENT; THE MIRACLE OF MORGAN'S CREEK (Das Wunder von Morgan's Creek);

1944 HAIL THE CONQUERING HERO (Heil dem Eroberer und Helden);

1946 MAD WEDNESDAY/THE SIN OF HAROLD DIDDLEBOCK (Verrückter Mittwoch);

1948 UNFAITHFULLY YOURS (Die Ungetreue);

1949 THE BEAUTIFUL BLONDE FROM BASHFUL BEND;

1956 THE DIARY OF MAJOR THOMPSON (Das Tagebuch des Mister Thompson).

Während der McCarthy-Ära fand Preston Sturges kaum noch Arbeit in Hollywood. Er mußte schließlich nach Frankreich emigrieren.

Billy Wilder
(geb. 1906)

Wilder, in Wien geboren, arbeitete in Berlin als Journalist und Drehbuchautor.

1934 kam er nach Hollywood, seit 1942 inszeniert er Filme. Neben einigen dramatischen und kritischen Filmen wie:

1944 THE LOST WEEKEND (Das verlorene Wochenende) und

1951 ACE IN THE HOLE (Reporter des Satans) drehte er vor allem Komödien:

1953 STALAG 17 (Stalag 17);

1954 SABRINA (Sabrina);

1955 THE SEVEN YEAR ITCH (Das verflixte siebte Jahr);

1957 LOVE IN THE AFTERNOON (Ariane – Liebe am Nachmittag);

1959 SOME LIKE IT HOT (Manche mögen's heiß);

1960 THE APARTMENT (Das Appartement);

1961 EINS ZWEI DREI/ONE TWO THREE;

1963 IRMA LA DOUCE (Das Mädchen Irma La Douce);

1964 KISS ME STUPID (Küß mich, Dummkopf);

1965 THE FORTUNE COOKIE (Der Glückspilz);

1969 THE PRIVATE LIVE OF SHERLOCK HOLMES (Das Privatleben von Sherlock Holmes);

1972 AVANTI (Avanti, Avanti);

1974 THE FRONT PAGE (Extrablatt).

Jerry Lewis
(geb. 1926) (Joseph Levitch)

Jerry Lewis begann seine Karriere als Komiker bereits als Kind. Später versuchte er sich in mehreren Berufen, unter anderem als Verkäufer und als «Kartenabreißer» im Kino.
Schließlich erhielt er einen Job als Conférencier in einem Kino. Hier traf er seinen späteren Partner Dean Martin. Die beiden wurden zunächst durch die Bühne und das Fernsehen bekannt, bevor sie zum erstenmal eine (Neben-) Rolle erhielten:

1949 MY FRIEND IRMA

Filme mit dem Duo als Stars u. a.:

1950 AT WAR WITH THE ARMY (Krach mit der Kompanie), Regie: Hal Walker;

1951 THE STOOGE (Der Prügelknabe), Regie: Hal Walker;

1952 JUMPING JACKS (Schrecken der Division), Regie: Norman Taurog; SCARED STIFF (Starr vor Angst), Regie: George Marshall;

1953 THE CADDY (Der Tolpatsch), Regie: Norman Taurog; MONEY FROM HOME (Der tollkühne Jokey), Regie: George Marshall; ARTISTS AND MODELS (Maler und Mädchen/Der Agentenschreck), Regie: Frank Tashlin;

1956 HOLLYWOOD OR BUST (Alles um Anita/Jerry, der Glückspilz), Regie: Frank Tashlin.

Nach diesem Film trennten sich die beiden. Filme, allein mit Jerry Lewis:

1956 THE DELICATE DELINQUENT (Dümmer als die Polizei erlaubt), Regie: Don McGuire;

1958 ROCK-A-BYE-BABY (Fünf auf einen Streich/Der Babysitter), Regie: Frank Tashlin; THE GEISHA BOY (Der Geisha-Boy), Regie: Frank Tashlin;

1959 VISIT TO A SMALL PLANET (Jerry, der Astronautenschreck), Regie: Norman Taurog; CINDERFELLA (Aschenblödel/Der Familientrottel), Regie: Frank Tashlin;

1960 THE BELLBOY (Hallo, Page), Regie: Lewis (sein Regiedebüt);

1961 THE LADIES' MAN (Ich bin noch zu haben/Zu heiß gebadet), Regie: Lewis; THE ERRAND BOY (Der Bürotrottel), Regie: Lewis;

1962 IT'S ONLY MONEY (Geld spielt keine Rolle), Regie: Frank Tashlin; THE NUTTY PROFESSOR (Der verrückte Professor), Regie: Lewis;

1963 WHO'S MINDING THE STORE (Der Ladenhüter), Regie: Frank Tashlin;

1964 THE PATSY (Die Heulboje/Der Wunderknabe), Regie: Lewis; THE DIS-

ORDERLY ORDERLY (Der Tölpel vom Dienst), Regie: Frank Tashlin;

1965 THE FAMILY JEWELS (Das Familienjuwel), Regie: Lewis; THREE ON A COUCH (Drei auf einer Couch), Regie: Lewis;

1966 WAY ... WAY OUT (Das Mondkalb), Regie: Gordon Douglas;

1967 THE BIG MOUTH (Ein Froschmann an der Angel), Regie: Lewis;

1968 HOOK, LINE AND SINKER (Jerry, der Herzpatient), Regie: George Marshall;

1969 ONE MORE TIME (Die Pechvögel), Regie: Lewis;

1970 WHICH WAY TO THE FRONT (Wo, bitte, geht's zur Front?), Regie: Lewis.

Dazwischen trat Lewis immer wieder im Fernsehen und auf der Bühne auf, 1973 auch in der satirischen Serie «Klimbim» der ARD.

Woody Allen
(geb. 1935) (Allen Stewart Konigsberg)

Allen begann als Nachtclub-Komiker und Theaterautor. Er schrieb die Drehbücher seiner Filme meist selbst. Filme mit Allen:

1966 WHAT'S NEW PUSSYCAT? (Was gibt's Neues, Pussy?), Regie: Clive Donner;

1967 CASINO ROYAL (Casino Royal), an dieser James-Bond-Parodie waren verschiedene Regisseure beteiligt: John Huston, Ken Hughes, Joe Mc Grath, Robert Parrish, Val Guest;

1969 TAKE THE MONEY AND RUN (Nimm die Moneten und hau ab/Woody – der Unglücksrabe), Regie: Allen (sein Regie-Debüt);

1970 BANANAS (Bananas/Ausgerechnet Bananen), Regie: Allen;

1971 EVERYTHING YOU WANTED TO KNOW ABOUT SEX ... BUT WERE AFRAID TO ASK (Was Sie schon immer über Sex wissen wollten), Regie: Allen;

1972 PLAY IT AGAIN, SAM (Mach's noch einmal, Sam), Regie: Herbert Ross;

1973 SLEEPER (Der Schläfer), Regie: Allen;

1974 LOVE AND DEATH (Die letzte Nacht des Boris Gruschenko), Regie: Allen.

Allen schrieb auch etliche Kurzgeschichten, von denen einige in deutscher Sprache erschienen sind.

Jacques Tati
(geb. 1908) (Jacques Tatischew)

Tati war zunächst Pantomime. Als solcher trat er in einigen Kurzfilmen vor dem Kriege auf, unter anderem in LE VOYAGE EN TRAMWAY und LA PARTIE DE PECHE.

Lange Filme, in denen er Regie führte:

1947 Jour de fête (Tempo – Tempo/Tatis Schützenfest);

1953 Les vacances de Monsieur Hulot (Die Ferien des Monsieur Hulot);

1958 Mon oncle (Mein Onkel);

1967 Playtime (Tatis herrliche Zeiten);

1972 Trafic (Tati im Stoßverkehr).

Seine letzten beiden Filme spielten ihre Herstellungskosten nicht ein, was auf die Produktionsdauer und die damit verbundenen hohen Kosten zurückzuführen ist. (Playtime kostete rund zehn Millionen Mark, ein ungewöhnlich hoher Aufwand für eine Filmkomödie.)

1974 stellte Tati einige kürzere Video-Bänder her, die in Deutschland bislang noch nicht zu sehen waren.

Karl Valentin
(1882–1948) (Valentin Ludwig Frey)

Valentin begann als Vereinshumorist und erhielt erste Engagements in Nürnberg und München.
In dem damals sehr bekannten Volkssängerlokal «Frankfurter Hof», wo er erste Erfolge verbuchen konnte, lernte er seine spätere Partnerin Liesl Karlstadt kennen. In Zusammenarbeit mit ihr entstanden etwa 400 Komödien und Sketche, die nicht nur auf der Bühne, sondern auch im Rundfunk gespielt wurden.
Nach dem Kriege konnte Valentin zwar noch einige Male im Rundfunk auftreten, seine Bedeutung wurde aber von den Programmgestaltern nicht erkannt.
Von den Filmen, die mit Karl Valentin gedreht wurden, gelten einige als verschollen. Die verfügbaren Filme:

1913 Karl Valentins Hochzeit, Regie: Ansfelder; Die lustigen Vagabunden, Regie: Möllendorf/Elias;

1929 Der Sonderling, Regie: Walter Jerven;

1932 Die verkaufte Braut, Regie: Max Ophüls;

1933 Orchesterprobe, Regie: ?; Es knallt, Regie: Helmut O. Kaps;

1934 Theaterbesuch, Regie: Joe Stöckl; Im Schallplattenladen, Regie: Hans H. Zerlett; Der verhexte Scheinwerfer, Regie: Carl Lamac; Der Firmling, Regie: ?;

1935 Der Zithervirtuose, Regie: Franz Seitz; Kirschen in Nachbars Garten, Regie: Erich Engels;

1936 Beim Nervenarzt, Regie: Erich Engels; Das verhängnisvolle Geigensolo, Regie: Rolf Raffé; Musik zu Zweien, Regie: Erich Engels; Donner, Blitz und Sonnenschein, Regie: Erich Engels.

Das Fernsehen und einige Filmclubs bemühen sich seit kurzer Zeit um ein neues Verständnis der Filme von Karl Valentin.

2. Filmografie zur neuen amerikanischen Filmkomik

Die Abkürzungen bedeuten   R Regie   M Musik
                                   B Drehbuch   D Darsteller
                                   K Kamera

(Noch) kein Comeback für Jerry Lewis

1979

HARDLY WORKING
(Alles in Handarbeit)
R: Jerry Lewis. B: Michael Janover, Jerry Lewis. K: James Pergola. M: Morton Stevens. D: Jerry Lewis, Deanna Lund, Susan Oliver, Roger C. Carmel, Harold J. Stone, Steve Franken.

Mel Brooks: Funny is Money

1967

THE PRODUCERS (Frühling für Hitler)
R, B: Mel Brooks. K: Joseph Coffey. M: John Morris. D: Zero Mostel, Gene Wilder, Kenneth Mars, Estelle Winwood, Renee Taylor, Dick Shawn.

1970

THE TWELVE CHAIRS (Zwölf Stühle)
R: Mel Brooks. B: Mel Brooks n. e. Roman von Ilf/Petrov. K: Dorde Nikolic. M: John Morris. D: Ron Moody, Frank Langella, Dom DeLuise, Andreas Voutsinas, Diana Coupland, Mel Brooks.

1974

BLAZING SADDLES (Is' was, Sheriff?/ Der wilde wilde Westen)
R: Mel Brooks. B: Mel Brooks, Norman Steinberg, Andrew Bergman, Richard Pryor, Alan Uger. K: Joseph Biroc. M: John Morris (Lieder von Mel Brooks und John Morris). D: Cleavon Little, Gene Wilder, Slim Pickens, Harvey Korman, Madeleine Kahn, Mel Brooks.

1974

YOUNG FRANKENSTEIN
(Frankenstein junior)
R: Mel Brooks. B: Gene Wilder, Mel Brooks. K: Gerald Hirschfeld. M: John Morris. D: Gene Wilder, Peter Boyle, Marty Feldman, Madeleine Kahn, Cloris Leachman, Kenneth Mars, Teri Garr.

1976

SILENT MOVIE (Mel Brooks' letzte Verrücktheit – Silent Movie)
R: Mel Brooks. B: Mel Brooks, Ron Clark, Rudy De Luca, Barry Levinson. K: Paul Lohmann. M: John Morris. D: Mel Brooks, Marty Feldman, Dom DeLuise, Bernadette Peters, Sid Caesar, Harold Gould.

1977

HIGH ANXIETY
(Mel Brooks' Höhenkoller)
R: Mel Brooks. B: Mel Brooks, Ron Clark, Rudy DeLuca, Barry Levinson. K: Paul Lohmann. M: John Morris. D: Mel Brooks, Madeleine Kahn, Cloris Leachman, Harvey Korman, Ron Carey, Howard Morris, Dick van Patten, Charlie Callas, Rudy DeLuca.

L'École de Brooks

1976

THE ADVENTURES OF SHERLOCK HOLMES' SMARTER BROTHER (Sherlock Holmes' cleverer Bruder)
R: Gene Wilder. B: Gene Wilder. K: Gerry Fisher. M: John Morris. D: Gene Wilder, Madeleine Kahn, Marty Feldman, Dom DeLuise, Leo McKern, Roy Kennear, Douglas Wilmer.

THE LAST REMAKE OF BEAU GESTE (Marty Feldmans Drei Fremdenlegionäre)
R: Marty Feldman. B: Marty Feldman, Chris Allen. K: Gerry Fisher. M: John Morris. D: Marty Feldman, Michael York, Peter Ustinov, Trevor Howard, Ann-Margret.

1977

THE WORLD'S GREATEST LOVER
(Der größte Liebhaber der Welt)
R, B: Gene Wilder. K: Gerald Hirschfeld. M: John Morris. D: Gene Wilder, Carol Kane, Dom DeLuise, Fritz Feld, Cousin Buddy.

1979

THE FRISCO KID
(Ein Rabbi im Wilden Westen)
R: Robert Aldrich. B: Michael Elias, Frank Shaw. K: Robert B. Hauser. M: Frank De Vol. D: Gene Wilder, Harrison Ford, Ramon Bieri, Val Bisoglio, George R. Dicenzo.

HOT STUFF (Heiße Ware)
R: Dom DeLuise. B: Michael Kane, Donald Westlake. K: James Pergola. M: Patrick Williams. D: Dom DeLuise, Jerry Reed, Luis Avalos, Ossie Davis, Suzanne Pleshette.

1980

IN GOD WE TRUST
(Dreist und gottesfürchtig)
R: Marty Feldman. B: Marty Feldman, Chris Allen. K: Charles Correll. M: John Morris. D: Marty Feldman, Peter Boyle, Louise Lasser, Richard Pryor, Andy Kaufman, Wilfrid Hyde-White.

SUNDAY LOVERS
(Sunday Lovers/Sonntags immer)
R: Bryan Forbes, Gene Wilder, Edouard Molinaro, Dino Risi. B: Leslie Bricusse, Francis Veber, Gene Wilder. K: Claude Agostini, Tonino Delli Colli, Claude Lecomte. D: Roger Moore, Gene Wilder, Lino Ventura, Ugo Tognazzi, Catherine Salviat.

Woody Allens Weg zu sich selbst

1975

THE FRONT (Der Strohmann)
R: Martin Ritt. B: Walter Bernstein. K: Michael Chapman. M: Dave Grusin. D: Woody Allen, Zero Mostel, Herschel Bernardi, Michael Murphy, Andrea Marcovicci.

1976/1977

ANNIE HALL (Der Stadtneurotiker)
R: Woody Allen. B: Woody Allen, Marshall Brickman. K: Gordon Willis.

D: Woody Allen, Diane Keaton, Tony Roberts, Carol Kane, Paul Simon, Shelley Duvall, Janet Margolin.

1978

INTERIORS (Innenleben)
R, B: Woody Allen. K: Gordon Willis. D: Kristin Griffith, Maybeth Hurt, Richard Jordan, Diane Keaton, E. G. Marshal, Geraldine Page.

MANHATTAN (Manhattan)
R: Woody Allen. B: Woody Allen, Marshall Brickman. K: Gordon Willis. M: George Gershwin. D: Woody Allen, Diane Keaton, Michael Murphy, Mariel Hemingway, Meryl Streep.

1980

STARDUST MEMORIES
(Stardust Memories)
R, B: Woody Allen. K: Gordon Willis. D: Woody Allen, Charlotte Rampling, Jessica Harper, Marie-Christine Barrault, Tony Roberts.

Rock, TV und Filmkomödie

1974

MONTY PYTHON AND THE HOLY GRAIL
(Die Ritter der Kokosnuß)
R: Terry Jones, Terry Gilliam. B, K, M, D: Graham Chapman, John Cleese, Terry Gilliam, Eric Idle, Terry Jones, Michael Palin.

1977

GOIN' SOUTH (Der Galgenstrick)
R: Jack Nicholson. B: John Herman Shaner, Al Ramrus, Charles Shyer, Alan Mandel n. e. Story v. John Herman Shaner u. Al Ramrus. K: Nestor Almendros. M: Van Dyke Parks, Perry Botkin Jr. D: Jack Nicholson, Mary Steenburgen, Christopher Lloyd, John

Belushi, Richard Bradfield, Veronica Cartwright.

JABBERWOCKY (Der Jammerwoch)
R: Terry Gilliam. B: Charles Alverson, Terry Gilliam. K: Terry Bedford. M: de Wolfe. D: Michael Palin, Max Wall, Deborah Fallender, John Le Mesonier, Annette Badland, Warren Mitchell, Brenda Cowling.

THE ONE AND ONLY
(Das charmante Großmaul)
R: Carl Reiner. B: Steve Gordon, Carl Reiner. K: Victor J. Kemper. M: Patrick Williams. D: Henry Winkler, Kim Darby, William Daniels, Harold Gould, Hervé Villechaize, Gene Saks.

1978

UP IN SMOKE (Viel Rauch um nichts)
R: Lou Adler. B, M: Tommy Chong, Cheech Marin. K: Gene Polito. D: Cheech Marin, Tommy Chong, Tom Skeritt, Edie Adams, Strother Martin, Stacy Keach.

1979

THE JERK (Reichtum ist keine Schande)
R: Carl Reiner. B: Steve Martin, Carl Gottlieb, Michael Elias. K: Victor J. Kemper. M: Jack Elliott. D: Steve Martin, Bernadette Peters, Catlin Adams, Mable King, Richard Ward, Bill Macy, Carl Reiner.

MONTY PYTHON'S LIFE OF BRIAN
(Das Leben des Brian)
R: Terry Jones. B: Graham Chapman. K: Peter Biziou. M: Geoffrey Burgon. D: Graham Chapman, John Cleese, Michael Palin, Terry Gilliam, Eric Idle.

1941 (1941 – Wo, bitte, geht's nach Hollywood?)
R: Steven Spielberg. B: Robert Ze-

meckis, Bob Gale. K: William A. Fraker. M: John Williams. D: Dan Aykroyd, Ned Beatty, John Belushi, Lorraine Gary, Christopher Lee, Warren Oates, Toshiro Mifune, Tim Matheson.

ROADIE (Roadie)
R: Alan Rudolph. B: Big Roy Medlin, Michael Ventura. K: David Myers. M: Craig Hundley. D: Meatloaf, Kaki Hunter, Art Carney, Gailard Sartain, Don Cornelius, Alice Cooper, Deborah Harry.

1980

THE BLUES BROTHERS (Blues Brothers)
R: John Landis. B: Dan Aykroyd, John Landis. K: Stephen M. Katz. D: John Belushi, Dan Aykroyd, Kathleen Freeman, James Brown, Aretha Franklin, John Lee Hooker, Cab Calloway, Ray Charles, Carrie Fisher, Murphy Dunne, Willie Hall, Matt Murphy.

CHEECH AND CHONG'S NEXT MOVIE (Noch mehr Rauch um überhaupt nichts)
R: Thomas Chong. B: Thomas Chong, Cheech Marin. K: King Baggot. M: Mark Davis. D: Cheech (= Richard) Marin, Thomas Chong, Evelyn Guerrero, Betty Kennedy, Sy Kramer.

WHOLLY MOSES (Oh, Moses)
R: Gary Weis. B: Guy Thomas. K: Frank Stanley. M: Patrick Williams. D: Dudley Moore, Laraine Newman, James Coco, Paul Sand, Dom DeLuise, John Houseman, Madeleine Kahn, Richard Pryor.

Mythologie und Genre-Parodie

1975

WON TON TON, THE DOG WHO SAVED HOLLYWOOD (Won Ton Ton ... der Hund, der Hollywood rettete)
R: Michael Winner. B: Arnold Schulman, Cy Howard. K: Dick Kline. M: Neal Hefti. D: Bruce Dern, Madeleine Kahn, Art Carney, Phil Silvers, Teri Garr, Ron Leibman.

1976

NICKELODEON (Nickelodeon)
R: Peter Bogdanovich. B: W. D. Richter, Peter Bogdanovich. K: Laszlo Kovacs. M: Richard Hazzard. D: Ryan O'Neal, Burt Reynolds, Tatum O'Neal, Brian Keith, Stella Stevens, John Ritter.

1978

MOVIE MOVIE (Movie Movie)
R: Stanley Donen. B: Larry Gelbart, Sheldon Keller. K: Charles Rosher jr., Bruce Surtees. M: Ralph Burns, Buster Davis. D: George C. Scott, Harvey Hamlin, Barry Bostwick, Trish Van Devere, Barbara Harris, Eli Wallach.

Die phantastischen Genres

1966

THE VAMPIRE KILLERS/DANCE OF THE VAMPIRES (Tanz der Vampire)
R: Roman Polański. B: Roman Polański, Gerard Brach. K: Douglas Slocombe. M: Krzystof Komeda. D: Roman Polański, Sharon Tate, Mac Gowran, Ferdy Mayne, Terry Downes.

1973

CARNE PER FRANKENSTEIN (Andy Warhols Frankenstein)
R, B: Paul Morrissey. K: Luigi Kuveillier. M: Claudia Gizzi. D: Udo Kier, Joe Dallessandro, Arno Juerging, Monique van Vooren.

DRACULA VUOLE VIVERE: CERCA SANGUE DI VERGINE
(Andy Warhols Dracula)
R, B: Paul Morrissey. K: Luigi Kuveillier. M: Claudia Gizzi. D: Joe Dallesandro, Udo Kier, Anton Juerging, Vittorio de Sica, Maxime de la Falaise.

1975

FRANKENSTEIN ALL'ITALIANA
(Casanova Frankenstein)
R: Armando Crispino. B: Massimo Franciosa, Maria Luisa Montagnana. K: Giuseppe Aquari. D: Aldo Maccione, Gianrico Tedeschi, Jenny Tamburi, Lorenzo Guerrieri, Anna Mazzamouro.

FRANKENSTEINS SPUKSCHLOSS
R: Ivan Passer. B: n. e. Roman von James Hadley Chase. K: Denis T. Lewiston. M: Vangelis Papathanassiou. D: Omar Sharif, Karen Black, Joseph Bottoms, Bernhard Wicki.

LADY DRACULA
R: F. J. Gottlieb. B: Redis Reda. K: Ernst W. Kalinke. M: Horst Jankowski. D: Brad Harris, Stephen Boyd, Evelyne Kraft, Theo Lingen, Eddi Arent.

1976

THE BIG BUS (Die haarsträubende Reise in einem verrückten Bus)
R: James Frawley. B.: Fred Freeman, Lawrence J. Cohen. K: Harry Strading. M: David Shire. D: Joseph Bologna, Stockard Channing, John Beck, Ned Beatty, René Auberjonois, Bob Dishy, José Ferrer, Ruth Gordon.

EL POBRECITO DRACULIN (Draculin)
R: Juan Fortuny. K: J. F. Marine. M: Southern Library. D: Joe Rigoli, Josele Roman, Lita Claver, Yungla Amaya.

DRACULA PÈRE ET FILS
(Die Herren Dracula)
R: Edouard Molinaro. B: Alain Godard, Jean-Marie Poiré, Edouard Molinaro n. d. Roman «Paris Vampire» v. Claude Klotz. K: Alain Levent. M: Vladimir Cosma. D: Christopher Lee, Bernard Menez, Marie-Hélène Breillat, Cathérine Breillat, Robert Dalban, Anna Prucnal.

SILVER STREAK (Transamerica-Express)
R: Arthur Hiller. B: Colin Higgins. K: David M. Walsh. M: Henry Mancini. D: Gene Wilder, Jill Clayburgh, Richard Pryor, Patrick McGoohan, Ned Beatty.

1978

THE CAT FROM OUTER SPACE
(Die Katze aus dem Weltraum)
R: Norman Tokar. B: Ted Key. K: Charles F. Wheeler. M: Lalo Schiffrin. D: Ben Berry, Sandy Duncan, Harry Morgan, Roddy McDowall, McLean Stevenson.

LE GENDARME ET LES EXTRATERRESTRES
(Louis' unheimliche Begegnung mit den Außerirdischen)
R: Jean Girault. B: Jacques Vilfrid. K: Marcel Grignon. M: Raymond Lefevre. D: Louis de Funès, Michel Galabru, France Rumilly, Maria Mauban.

1979

DRACULA SUCKS
(Liebling, du beißt so gut)
R: Philip Marshal. B: Darryl A. Marshak, David J. Kern. K: Hanania Baer. M: Lional Thomas. D: Jamie Gillis, Annette Haven, Serena, John Leslie, Richard Bulik.

GRAF DRACULA (BEISST JETZT) IN OBERBAYERN
R: Carlo Ombra. B: Grunbach und

Rosenthal. K: Heinz Hölscher. M: Gerhard Heinz. D: Gianni Garko, Betty Verges, Bea Fiedler, Ralf Wolter.

LOVE AT FIRST BITE (Liebe auf den ersten Biß)
R: Stan Dragoti. B: Robert Kaufman n. e. Story v. Stan Dragoti und Mark Gindes. K: Edward Rossen. M: Charles Bernstein. D: George Hamilton, Susan Saint James, Richard Benjamin, Dick Shawn, Arte Johnson.

THE SPACEMAN AND KING ARTHUR (König Artus und der Astronaut)
R: Russ Mayberry. B: Don Tait n. d. Roman «A Yankee from Connecticut at King Arthur's Court» von Mark Twain. K: Paul Beeson. M: Ron Goodwin. D: Dennis Dugan, Jim Dale, Ron Moody, Kenneth More, John Le Mesurier, Rodney Mewes.

1980

AIRPLANE (Die unglaubliche Reise in einem verrückten Flugzeug)
R, B: Jim Abraham, David Zucker, Jerry Zucker. K: Joseph Biroc. M: Elmer Bernstein. D: Kareem Abdul Jabber, Robert Hays, Julie Hagerty, Peter Graves, Ethel Merman, Robert Stack, Lloyd Bridges.

Western

1964

THE TENDERFOOT (Denn Pulverdampf ist kein Parfüm)
R: Byron Paul. B: Maurice Tombragel n. e. Roman von James H. Tewis. K: William Snyder. M: George Bruns. D: Bryan Keith, Brandon DeWilde, James Whitmore.

1965

CAT BALLOU (Cat Ballou)
R: Elliot Silverstein. B: Walter Newman, Frank Pierson n. e. Roman von Roy Chanslor. K: Jack Marta. M: Mack David, Jerry Livingston. D: Jane Fonda, Lee Marvin, Michael Callan, Dwayne Hickman, Nat King Cole.

1966

THE ADVENTURES OF BULLWHIP GRIFFIN (Bullwhip Griffin, oder Goldrausch in Kalifornien)
R: James Neilson. B: Lowell S. Hawley n. e. Roman von Sid Fleischman. K: Edward Colman. M: George Bruns. D: Roddy McDowall, Suzanne Pleshette, Karl Malden, Mike Mazurki.

1967

WATERHOLE NO. 3 (Wasserloch Nr. 3)
R: William Graham. (P: Blake Edwards.) B: Joseph Steck, Robert R. Young. K: Robert Burks. M: Dave Grusin. D: James Coburn, Carroll O'Connor, Margaret Blye, Claude Akins, James Whitmore.

1968

SUPPORT YOUR LOCAL SHERIFF (Auch ein Sheriff braucht mal Hilfe)
R: Burt Kennedy. B: William Bowers. K: Harry Stradling jr. M: Jeff Alexander. D: James Garner, Joan Hackett, Walter Brennan, Henry Morgan, Jack Elam, Bruce Dern.

1970

LO CHIAMAVANO TRINITÀ (Die rechte und die linke Hand des Teufels)
R, B: E. B. Clucher (= Enzo Barboni). K: Aldo Giordani. M: Franco Micalizzi. D: Terence Hill, Bud Spencer, Farley Granger.

1971

CONTINUAVANO A CHIAMARLO TRINITÀ
(Vier Fäuste für ein Halleluja)
R, B: E. B. Clucher (= Enzo Barboni).
K: Aldo Giordani. M: Guido und Maurizio De Angelis. D: Terence Hill, Bud Spencer, Harry Carey jr., Jessica Dublin, Yanti Somer.

SUPPORT YOUR LOCAL GUNFIGHTER
(Latigo)
R: Burt Kennedy. B: James Edward Grant. K: Harry Stradling. M: Jack Elliot, Allyn Ferguson. D: James Garner, Jack Elam, Suzanne Pleshette, Chuck Connors.

1972

I DUE FIGLI DEI TRINITÀ
(Die Söhne der Dreieinigkeit)
R, B: Richard Kean. K: Walter Civirani. M: Sante Maria Romitelli. D: Franco Franchi, Ciccio Ingrassia, Lucretia Love, Anni Degli Uberti, Andrew Scott.

1973

MY NAME IS NOBODY/IL MIO NOME È NESSUNO (Mein Name ist Nobody)
R: Tonino Valerii. B: Sergio Leone. K: Armando Nannuzzi. M. Ennio Morricone. D: Terence Hill, Henry Fonda, Jean Martin, Remus Peets, Piero Lulli.

1975

CIPOLLA COLT
(Zwiebel-Jack räumt auf)
R: Enzo Castellari. B: Luciano Vincenzoni, Sergio Donati. K: Roberto Girometti. M: Guido und Maurizio De Angelis. D: Franco Nero, Martin Balsam, Sterling Hayden, Emma Cohen.

THE DUCHESS AND THE DIRTWATER FOX
(Wer schluckt schon gerne blaue Bohnen)

R: Melvin Frank. B: Melvin Frank, Barry Sandler, Jack Rose. K: Joseph Biroc. M: Charles Fox. D: George Segal, Goldie Hawn, Conrad Janis, Thayer David, Jenniffer Lee.

1976

THE APPLE-DUMPLING-GANG
(Die Semmelknödel-Bande)
R: Norman Tokar. B: Don Tait. K: Frank Philipps. M: Buddy Baker. D: Bill Bixby, Susan Clark, Don Knotts, Tim Conway.

THE GREAT SCOUT AND CATHOUSE THURSDAY (Der Supermann des Wilden Westens)
R: Don Taylor. B: Richard Shapiro. K: Alex Phillips jr. M: John Cameron. D: Lee Marvin, Kay Lenz, Oliver Reed, Robert Culp, Elizabeth Ashley, Strother Martin, Sylvia Miles.

1979

CACTUS-JACK (Kaktus-Jack)
R: Hal Needham. B: Robert G. Kane. K: Bobby Byrne. M: Bill Justis. D: Kirk Douglas, Ann-Margret, Arnold Schwarzenegger, Strother Martin, Jack Elam.

HOT LEAD – COLD FEET
(Heiße Schüsse – kalte Füße)
R: Robert Butler. B: Joe McEveety, Arthur Alsberg, Don Nelson. K: Frank Phillips. M: Buddy Baker. D: Jim Dale, Karen Valentine, Don Knotts, Jack Elam, Darren McGavin, Debbie Lytton.

1980

OCCHIO ALLA PENNA
(Eine Faust geht nach Westen)
R: Michele Lupo. B: Sergio Donati. K: Franco Di Giacomo. M: Ennio Morricone. D: Bud Spencer, Amidou, Joe Bugner, Riccardo Pizzuti, Piero Trombetta.

3. Verzeichnis der im Text zitierten Bücher und Zeitschriftenartikel

Die Zitate sind alphabetisch nach Autoren geordnet. Wird ein Autor mehrfach zitiert, so erscheinen die Literaturangaben in der Reihenfolge des Textes.

Giannalberto Bendazzi: Mel Brooks. Mailand 1977.

Bert Brecht: Augsburger Theaterkritiken. Zitiert nach: Hans Scheugl/Ernst Schmidt: Karl Valentin, der Dialektiker des Humors. In: «Film», Heft 12 (1967) und Heft 1. Velber 1968.

Raymond Durgnat: The Crazy Mirror – Hollywood Comedy and the American Image. New York 1972.

Federico Fellini: Wie ein Puppenspieler sich in seine Puppen verliebt. In: Federico Fellini: Aufsätze und Notizen. Zürich 1974.

Hans Gerhold: Manhattan. In: «film-dienst» Nr. 19. Köln 1979.

Benjamin Henrichs: Ein Film für Fußgänger. In: «Süddeutsche Zeitung» vom 1. Februar. München 1972.

Pia Horlacher: Stardust Memories. In: «Zoom/Filmberater» Nr. 24. Bern/Zürich 1980.

Peter W. Jansen: Kino-Notizen. In: «epd Kirche und Film» Nr. 12. Frankfurt 1976.

Stuart M. Kaminsky: American Film Genres. Approaches to a Critical Theory of Popular Film. New York 1974.

Gottfried Knapp: Schülerwitze aus der Witzschule. In: «Süddeutsche Zeitung» vom 20. Mai. München 1976.

Siegfried Kracauer: The Gold Rush. In: Siegfried Kracauer: Kino-Essays, Studien, Glossen zum Film. Frankfurt/Main 1974.

Siegfried Kracauer: Theorie des Films. Frankfurt/Main 1964.

Henri Lefèbvre: Kritik des Alltagslebens – Band I. München 1974.

Gerald Mast: The Comic Mind. Indianapolis/New York 1973.

Donald W. McCaffrey: Harry Langdon. In: «Fernsehen und Film», Heft 1. Velber 1971.

Donald W. McCaffrey: Four Great Comedians. London/New York 1968.

Enno Patalas: Tatis herrliche Zeiten – Play Time. In: «Filmkritik», Heft 10. München 1968.

H. G. Pflaum: Der Stadtneurotiker. In: «film-dienst» Nr. 14, Köln 1977.

Hermann Reichold: Der größte Liebhaber der Welt. In: «Filmbeobachter» Nr. 12 Frankfurt 1978.

Wolfgang Ruf: Intelligenter Witz. In: «Süddeutsche Zeitung» vom 18. März. München 1974.

Andrew Sarriss: The American Cinema – Directors and Directions. New York 1968.

Hans Scheugl/Ernst Schmidt: Karl Valentin, der Dialektiker des Humors. In: «Film», Heft 12 (1967) und Heft 1. Velber 1968.

Eckhart Schmidt: Woody Allen – Gags des Pessimismus. In: «Süddeutsche Zeitung» vom 19. April. München 1973.

Georg Seeßlen/Bernt Kling: Romantik und Gewalt – Ein Lexikon der Unterhaltungsindustrie. München 1973.

Victor Sidler: Visualisierung des Komischen. In: «Cinema», Heft 66/67. Adliswil o. J.

Jacques Tati: Tati über Play Time – Gespräch von Jean-André Fieschi und Jean Narboni mit Jacques Tati. In: «Cahiers du Cinéma», Nr. 199 vom März 1968. Zitiert nach: «Filmkritik», Heft 10. München 1968.

François Truffaut: Mr. Hitchcock, wie haben Sie das gemacht? München 1973.

Franz Ulrich: Monthy Python and the Holy Grail. In: «Zoom/Filmberater» Nr. 8. Bern/Zürich 1976.

Gene Wilder: zit. nach: Mißverständnisse machen mir nichts aus. Ein Gespräch mit dem amerikanischen Komiker Gene Wilder. In: «Süddeutsche Zeitung» vom 17./18. September. München 1977.

4. Bibliografie zur Geschichte, Mythologie und Ästhetik des komischen Films

(zusammengestellt von Jürgen Berger)

1. Selbständige Veröffentlichungen

Herbert Achternbusch: Es ist ein leichtes, beim Gehen den Boden zu berühren (enthält die Filmbücher «Der Komantsche» und «Der Neger Erwin»). Frankfurt 1980.

Herbert Achternbusch: Der Neger Erwin. Frankfurt 1981

Herbert Achternbusch: Servus Bayern. Gauting 1977.

Joe Adamson: Groucho, Harpo, Chico, and Sometimes Zeppo. A Celebration of the Marx Brothers, and a Satire on the Rest of the World. New York 1973.

Bill Adler, Jeffrey Feinman: Mel Brooks. The Irreverent Funnyman. New York 1976.

James Agee: Comedy's Greatest Era. In: Ders.: Agee on Film. Bd. 1. New York 1958.

Steve Allen: The Funny Men. New York 1956.

Woody Allen: Nebenwirkungen. München 1981.

Woody Allen: Wie du dir, so ich mir. Frankfurt 1980.

Woody Allen, Marshall Brickman: Manhattan. Drehbuch. Zürich 1981.

Woody Allen, Marshall Brickman: Der Stadtneurotiker (Annie Hall). Drehbuch. Zürich 1981.

Woody Allen: Stardust Memories. Drehbuch. Zürich 1981.

Richard J. Anobile (Hrsg.): Woody Allen's PLAY IT AGAIN, SAM. A Frame-by-Frame Frolic Look Trough Woody Allen's Film. New York 1977.

Richard J. Anobile (Hrsg.): Drat! Being the Encapsulated View of Life by W. C. Fields in his Own Words. New York 1969.

Richard J. Anobile (Hrsg.): A Fine Mess! Verbal and Visual Gems From the Crazy World of Laurel and Hardy. New York 1975.

Richard J. Anobile (Hrsg.): A Flask of Fields. Verbal and Visual Gems From the Films of W. C. Fields. New York 1973.

Richard J. Anobile (Hrsg.): Godfrey Daniels! Verbal and Visual Gems From the Short Films of W. C. Fields. New York 1975.

Richard J. Anobile (Hrsg.): Hooray for Captain Spaulding! Visual and Verbal Gems from ANIMAL CRACKERS. New York 1974.

Richard J. Anobile (Hrsg.): Ernst Lubitsch's NINOTCHKA. New York 1975.

Richard J. Anobile (Hrsg.): Who's on First. Visual and Verbal Gems From the Films of Abbott and Costello. New York 1972.

Richard J. Anobile (Hrsg.): Why a Duck? Verbal and Visual Gems From the Films of the Marx Brothers. New York 1971.

Alfred Appel, jr.: Positive Images. In: Ders.: Nabokov's Dark Cinema. New York 1974.

Piero Arlorio (Hrsg.): Il cinema di Buster Keaton. Roma 1972.

Gregor Ball: Heinz Rühmann. Seine Filme – Sein Leben. München 1981.

Charles Barr: Laurel and Hardy. Berkeley 1968. 1974[2].

Olivier Barrot, Jean-Pierre Jeancolas (Hrsg.): Harold Lloyd. Créteil 1974.

Michael Bavar: Mae West. Ihre Filme – Ihr Leben. München 1981.

André Bazin, Eric Rohmer: Charlie Chaplin. Paris 1972.

Robert Benayoun: Le non-sense. De Lewis Carroll à Woody Allen. Paris 1977.

Giannalberto Bendazzi: Allen: Woody Allen. Firenze 1976.

Andrew Bergman: We're in the Money. Depression America and its Films. New York 1971.

Maurice Bessy, Robin Livio: Charles Chaplin. Paris 1972.

J. Beucler: Le comique et l'humor. In: L'Art Cinématographique. Bd. 1. Paris 1926.

Rudi Blesh: Keaton. London 1967.

Elmer M. Blistein: Comedy in Action. Durham 1964.

Hans C. Blumenberg: Die Kamera in Augenhöhe. Begegnungen mit Howard Hawks. Köln 1979.

Peter Bogdanovich: The Cinema of Howard Hawks. New York 1962.

Raymond Borde: Harold Lloyd. Paris 1968.

Jean-Louis Bory: Pour un cinéma drôle. In: Ders.: Des yeux pour voir. Cinéma 1 (1961–1966). Paris 1971.

William Dodgson Bowman: Charlie Chaplin. His Life and Art. New York 1931. 1974[2].

Charles Brackett, et al.: Ninotchka. The Screenplay. New York 1972.

Mel Brooks, Ron Clark, Rudy DeLuca, Barry Levinson: Silent Movie. Screenplay. New York 1976.

Joe E. Brown mit Ralph Hancock: Laughter is a Wonderful Thing. New York 1956.

Kevin Brownlow: Buster Keaton. In: Ders.: The Parade's Gone by. London 1969.

George Burns: The Third Time Around. East Rutherford 1979.

Stuart Byron, Elisabeth Weis (Hrsg.): The National Society of Film Critics on Movie Comedy. New York 1977.

William Cahn, Rhonda Cahn: The Great American Comedy Scene. A Look at American Comedy. New York 1978.

William Cahn: Harold Lloyd's World of Comedy. New York 1964.

William Cahn: The Laugh Makers. A Pictorial History of American Comedians. New York 1957. Neuausgabe unter dem Titel: A Pictorial History of the Great Comedians. New York 1970.

Claudio Carabba, Andrea Vannini: I comici de Hollywood dai Marx Brothers a Woody Allen. Firenze 1979.

Noel Edward Carroll: An in-depth Analysis of Buster Keaton's THE GENERAL. Dissertation. New York University 1976.

Charles Chaplin: My Life in Pictures. New York 1975.

Charlie Chaplin: Monsieur Verdoux. Ein Drehbuch von Charlie Chaplin. Berlin 1948.

Graham Chapman, John Cleese, Terry Gilliam, Eric Idle, Terry Jones, Michael Palin: Monty Python's Life of Brian and Montypythonscrapbook. London 1979.

Jacques Charon: Moi, un comédien. Paris 1975.

Robert Chazal: Louis de Funès. Paris 1979. Dtsch. Louis de Funès. Seine Filme – Sein Leben. München 1980.

Judd Chesler: Toward a Surrealist Film Aesthetic With an Investigation into the Elements of Surrealism in the Films of the Marx Brothers and Jean Vigo. Dissertation. Northwestern University 1976.

David Chierichetti: Hollywood Director. The Career of Mitchell Leisen. New York 1973.

Jacques Chevallier: Charlie Chaplin. Paris 1979.

Jacques Chevallier: Le cinéma burlesque américain au temps du muet. Etude documéntaire. Paris 1964.

Jean-Pierre Coursodon: Keaton & Cie. Les burlesques américaines du «muet». Paris 1964.

Kyle Chrichton: The Marx Brothers. Garden City 1950.

Louis Delluc: Charlot: Paris 1921. 1976[2].

Michael Denis: Buster Keaton, 1895–1966. Paris 1971.

Donald Deschner: The Films of W. C. Fields. New York 1966.

Bernhard Dukore: The Collected Screenplays of George Bernard Shaw. London 1980.

Raymond Durgnat: The Crazy Mirror. Hollywood Comedy and the American Image. London 1969.

Edward Edelson: Funny Men of the Movies. Garden City 1976.

Bernard Eisenschitz: Lubitsch, 1892–1947. Paris 1967.

William K. Everson: The Art of W. C. Fields. New York 1967.

William K. Everson: The Films of Laurel and Hardy. New York 1967. Dtsch.: Laurel and Hardy und ihre Filme. München 1980.

William K. Everson (Hrsg.): The Laurel and Hardy Book. New York 1973.

Allen Eyles: The Marx Brothers. Their World of Comedy. London/New York 1966.

William K. Everson: The Films of Hal Roach. New York 1971.

Manny Farber: Preston Sturges. In: Ders.: Negative Space. New York 1971.

W. C. Fields: W. C. Fields by Himself. His Intended Autobiography. Commentary by Ronald J. Fields. Englewood Cliffs 1973.

Mahatma Kane Jeeves (= W. C. Fields): W. C. Fields in THE BANK DICK (Drehbuch). New York 1973.

W. C. Fields: NEVER GIVE A SUCKER AN EVEN BREAK and TILLIE AND GUS (Drehbücher). New York 1973.

Guido Fink: Lubitsch. Firenze 1977.

Lucy Rita Fischer: «Homo ludens»: An Analysis of Four Films by Jacques Tati. Dissertation. New York University 1978.

Gene Fowler: Father Goose. The Story of Mack Sennett. New York 1934.

Gene Fowler: Schnozzola. The Story of Jimmy Durante. New York 1951.

Pierre Galante: Les rois du rire. Paris 1972.

Martin Allan Gardner: The Marx Brothers. An Investigation of their Films as Satirical Social Criticism. Dissertation. New York University 1970.

Richard Gehman: That Kid. The Story of Jerry Lewis. New York 1964.

Wes Gehring: Leo McCarey and the Comic Anti-Hero in American Film. Dissertation. University of Iowa 1977.

Denis Gifford: A Pictorial History of Comedy Films. London 1975.

Penelope Gilliat: Buster Keaton. In: Unholy Fools. Wits, Comics, Disturbers of Peace: Film and Theatre. London 1973.

John Grierson: The Logic of Comedy. In: Ders.: Grierson on Documentary. Berkeley/Los Angeles 1947.

Martin Grotjahn: Beyond Laughter. New York 1957.

Leo Guild: The Fatty Arbuckle Case. New York 1962.

Winfried Günther, Wolfram Tichy (Hrsg.): Buster Keaton. Eine Dokumentation. Frankfurt 1971.

Lee Guthrie: Woody Allen. New York 1978.

Wilhelm Hausenstein: Die Masken des Komikers Karl Valentin. München 1980.

Joe Hembus: Charlie Chaplin und seine Filme. Eine Dokumentation. München 1972. 1981[2].

G. Hotzel: Humor im Film. Berlin 1940.

Theodore Huff: Charlie Chaplin. New York 1951.

William Orr Huie, jr.: Buster Keaton's Comic Vision. A Critical Analysis of Five Films. Dissertation. University of Texas, Austin 1975.

Peter W. Jansen, Wolfram Schütte (Hrsg.): Woody Allen/Mel Brooks. München 1980.

Thomas Jeier: Bud Spencer und Terence Hill. München 1980.

Claire Johnston, Paul Willemen (Hrsg.): Frank Tashlin. Edinburgh 1973.

Thomas H. Jordan: The Anatomy of Cinematic Humor. With an Essay on the Marx Brothers. New York 1975.

R. Jurenev: Sovetskaja kino komedija. Moskva 1964.

Stuart M. Kaminsky: History and Social Change. Comedy and Individual Expression. In: Ders.: American Film Genre. Dayton 1974.

George S. Kaufman, Morrie Ryskind: A Night at the Opera. Screenplay. New York 1974.

Buster Keaton, Charles Samuels: My Wonderful World of Slapsticks. New York 1960.

Walter Kerr: The Silent Clowns. New York 1975

Gudrun Köhl: Liesl Karlstadt. Unsterbliche Partnerin Karl Valentins. Ein Lebensbild. München 1980.

Klaus Kreimeier: Zeitgenosse Chaplin. Köln 1979.

Roland Lacourbe: Harold Lloyd. Paris 1970.

Kalton C. Lahue, Sam Gill: Clown Princes and Court Jesters. Some Great Comics of the Silent Screen. South Brunswick/New York/London 1970.

Kalton C. Lahue, Terry Brewer: Kops and Custards. The Legend of Keystone Films. Norman 1968.

Kalton C. Lahue: Mack Sennett's Keystone. The Man, the Myth and the Comedies. New York/London 1971.

Kalton C. Lahue: World of Laughter. The Motion Picture Comedy Short, 1910–1930. Norman 1975.

Hauke Lange-Fuchs: Pat und Patachon. Eine Dokumentation. Schondorf 1979.

Peter Lanz: Woody Allen. Bergisch Gladbach 1980.

Eric Lax: On Being Funny. Woody Allen and Comedy. New York 1975. Dtsch.: Woody Allen. Wie ernst es ist, komisch zu sein. München 1980.

Jean-Patrick Lebel: Buster Beaton. Paris 1964.

Michel Lebrun: Woody Allen. Paris 1979. Dtsch.: Woody Allen. Seine Filme – Sein Leben. München 1980.

Pierre Leprohon: Charles Chaplin. Paris 1946.

Jerry Lewis: The Total Film-Maker. New York 1971. Dtsch.: Wie ich Filme mache. München 1974.

Ib Lindberg, Bjørn Rasmussen, J. Barfoed: Laurel + Hardy. København 1970.

Harold Lloyd mit Wesley W. Stout: An American Comedy. New York 1928. 1971[2].

John McCabe: The Comedy World of Stan Laurel. London 1975.

John McCabe: Mr. Laurel and Mr. Hardy. New York 1966.

John McCabe, Al Kilgore: Laurel and Hardy. New York 1975.

Donald McCaffrey (Hrsg.): Focus on Chaplin. Englewood Cliffs 1971.

Donald W. McCaffrey: Four Great Comedians: Chaplin, Lloyd, Keaton, Langdon. London/New York 1968.

Donald W. McCaffrey: The Golden Age of Sound Comedy. Comic Films and Comedians of the Thirties. South Brunswick/London 1973.

Gerald D. McDonald: The Films of Charlie Chaplin. Secaucus 1977.

David Madden: Harlequin's Stick. A Comparative Study of Commedia dell'arte and Silent Slapstick. Bowling Green 1975.

Brent Maddock: The Films of Jacques Tati. Metuchen/London 1977.

Charles John Maland: American Visions. The Films of Chaplin, Ford, Capra, and Welles, 1936–1941. Dissertation. University of Michigan 1975.

Leonard Maltin: The Great Movie Comedians. From Charlie Chaplin to Woody Allen. New York 1978.

Leonard Maltin: Movie Comedy Teams. New York 1970.

Frank Manchel: The Rise of Film Comedy. New York 1973.

Frank Manchel: The Talking Clowns. From Laurel and Hardy to the Marx Brothers. New York/London 1976.

Frank Manchel: Yesterday's Clowns. The Rise of Film Comedy. New York 1973.

Vinicio Marinucci: The Comic Film. In: Ders.: Tendencies of the Italian Cinema. Roma 1959.

François Mars: Le gag. Paris 1964.

Richard Marshall: The Sunday Funnies. New York 1978.

Arthur Marx: Everybody Loves Somebody Sometime (Especially Himself): The Story of Dean Martin and Jerry Lewis. New York 1974.

Arthur Marx: Life With a Groucho. New York 1954.

Arthur Marx: Son of Groucho. New York 1972.

Groucho Marx: Memoirs of a Mangy Lover. New York 1963.

Groucho Marx: Groucho & Me. New York 1959.

Groucho Marx, Richard J. Anobile: The Marx Brothers Scrapbook. New York 1973.

Groucho Marx: Schule des Lächelns. Frankfurt 1981.

Harpo Marx mit Rowland Barber: Harpo Speaks. New York 1961.

Richard Massingham: A Tribute by his Friends. London 1955.

Gerald Mast: The Comic Mind. Comedy and the Movies. Indianapolis/New York 1973.

Siegfried Melchinger (Hrsg.): Harlekin. Bilderbuch der Spassmacher. Basel 1958.

Eric Midwinter: Make'em Laugh. Famous Comedians and their Worlds. New York 1979.

Robert William Mills: The American Films of Ernst Lubitsch. A Critical History. Dissertation. University of Michigan 1976.

Jean Mitry: Mack Sennett. Paris 1967.

Daniel Moews: Keaton. The Silent Features Close Up. Berkeley/London 1977.

Gerard Francis Molyneaux: Charlie Chaplin's CITY LIGHTS. Its Production and dialectical Structure. Dissertation. University of Wisconsin, Madison 1976.

John Montgomery: Comedy Films, 1894–1954. New York 1968.

Joe Morella, Edward Z. Epstein, Eleanor Clark: The Amazing Careers of Bob Hope From Gags to Riches. New Rochelle 1973.

Robert Morley und Sewell Stokes: Robert Morley: A Reluctant Autobiography. New York 1967.

Sheridan Morley: A Talent to Amuse. A Biography of Noel Coward. Garden City 1969.

Hans Moser: Ich trag im Herzen drin ein Stück vom alten Wien. Aufgezeichnet von Georg Markus. München/West-Berlin 1980.

Robert F. Moss: Charlie Chaplin. New York 1977.

Zero Mostel: Zero by Mostel. New York 1965.

Jim Mulholland: The Abbott and Costello Book. New York 1975.

Adolph Nysenholc: L'age d'or du comique. Sémiologie de Charlot. Bruxelles 1979.

Marcel Oms: Buster Keaton. Lyon 1964.

James Robert Parish, William T. Leonard: The Funsters. 62 Comics, Clowns and Jesters of the Silver Screen. New Rochelle 1979.

James Robert Parish: The Slapstick Queens. New York 1973.

Robert Payne: The Great God Pan. A Biography of the Tramp as Played by Charlie Chaplin. New York 1952. Dtsch.: Der große Charlie. München 1963.

S. J. Perelman, Will B. Johnstone: Monkey Business. Duck Soup. (Drehbuch). New York 1973.

Robert Pirosh, George Seaton, George Oppenheimer: A Day at the Races. (Drehbuch). New York 1974.

Playboy Interview Bd. 3 (enthält u. a. Interviews mit Groucho Marx, Mel Brooks und Charlie Rivel). München 1980.

Leland A. Poague: The Cinema of Frank Capra. An Approach to Film Comedy. New York/London 1975.

Leland A. Poague: The Cinema of Ernst Lubitsch. South Brunswick/New York/London 1978.

Isabel Quigly: Charlie Chaplin. Early Comedies. New York/London 1968.

Françis Ramirez: Pour une sémiologie particulière. Etude sémiologique du rire au cinéma. Analyses élementaires et syntagmatiques de la bande-image et de la bande-son de films de Pierre Etaix et de Jacques Tati. Dissertation. Paris 1973.

Robert Redding: Starring Robert Benchley. Those Magnificent Movie Shorts. Albuquerque 1973.

Robert Redding: A Humorist in Hollywood. Robert Benchley and his Comedy Films. Dissertation. University of New Mexico 1968.

Adam Reilly: Harold Lloyd. Seine Filme – Sein Leben. München 1980.

Carlo Rim: Fernandel. Paris 1952.

David Robinson: Buster Keaton. London 1969.

David Robinson: The Great Funnies. A History of Film Comedy. London/New York 1969.

Raymond Rohauer: A Tribute to Hal Roach. New York 1971.

Brian Geoffrey Rose: An Examination of Narrative Structure in Four Films by Frank Capra. Dissertation. University of Wisconsin, Madison 1976.

E. Rubinstein: Filmguide to THE GENERAL. Bloomington/London 1973.

Georges Sadoul: Vie de Charlot. Charles Spencer Chaplin. Ses films et son temps. Paris 1978². Dtsch.: Das ist Chaplin. Wien 1953.

Richard Schickel: Harold Lloyd. The Shape of Laughter. Boston 1974.

Michael Sanford Schmidt: The Theme of Class Confrontation in Hollywood's Romantic Comedies. Dissertation. University of New York 1978.

Michael Schulte, Peter Syr (Hrsg.): Karl Valentins Filme. München 1978.

Hedi Schulz: Hans Moser. Der große Volksschauspieler, wie er lebte und spielte. Wien/München/Zürich/New York 1980.

Ray Seaton, Roy Martin: Good Morning Boys. Will Hays, Master of Comedy. London 1978.

Georg Seeßlen: Klassiker der Filmkunst. München 1976.

Mack Sennett mit Cameron Shipp: King of Comedy. New York 1964.

Ted Sennett: Lunatics and Lovers. A Tribute to the Giddy and Glittering Era of the Screen's «Screwball» and Romantic Comedies. New Rochelle 1973.

Jean-Paul Simon: Le comique et le filmique. Essai sur le film comique. Paris 1979.

John Paul Smead: Five Films by Charles Chaplin. His Transition to Sound. Dissertation. University of Michigan 1974.

Albert E. Smith, Phil Koury: Two Reels and a Crank. New York 1952.

Stanley J. Solomon: Narrative Comedy in the Silent Film. In: Ders.: The Film Idea. New York 1972.

Tony Staveacre: Slapstick. A Lively History of this Universally Popular Form of Humor. London 1979.

Preston Sturges: Hail the Conquering Hero (Drehbuch). In: John Gassner, Dudley Nichols (Hrsg.): Best Film Plays of 1943–44. New York 1945.

Preston Sturges: Miracle of Morgan Creek (Drehbuch). In: John Gassner, Dudley Nicholas (Hrsg.): Best Film Plays of 1943–44. New York 1945.

Robert Lewis Taylor: W. C. Fields. His Follies and Fortunes. New York 1949.

Wolfram Tichy (Hrsg.): Frank Capra and the Social Comedy of the Thirties. Bonn 1975.

Wolfram Tichy: Harold Lloyd. Luzern/Frankfurt 1979.

Bill Treadwell: 50 Years of American Comedy. New York 1951.

Davide Turconi, Francesco Savio (Hrsg.): Buster Keaton. Venezia 1963.

Jon Tuska: The Films of Mae West. Secaucus 1973.

Parker Tyler: Chaplin. Last of the Clowns. New York 1972.

Über die Satire im Film. Beiträge zu Fragen der Filmkunst Bd. 6. Berlin 1954.

Gerith von Ulm: Charlie Chaplin. King of Tragedy. Caldwell 1940.

James Ursini: The Fabulous Life and Times of Preston Sturges. An American Dreamer. New York 1973.

Didier Vallée: Chaplin. Paris 1979.

Mario Verdone: Ernst Lubitsch. Lyon 1964.

George Adam Wead. Buster Keaton and the Dynamics of Visual Art. Dissertation. Northwestern University 1973.

W. Wehlau: Das Filmlustspiel. Dissertation. Leipzig 1949.

Herman G. Weinberg: The Lubitsch Touch. A Critical Study. New York 1977[3].

Joseph Weintraub (Hrsg.): The Wit and Wisdom of Mae West. New York 1967.

Mae West: Goodness Had Nothing to do With it. New York 1970.

Kenneth White: The Style of Ernst Lubitsch. In: Hound and Horn. Essays on Cinema. New York 1972[2].

Karin Wichmann: Hans Moser. Seine Filme – Sein Leben. München 1980.

Don Widener: Lemmon. A Biography. New York 1975.

Larry Wilde: The Great Comedians. New York 1973.

Larry Wilde: How the Great Comedy Writers Create Laughter. Chicago 1978.

Charles Clinton Wolfe III.: Spatial Disorientation and Dream in the Feature Films of Buster Keaton. Dissertation. Columbia University, New York 1978.

Robin Wood: Howard Hawks. London 1968.

Kurt Wortig: Das Gag-Buch des Films. Düsseldorf 1963.

Maurice Yacowar: Loser Take All. The Comic Art of Woody Allen. New York 1979.

David Yallop: The Day the Laughter Stopped. The True Story of Fatty Arbuckle. New York 1976.

Nicholas Yanni: W. C. Fields. New York 1974.

Paul D. Zimmerman, Burt Golblatt: The Marx Brothers at the Movies. New York 1968.

2. Zeitschriftenartikel

James Agee: Comedy's Greatest Era. In: «Life» vom 5. September. New York 1949.

James Agee: La grande époque du comique. In: «Cinématographe» Nr. 14. August–September. Paris 1975.

Woody Allen: Quoi de neuf Pussycat? In: «L'Avant Scène du Cinéma» Nr. 59. Paris 1966.

Guy Allombert: Les Marx Brothers. Un univers de démence consciente. In: «Image et Son» Nr. 172. April. Paris 1972.

Guy Allombert: V.I.P.B.I.S. In: «La Révue du Cinéma Image et Son» Nr. 269. Paris 1973.

Carlos Alvarez: Apuntes para una hipotesis sobre el cine de humor. In: «Cinema 2002» Nr. 41–42. Juli–August. Madrid 1978.

Mireille Amiel, Joël Magny, Tristan Renaud: Le cinéma comique français. Des résponses et des hommes: Pierre Etaix, Pierre Tchernia, Jean-Pierre Mocky. In: «Cinéma» Nr. 176. Mai. Paris 1972.

Matías Antolín: Tip y coll: «Paralelismo Mental». In: «Cinema 2002» Nr. 41–42. Juli–August. Madrid 1978.

Matías Antolín: El sexo ataca. In: «Cinema 2002» Nr. 41–42. Juli–August. Madrid 1978.

Hubert Arnault: La grande époque. In: «Image et son» Nr. 172. April. Paris 1964.

Hubert Arnault: Pierre Prévert (Interview). In: «Image et Son» Nr. 172. April. Paris 1964.

Hubert Arnault: Puisque rire est le propre de l'homme. In: «Image et Son» Nr. 172. April. Paris 1964.

Clarence G. Badger: Early Days of Movie-Comedies. In: «Image» Nr. 5. Mai 1957.

Peter Barnes: Some Funny Talk (Interviews mit Spike Mulligan, Bernard Braden und Ted Ray). In: «Films and Filming» Nr. 6. März. London 1970.

John K. Barry: Ernst Lubitsch and the Comedy of the Thirties. In: «Mise-en-scène» Nr. 1. Cleveland 1972.

Heinz Baumert: Sinn und Wirkungsmöglichkeiten des Komischen. In: «Filmwissenschaftliche Mitteilungen» Nr. 2. Berlin 1963.

Howard Beckerman: The Animated Laugh. In: «Filmmakers Newsletter» Nr. 1. November. New York 1977.

John Belton: Monkey Business: In: «Film Heritage» Nr. 2. Winter. Dayton 1970–1971.

R. Benayoun: Le Colosse de silence. In: «Positif» Nr. 77–78. Sommer. Paris 1966.

Robert Benayoun, André S. Labarthe: En quête d'ateur. Entretien avec Jerry Lewis. In: «Cahiers du Cinéma» Nr. 197. Noël 1967–Januar 1968.

Robert Benayoun: Etaix et eux. In: «Positif» Nr. 77–78. Sommer. Paris 1966.

Robert Benayoun: Le regard de Buster Keaton. In: «Positif» Nr. 77–78. Sommer. Paris 1966.

Robert Benayoun: Zanies, wackies, madcaps et messhuggehs. In: «Positif» Nr. 180. April. Paris 1976.

Claude Benoit: Comique Américain dans le champ du policier. In: «Jeune Cinéma» Nr. 111. Juni. Paris 1978.

Jean-Jacques Bernard: Burlesque parade. L'age d'or de la tarte à la Crème. In: «Cinématographe» Nr. 14. August–September. Paris 1975.

Jean-Jacques Bernard: Keaton algebrique. Une choréographie rigoreuse et dépouillée. In: «Cenématographe» Nr. 14. August–September. Paris 1975.

Claudio Bertieri: L'humour nella commedia britannica. In: «Cineforum» Nr. 25. Mai. Venezia 1963.

Christopher Bishop: An Interview With Buster Keaton. In: «Film Quarterly» Nr. 1. Herbst. Berkeley 1958.

DeWitt Bodeen: All the Sad Young Bathing Beauties. In: «Focus on Film» Nr. 19. Herbst. London 1974.

G. Bogemskij: Komedija po-italjanski. In: «Iskusstvo Kino» Nr. 10. Nr. 11. Oktober. November. Moskva 1976.

Kirk Bond: Ernst Lubitsch. In: «Film Culture» Nr. 63–64. New York 1976.

Raymond Borde: L'insolence de Harold Lloyd. In: «Positif» Nr. 77–78. Sommer. Paris 1966.

François Le Bour, Robert de Laroche: Which Way to Jerry Lewis. In: «Ecran» Nr. 49. Juli. Paris 1976.

Michel Bouvier, Jean-Louis Leutrat: Retour au burlesque. In: «Cahiers du Cinéma» Nr. 296. Januar. Paris 1979.

Thomas Brandlmeier: Zur Geschichte der Filmkomödie. In: «Film & Ton-Magazin» Nr. 9. Nr. 10. September. Oktober. München 1981.

Guy Braucourt: Non, Lorèléardi n'est pas mort! (Ah! Ce cher vieil Ollie ...) In: «Ecran» Nr. 4. April. Paris 1972.

A.-G. Brunelin: Harry Langdon. In: «Cinéma» Nr. 49. August–September. Paris 1960.

Garth Buckner: The Development of the Comedie Noir. In: «Film Journal» Nr. 10. Juni 1958.

Le Burlesque. Heftschwerpunkt von «Positif» Nr. 208–209. Juli–August. Paris 1978.

Giovanni Calendoli: Breve incontro con la «comica finale». In: «Bianco e Nero» Nr. 6–7. Juli–August. Roma 1952.

Ernest Callenbach: The Comic Ecstasy. In: «Films in Review» Nr. 1. Januar. New York 1954.

Noël Carroll: The Gold Rush. In: «Wide Angle» Vol. 3. Nr. 2. Athens 1979.

John Paddy Carstairs: British Laughter-Makers. In: «Films and Filming» Nr. 4. Januar. London 1958.

Paul Caster: Funny ... But Forgotten. In: «Films in Review» Nr. 6. Juni–Juli. New York 1977.

G. B. Cavallaro: La voce più bragica dell'america euforica. In: «Cineforum» Nr. 51. Januar. Venezia 1966.

Jacques Chevallier: Jacques Tati. In: «Image et Son» Nr. 172. April. Paris 1964.

Claude Cobast, Hubert Arnault: Pierre Etaix (Interview). In: «Image et Son» Nr. 172. April. Paris 1964.

Philippe Collin: The French Laughter Makers. In: «Films and Filming» Nr. 2. November. London 1957.

Comedia politistă. In: «Cinema» Nr. 10. Oktober. Bucaresti 1972.

Jean-Louis Comolli: Chacun son soi (Jerry Lewis). In: «Cahiers du Cinéma» Nr. 197. Noël 1967–Januar 1968.

Jean-Louis Comolli: Howard Hawks, ou l'ironique. In: «Cahiers du Cinéma» Nr. 160. November. Paris 1964.

Ermanno Comuzio: L'allegro mondo di Stanlio e Ollio. In: «Cineforum» Nr. 54. April. Venezia 1966.

Ermanno Comuzio: Harold Lloyd. A rotta di collo il lato comico della vita. In: «Cineforum» Nr. 36. Juni. Venezia 1964.

Derek Conrad: What Makes the British Laugh. In: «Films and Filming» Nr. 5. Februar. London 1959.

Richard Corliss: Preston Sturges. In: «Cinema» Nr. 2. Frühjahr. Beverly Hills 1972.

Jeremy Cott: The Limits of Silent Comedy. In: «Literature/Film Quarterly» Nr. 2. Frühjahr. Salisbury 1975.

Jean-Pierre Coursodon: Buster Keaton. Le conquérant solitaire. In: «Cinéma» Nr. 30. September–Oktober. Paris 1958.

Jean-Pierre Coursodon: La grande époque. In: «Cinéma» Nr. 41. November–Dezember. Paris 1959.

Jean-Pierre Coursodon: La tradition de l'absurde. In: «Cinéma» Nr. 49. August–September. Paris 1960.

James Damico: The Light is Dark enough: film noir Comedies of the Forties. In: «Movietone News» Nr. 56. November. Seattle 1977.

Serge Daney, Jean-Louis Noames: Leo et les aléas. Entretien. In: «Cahiers du Cinéma» Nr. 163. Februar. Paris 1965.

Bernard Davidson: Jerry Lewis. In: «Cinéma» Nr. 49. August–September. Paris 1960.

Jacques Demeure: Les bidasses ou la continuité du cinéma français dans la déilité. In: «Positif» Nr. 211. Oktober. Paris 1978.

Vittorio De Sica: British Homour? In: «Films and Filming» Nr. 7. April. London 1959.

Digby Diehl: Mel Brooks. In: «Action» Nr. 1. Januar–Februar. Hollywood 1975.

Walt Disney: Humour: My Sixth Sense. In: «Films and Filming» Nr. 5. Februar. London 1961.

Jean Domarchi: L'homme de partout (Ernst Lubitsch). In: «Cahiers du Cinéma» Nr. 198. Februar. Paris 1968.

Jean-Luc Douin: La dictature de la rigolade. In: «Image et Son» Nr. 284. Mai. Paris 1974.

Theodore Dreiser: Entretien avec Mack Sennett. In: «Positif» Nr. 77–78. Sommer. Paris 1966.

Slatan Dudow: Die Komödie und ihre gesellschaftliche Bedeutung. In: «Film und Fernsehen» Nr. 1. Januar. Berlin 1978.

Raymond Durgnat: World of Comedy. In: «Films and Filming» Nr. 10. Nr. 11. Juli. August. London 1965.

Raymond Durgnat: The World Turned Upside Down. In: «Films and Filming» Nr. 12. September. London 1965.

Raymond Durgnat: Breaking the Laugh Barrier. In: «Films and Filming» Nr. 1. Oktober. London 1965.

Raymond Durgnat: ‹Hoop-De-Doo› for Mister L. and Mr. H. In: «Films and Filming» Nr. 2. November. London 1965.

Raymond Durgnat: The World of Comedy. Subversion in Fields. In: «Films and Filming» Nr. 3. Dezember. London 1965.

Raymond Durgnat: Life's a Drag, Isn't it? In: «Films and Filming» Nr. 4. Januar. London 1966.

Roland Duval: Le «catenaccio» des longues figures. In: «Ecran» Nr. 22. Februar. Paris 1974.

Bruno Duval: Comencini et la comédie italienne. In: «Téléciné» Nr. 191–192. September–Oktober. Paris 1974.

Peter John Dyer: Cops, Custard – and Keaton. In: «Films and Filming» Nr. 11. August. London 1958.

Peter John Dyer: Sling the Lamp Low. In: «Sight and Sound» Nr. 3. Sommer. London 1962.

Peter John Dyer: They Liked to Break the Rules. In: «Films and Filming» Nr. 1. Oktober. London 1959.

Peter John Dyer: The True Face of Man. In: «Films and Filming» Nr. 12. September. London 1958.

Robert Eberwein: Comedy and the Film Within an Film. In: «Wide Angle» Vol. 3. Nr. 2. Athens 1979.

Sergeij Ejzenstejn: I bolscevichi ridono. In: «Bianco e Nero» Nr. 1–2. Januar–Februar. Roma 1973.

Peter Ericsson: The Films of Preston Sturges. In: «Sequence» Nr. 4. Sommer. London 1948.

Isabel Escudero: Los mecanismos de lo comico. In: «Cinema 2002» Nr. 41–42. Juli–August. Madrid 1978.

Carol Evans: The Sounds of Silence. Comedy of the Twenties. In: «Mise-en-scène» Nr. 1. Cleveland 1972.

William K. Everson: British Humor on the Screen. In: «Films in Review» Nr. 9. November. New York 1957.

William K. Everson: The Crazy World of Laurel and Hardy. In: «Take One» Vol. 1. Nr. 9. Montreal 1968.

Allen Eyles: Uncle Sam's Funny Bone. In: «Films and Filming» Nr. 7. April 1963.

Allen Eyles: Will Hay & Co. Filmography. In: «Focus on Film» Nr. 34. Dezember. London 1979.

Franca Faldini, Goffredo Fofi: Totó par Totó. In: «Positif» Nr. 208–209. Juli–August. Paris 1978.

Manny Farber, W. A. Poster: Preston Sturges. Success in the Movies. In: «Film Culture» Nr. 26. Herbst. New York 1962.

Herbert Feinstein: Buster Keaton sur le vif. In: «Cahiers du Cinéma» Nr. 175. Februar. Paris 1966.

Herbert Feinstein: Interview With Buster Keaton. In: «Kino» Nr. 4. Berlin 1967.

Jean-André Fieschi: Le carrefour Tati. In: «Cahiers du Cinéma» Nr. 199. März. Paris 1968.

Jean-André Fieschi, Jean Narboni: Le champ large. Entretien avec Jacques Tati. In: «Cahiers du Cinéma» Nr. 199. März. Paris 1968.

Jacques Fieschi: Du muet au parlant. Un art perdu. In: «Cinématographe» Nr. 14. August–September. Paris 1975.

Goffredo Fofi: Totó total ou la marionette articulée. In: «Positif» Nr. 77–78. Sommer. Paris 1966.

Gino Frezza: Howard Hawks e le possibilità del cinema. In: «Filmcritica» Nr. 245. Mai. Firenze 1974.

Enrico Fulchignoni: Psicologia del comico e filmologia. In: «Revista del cinema italiano» Nr. 8. August. Roma 1953.

Leonardo de La Fuente, Dominique Rabourdin: A la recherche de la comédie italienne. In: «Cinéma» Nr. 230. Februar. Paris 1978.

Le Gag en images. In: «Cinéma» Nr. 52. Januar. Paris 1961.

Enrique Tierno Galván: Charlot y el origen social de lo comico. In: «Cinema 2002» Nr. 41–42. Juli–August. Madrid 1978.

Rainer Gansera: Jerry Lewis. Films for Fun. In: «Filmkritik» Nr. 4. April. München 1974.

Alain Garel: La comédie italienne et la critique. In: «La Revue du Cinéma Image et Son» Nr. 316. April. Paris 1977.

Alain Garel: Le burlesque ou la destruction des institutions. In: «La Revue du Cinéma Image et Son» Nr. 324. Nr. 326. Januar. März. Paris 1978.

Nelson E. Garringer: Harold Lloyd. In: «Films in Review» Nr. 7. August–September. New York 1962.

Wes D. Gehring: McCarey vs. Capra. A Guide to American Film Comedy of the '30s. In: «The Journal of Popular Film and Television» Nr. 1. Bowling Green 1978.

Louis D. Giannetti: Buster Keaton: The Poetics of Space. In: «Mise-en-scène» Nr. 2. Frühjahr. Cleveland 1980.

John Gillett, James Blue: Keaton at Venice (Interview). In: «Sight and Sound» Nr. 1. Winter. London 1965/1966.

Leo Golston: A(na)lfabeto de humor. In: «Cinema 2002» Nr. 41–42. Juli–August. Madrid 1978.

Carlos Benito Gonzáles: Cuando el gordo y el flaco estuvieron en mi casa. In: «Cinema 2002» Nr. 41–42. Juli–August. Madrid 1978.

Bill Griffith: A side-split of Comics. In: «ABC Film Review» Nr. 7. Nr. 8. Nr. 9. Nr. 10. Nr. 11. Nr. 12. August–Dezember. London 1969/Nr. 1. Nr. 5. Nr. 7. Januar. Mai. Juli. London 1970.

Philippe Le Guay: Laurel et Hardy, une allégorie de la catastrophe. In: «Positif» Nr. 208–209. Juli–August. Paris 1978.

Ewald H. Hagen: Lustspielfilme – stark gefragt. In: «Deutsche Filmkunst» Nr. 3. Berlin 1953.

Gillian Hartnoll: American Comedy Books. In: «Focus on Film» Nr. 1. Januar–Februar. London 1970.

Brian Henderson: Romantic Comedy Today. Semi-tough or Impossible. In: «Film Quarterly» Nr. 4. Sommer. Berkeley 1978.

Carlos F. Heredero: Groucho Marx, la pesadilla de Margaret Dumont. In: «Cinema 2002» Nr. 41–42. Juli–August. Madrid 1978.

Here Come the Clowns. In: «Sight and Sound» Nr. 3. Januar–März. London 1953.

Robert Herring: Comedy in the Cinema. In: «Life and Letters Today» Nr. 4. Sommer. London 1936.

Manuel Hidalgo: Reid, reid, malditos! In: «Cinema 2002» Nr. 41–42. Juli–August. Madrid 1978.

Georg Honigmann: Satire und Film. In: «Deutsche Filmkunst» Nr. 7. Berlin 1961.

Penelope Houston: Conscience and Comedy. In: «Sight and Sound» Nr. 3–4. Sommer–Herbst. London 1959.

Penelope Houston: The Great Blank Page. In: «Sight and Sound» Nr. 2. Frühjahr. London 1968.

Penelope Houston: Preston Sturges. In: «Sight and Sound» Nr. 3. Sommer. London 1965.

Bernard Hrusa: The Lost Art of Comedy. In: «Film» Nr. 37. Nr. 38. Herbst. Winter. London 1963.

Erik Hvidt, Ib Lindberg, Poul Malmkjaer, Peter Schepelern: Chaplin 2. Musichhall-traditionen og de korte farcer. In: «Kosmorama» Nr. 115–116. August. København 1973.

Michael T. Isenberg: World War I Film Comedies and American Society. The Concern with Authoritarianism. In: «Film and History» Nr. 3. September 1975.

Ian Jarvie: In Praise of Romantic Comedy. In: «Film» Nr. 42. Winter. London 1964.

Françoise Jeancolas: A propos de trois comédies italiennes. In: «Jeune Cinéma» Nr. 78. Mai. Paris 1974.

R. John: Hlavní tendence a české filmové komedii 70. In: «Film a Doba» Nr. 4. Nr. 5. April. Mai. Praha 1980.

Ian Johnson: Have the British a Sense of Humour? In: «Films and Filming» Nr. 6. März. London 1963.

Alva Johnston: Who Knows What is Funny? In: «Saturday Evening Post» vom 6. August. New York 1938.

Stuart M. Kaminsky: Eight Comedy Directors of the Last Decade. In: «Film Reader» Nr. 1. Evanston 1975.

Stuart Kaminsky: Harold Lloyd. A Reassessment of his Film Comedy. In: «The Silent Picture» Nr. 16. Herbst. New York 1972.

Michael Karman: Comedy Directors. Interview with Woody Allen. In: «Millimeter» Nr. 9. Oktober. New York 1977.

Keaton n'est pas mort. Heftschwerpunkt von «Cinéma» Nr. 104. März. Paris 1966.

Walter Kerr: Silence: the Unique Experience. Silent Comedy Reconsidered. In: «American Film» Nr. 1. Oktober. Washington 1975.

Barry Knowles: The Rise and Fall of the Custard Pie. An Appraisal of the Silent Comedy Film. In: «Amateur Cine World» vom 25. März. London 1965.

Arthur Knight: The Two-Reel Comedy. Its Rise and Fall. In: «Penguin Film Review» Nr. 9. Mai. London 1949 und in: «Films in Review» Nr. 8. Oktober. New York 1951.

Siegfried Kracauer: Preston Sturges, or Laughter Betrayed. In: «Films in Review» Nr. 1. Februar. New York 1950.

Siegfried Kracauer: Silent Film Comedy. In: «Sight and Sound» Nr. 1. August–September. London 1951.

Petr Kràl: Harry, ailleurs ou un comique autre. In: «Positif» Nr. 208–209. Juli–August. Paris 1978.

Peter Kremski: Let's Misbehave. Die Neurosen des Woody Allen. In: «Film & Ton-Magazin» Nr. 9. September. München 1980.

Ado Kyrou: Slapstick, burlesque, goona-goona, non-sense et crazy-show. In: «Positif» Nr. 32. Februar. Paris 1960.

Roland Lacourbe: Celui qu'on oublie. In: «Cinéma» Nr. 124. Nr. 125. Nr. 126. März. April. Mai. Paris 1968.

John Francis Lane: The Italian Laughter Makers. In: «Films and Filming» Nr. 8. Mai. London 1958.

Henri Langlois: Hawks homme moderne. In: «Cahiers du Cinéma» Nr. 139. Januar. Paris 1963.

Jacqueline Lajeunesse: Le vert paradis des rires enfantins. In: «Image et Son» Nr. 172. April. Paris 1964.

Ernesto G. Laura: Buster Keaton nel periodo muto. In: «Bianco e Nero» Nr. 9–10. September–Oktober. Roma 1963.

Peter Lehman, William Luhr: Crime in the Bedroom. Form and Ideology in Blake Edwards' Inspector Clouseau Films. In: «Wide Angle» Vol. 3. Nr. 2. Athens 1979.

Jean-Louis Leutrat, Louis Simonci: Jerry architecte. In: «Positif» Nr. 77–78. Sommer. Paris 1978.

Jean-Marc Leuwen: Buster Keaton. In: «Cinéma» Nr. 49. August–September. Paris 1960.

Howard Leventhal, William Mace: The Effect of Laughter on Evaluation of a Slapstick Movie. In: «The Journal of Personality» Nr. 38. New York 1970.

Special Jerry Lewis. Heftschwerpunkt von «Cahiers du Cinéma» Nr. 197. Noël 1967–Januar 1968.

Harold Lloyd: Declarations. In: «Positif» Nr. 77–78. Sommer. Paris 1966.

Harold Lloyd: The Funny Side of Life. In: «Films and Filming» Nr. 4. Januar. London 1964.

Harold Lloyd: The Serious Business of Being Funny. In: «Film Comment» Nr. 3. Herbst. New York 1969.

Aldo Lombezzi: Problemi di codificazione del cinema comico popolare italiano del dopoguerra. In: «Ikon» Nr. 99. Oktober–Dezember 1976.

Ernst Lubitsch. Heftschwerpunkt von «Cahiers du Cinéma» Nr. 198. Februar. Paris 1968.

Angelo L. Lucano: Discours serieux d'un acteur comique (Entretien avec Totó). In: «Positif» Nr. 77–78. Sommer. Paris 1966.

Gian Francesco Luzi: Varietá e tecnica dei «gags». In: «Bianco e Nero» Nr. 3. März. Roma 1953.

Joseph McBride, Michael Wilmington: Do I Get to Play the Drunk This Time? An Encounter with Hawks. In: «Sight and Sound» Nr. 2. Frühjahr. London 1971.

Donald McCaffrey: The Golden Age of Sound Comedy. In: «Screen» Nr. 1. Februar. London 1970.

Donald W. McCaffrey: The Evolution of the Chase in Silent Screen Comedy. In: «Journal of the Society of Cinematologists» Nr. 4. Hollins College 1964.

Dwight MacDonald: Films: Present-Day Versus Old-Time Comedies. In: «Esquire» Nr. 6. Juni. New York 1965.

Roger McNiven: Howard Hawks' MONKEY BUSINESS. In: «Bright Lights» Nr. 3. Sommer. Los Angeles 1975.

Douglas McVay: Lubitsch. The American Silent Films. In: «Focus on Film» Nr. 32. April. London 1979.

Douglas McVay: «In a Dirty Glass»: A Tribute to Bob Hope. Filmography by Jeanne Stein. In: «Focus on Film» Nr. 1. Januar–Februar. London 1970.

Douglas McVay: The Art of the Actor. In: «Films and Filming» Nr. 11. August. London 1966.

David Madden: Harlequin's Stick, Charlie's Cane. In: «Film Quarterly» Nr. 1. Herbst. Berkeley 1968.

Leonard Maltin: Take Woody Allen – Please! In: «Film Comment» Nr. 2. März–April. New York 1974.

Leonard Maltin: The Spice of the Programme. In: «The Silent Picture» Nr. 15. Sommer. New York 1972.

Stephen Mamber: Woody Allen. In: «Cinema» Nr. 3. Winter. Beverly Hills 1972/1973.

Stephen Mamber, Robert Mundy: Woody Allen Interview. In: «Cinema» Nr. 3. Winter. Beverly Hills 1972/1973.

Pierre Maraval: Les corn flakes d'Oedipe. Du ridicule au sublime. In: «Cinématographe» Nr. 14. August–September. Paris 1975.

Vinicio Marinucci: The Theatre Supplies the Funny Men. In: «Films and Filming» Nr. 7. April. London 1961.

Louis Marks: Laugh! In: «Films and Filming» Nr. 4. Januar. London 1955.

François Mars: Autopsie du gag. In: «Cahiers du Cinéma» Nr. 113. Nr. 116. Nr. 117. Nr. 121. November/Februar. März. Juli. Paris 1960/1961.

Marcel Martin: L'age d'or du rire. Préhistoire française. In: «Cinéma» Nr. 41. November–Dezember. Paris 1959.

Marcel Martin: Méliès. Pionnier du burlesque. In: «Ecran» Nr. 79. April. Paris 1979.

Tullio Masoni, Paolo Vecchi: Lo schiaffo al comendatore. La commedia tra passato e presente. In: «Cineforum» Nr. 181. Januar–Februar. Venezia 1978.

T. Mazilu: Parodia. Frumuseţe şi risc. In: «Cinema» Nr. 7. Juli. Bucaresti 1973.

Luis Gómez Mesa: Jose Isbert o la dualidad comicopatetica. In: «Cinema 2002» Nr. 41–42. Juli–August. Madrid 1978.

Claude Miler: Le retour di Buster Keaton. In: «Téléciné» Nr. 107. Oktober–November. Paris 1962.

Tom Milne: On the Way Up: Tuesday Weld. Filmography. In: «Focus on Film» Nr. 1. Januar–Februar. London 1970.

F. Javier Molinero: El «gag» de Camara. In: «Cinema 2002» Nr. 41–42. Juli–August. Madrid 1978.

Robert Mundy, Stephen Mamber: Woody Allen. In: «Cinema» Nr. 3. Winter. Beverly Hills 1972–1973.

Enzo Natta: Tativille. Incontro con Jacques Tati. In: «Cineforum» Nr. 54. April. Venezia 1966.

Jean-Louis Noames: L'art et la manière de Leo McCarey. In: «Cahiers du Cinéma» Nr. 163. Februar. Paris 1965.

Denis Offroy: Les nouveaux burlesques. Woody Allen, Mel Brooks. In: «Cinématographe» Nr. 14. August–September. Paris 1975.

Mario Orsini: Appunti sul grande comico. In: «Cineforum» Nr. 36. Juni. Venezia 1964.

Mario Orsini: Le candide follie di Harry Langdon. In: «Filmcritica» Nr. 224. April–Mai. Firenze 1972.

Frederick Owen: Master of Comic Art. In: «Films and Filming» Nr. 7. April. London 1980.

Norman Panama: Comedy at the Crossroads. In: «Films and Filming» Nr. 8. Mai. London 1962.

Enno Patalas: Versuch über Buster. In: «Filmkritik» Nr. 9. September. München 1964.

Théodore Perez-Turrent: Le cinéma comique en amérique latine. In: «Positif» Nr. 77–78. Sommer. Paris 1966.

V. F. Perkins: Comedies. In: «Movie» Nr. 5. Dezember. London 1962.

Petit lexique des termes lewisiens. In: «Cahiers du Cinéma» Nr. 197. Noël 1967–Januar 1968.

Philippe Pilard: L'humour toujours l'humour. In: «Image et Son» Nr. 174. Juni. Paris 1964.

Philippe Pilard: Zazie dans le Metro. In: «Image et Son» Nr. 172. April. Paris 1964.

Armando Plebe: Il comico cinematografico. La tecnica dell'inaspettato scenico.

In: «Cineforum» Nr. 54. April. Venezia 1966.

Lee Poague: «As You Like it» and «It Happened One Night». The Generic Pattern of Comedy. In: «Literature/Film Quarterly» Nr. 4. Herbst. Salisbury 1977.

Lee A. Poague: Controversy and Correspondence. A Short Defense of Screwball Comedy. In: «Film Quarterly» Nr. 4. Sommer. Berkeley 1976.

Jean-Luc Pouillaude: «Pinotalziberman» ou de quelques figures de rhétorique du cinéma comique français. In: «Positif» Nr. 191. März. Paris 1977.

Henry Raynor: Nothing to Laugh at. In: «Sight and Sound» Nr. 2. April. London 1950.

Wenzel Renner: Wie steht es um den Lustspielfilm der DEFA? In: «Deutsche Filmkunst» Nr. 2. Berlin 1954.

J. Richards: Leo McCarey. In: «Focus on Film» Nr. 14. Frühjahr. London 1973.

B. Riley: Words of Hope. In: «Film Comment» Nr. 3. Mai–Juni. New York 1979.

Gene Ringgold: Mae West. In: «Screen Facts» Nr. 1. 1964.

Jacques Rivette: Génie de Howard Hawks. In: «Cahiers du Cinéma» Nr. 23. Mai. Paris 1953.

Jacques Rivette: Keaton. In: «Cahiers du Cinéma» Nr. 111. September. Paris 1960.

R. Rivlin: Comedy Directors. Interview With Mel Brooks. In: «Millimeter» Nr. 9. Oktober. New York 1977.

E. Rjazanov: Eti ser'eznye, neser'eznye fil'my. In: «Iskusstvo Kino» Nr. 9. Nr. 10. September. Oktober. Moskva 1973.

David Robinson: Dukenfield Meets McCargle: Creation of a Character. In: «Sight and Sound» Nr. 3. Sommer. London 1967.

David Robinson: The Lighter People. In: «Sight and Sound» Nr. 1. Juli–September. London 1954.

David Robinson: A New Clown. In: «Sight and Sound» Nr. 4. April–Juni. London 1954.

David Robinson: Rediscovery: Buster. In: «Sight and Sound» Nr. 1. Winter. London 1959/1960.

Peter Rogers: Carrying on Instinctively. In: «Films and Filming» Nr. 9. Juni. London 1970.

Manuel Rotellar: Harold Lloyd, Larry Semon y Harry Langdon. In: «Cinema 2002» Nr. 41–42. Juli–August. Madrid 1978.

Claude Roulet: Un monde trivial. In: «Cinématographe» Nr. 30. September. Paris 1977.

L. Saalschütz: Mechanisms of Cinema. In: «Close Up» Nr. 4. Territet 1930.

José Luis García Sánchez: Diez mandamientos para que los niños españoles no se rian en el cine. In: «Cinema 2002» Nr. 41–42. Juli–August. Madrid 1978.

Andrew Sarris: Lubitsch in the Thirties. In: «Film Comment» Nr. 4. Winter/Nr. 2. Sommer. New York 1971/1972.

Eric Jonsson (= Andrew Sarris): Preston Sturges and the Theory of Decline. In: «Film Culture» Nr. 26. Herbst. New York 1962.

Andrew Sarris: The Sex Comedy Without Sex. In: «American Film» Nr. 5. März. Washington 1978.

Andrew Sarris: Preston Sturges in the Thirties. In: «Film Comment» Nr. 4. Winter. New York 1970/1971.

Tadao Sato: The Comedy of Ozu and Chaplin. A Study in Contrast. In: «Wide Angle» Vol. 3. Nr. 2. Athens 1979.

Daniel Sauvaget: Les comiques français. In: «La Revue du Cinéma Image et Son» Nr. 331. September. Paris 1978.

Daniel Sauvaget, Jacques Zimmer: Des troupiers comiques et des nazis amoureux. In: «La Revue du Cinéma Image et Son» Nr. 325. Februar. Paris 1978.

Sandra Scandolara: Gli occhi buoni di un poeta fanciullo. In: «Cineforum» Nr. 51. Januar. Venezia 1966.

Harry Schein: What is Film Humor? In: «Quarterly Of Film, Radio and Television» Nr. 1. Herbst. Berkeley 1956.

R. Schröder: Komische Stoffe – komische Wendungen. Gedanken zum Komischen und zur Struktur des Films «Leuchte, mein Stern, leuchte». In: «Filmwissenschaftliche Beiträge». Berlin 1972.

Werner Schwier: ABC der Komiker. In: «Film» Nr. 7. Nr. 8. Nr. 9. Nr. 10. April–Mai. Juni–Juli. August–September. Oktober–November. München 1964.

Werner Schwier: Harold Lloyd: «Ich war der Typ mit der Brille.» Ein Gespräch. In: «Film» Nr. 5. Dezember–Januar. München 1963/1964.

Peter Sellers: A Serious Look at Laughter. In: «Films and Filming» Nr. 6. März. London 1960.

José Luis Seguí: Funcion del «gag» en la comedia cinematografica española. In: «Cinema 2002» Nr. 41–42. Juli–August. Madrid 1978.

Wilfred Sheed: Pitfalls of Pratfalls. In: «Commonweal» vom 5. Juli. London 1963.

Cameron Shipp: Mack Sennett. In: «Cinéma» Nr. 49. August–September. Paris 1960.

Jeanne Stein: Edward Everett Horton. «Fusspot» and «Fortune's Fool». Filmography. In: «Focus on Film» Nr. 1. Januar–Februar. London 1970.

Hans Stempel: Jerry Lewis oder Jeder hat eine Chance. In: «Filmkritik» Nr. 9. September. München 1964.

Hugh Stewart: Comedy Film Production. An Assessment of attitudes. In: «British Kinematography» Nr. 4. Oktober. London 1961.

Mark Sufrin: The Silent World of Slapstick. In: «Film Culture» Nr. 10. New York 1956.

Ragnhild Svanstrom: These Comedians Can Crash the Frontiers. In: «Films and Filming» Nr. 1. Oktober. London 1958.

R. Tailleur: Frank Tashlin. In: «Cinéma» Nr. 49. August–September. Paris 1960.

Aldo Tassone: La comédie italienne. In: «La Revue du Cinéma Image et Son» Nr. 316. Nr. 317. April. Mai. Paris 1977.

Aldo Tassone: Entretien avec Mario Monicelli. In: «La Revue du Cinéma Image et Son» Nr. 281. Februar. Paris 1974.

Jacques Tati: Make Them Laugh. In: «Films and Filming» Nr. 11. August. London 1957.

William Thomaier: Early Sound Comedy. In: «Films in Review» Nr. 5. Mai. New York 1958.

Ralph Thomas: My Way With Screen Humor. In: «Films and Filming» Nr. 5. Februar. London 1956.

Howard Thompson: Hal Roach's Laugh Factory. In: «The New York Times» vom 11. Juli. New York 1965.

Kristin Thompson: Playtime. Comedy on the Edge of Perception. In: «Wide Angle» Vol. 3. Nr. 2. Athens 1979.

Andrée Tournès: Age et Scarpelli scénaristes de la comédie italienne. In: «Jeune Cinéma» Nr. 85. Nr. 86. März. April. Paris 1975.

François Truffaut: Lubitsch etait un prince. In: «Cahiers du Cinéma» Nr. 198. Februar. Paris 1968.

Giuseppe Turroni: La commedia all'italiana. In: «Filmcritica» Nr. 256. August. Firenze 1975.

Ken Tynan: Toby Jug and Bottle. In: «Sight and Sound». Februar. London 1951.

Boyd Verb: Laurel Without Hardy. In: «Films in Review» Nr. 3. März. New York 1959.

Bruno Villien: Géographie à l'italienne. In: «Cinématographe» Nr. 30. September. Paris 1977.

Jean-Claude Viseux: Frank Tashlin hier et aujourd'hui. In: «Image et Son» Nr. 172. April. Paris 1964.

Alan Warner: Thanks for the Memory. In: «Films and Filming» Nr. 1. Oktober. London 1971.

Gregg Wood: Woody Allen – Together Again for the First Time. In: «Movietone News» Nr. 51. August. Seattle 1976.

John H. Winge: Decline and Fall of Comedy. In: «Sight and Sound» Nr. 66. Sommer. London 1948.

N. Hope Wilson: The Kettles. In: «Films in Review» Nr. 10. Dezember. New York 1954.

R. F. Wilson, jr.: I'll Met by Moonlight. Reinhardt's «A Midsummer Night's Dream» and Musical Screwball Comedy. In: «The Journal of Popular Film» Nr. 3–4. Bowling Green 1976.

Robin Wood: The American Family Comedy. From MEET ME IN ST. LOUIS to THE TEXAS CHAINSAW MASSACRE. In: «Wide Angle» Vol. 3. Nr. 2. Athens 1979.

Maurice Yacowar: Forms of Coherence in the Woody Allen Comedies. In: «Wide Angle» Vol. 3. Nr. 2. Athens 1979.

Rostislav Yurenev: The Art of Comedy. In: «Soviet Film» Nr. 2. Februar. Moskva 1960.

Eva Zapf: Lust-Spiel-Film. In: «Deutsche Filmkunst» Nr. 1. Berlin 1954.

Register der Filmtitel

Kursive Seitenzahlen verweisen auf Abbildungen.

Personenregister

Das Register bezieht sich auf den Text; nicht aufgenommen wurden die Namen aus der Filmografie.
Kursive Seitenzahlen verweisen auf Abbildungen.

Filmbücher für alle, die schon immer wissen wollten, warum sie das «gewöhnliche» Kino so lieben

Grundlagen des populären Films

Programm Roloff und Seeßlen

Kino, das ist Faszination, Traum und Vergnügen. Das Kino spiegelt unsere Ängste und Wünsche. Das Kino entführt uns aus der Alltagswirklichkeit und ist doch zugleich ein Kommentar zu ihr. Das Kino verstehen heißt deshalb auch, die Gesellschaft und unsere Rolle in ihr verstehen.

Der populäre Film ist die Form des Kinos, die Unterhaltung für alle bieten will. Er bedient sich dazu bestimmter Genres. Sie werden hier zum erstenmal systematisch erschlossen: ihre Geschichte beschrieben, ihre Merkmale erklärt und ihre sozialen Bezüge ermittelt.

1 Western-Kino
Geschichte und Mythologie
des Western-Films
(7290)

2 Kino des Phantastischen
Geschichte und Mythologie
des Horror-Films
(7304)

3 Der Asphalt-Dschungel
Geschichte und Mythologie
des Gangster-Films
(7316)

4 Kino des Utopischen
Geschichte und Mythologie
des Science-fictions-Films
(7334)

5 Kino der Angst
Geschichte und
Mythologie des
Film-Thrillers
(7350)

6 Kino der Gefühle
Geschichte und Mythologie
des Film-Melodrams
(7366)

7 Ästhetik des erotischen Kinos
Geschichte und Mythologie
des erotischen Films
(7379)

8 Mord im Kino
Geschichte und Mythologie
des Detektiv-Films
(7396)

9 Der Abenteurer
Geschichte und Mythologie
des Abenteuer-Films
(7408)

10 Klassiker der Filmkomik
Geschichte und
Mythologie des
komischen Films
(7424)

Film lexikon

Film als Kunst
Film als Unterhaltung
Film als Sprache
Film als Mythos
Film als Ware
Film als Handwerk
Film als Technik
Film als Industrie
Alles über Film

rororo
film
lexikon

Filme A–J

1

handbuch rororo

Filmbeispiele, Genres, Länder, Institutionen, Technik, Theorie

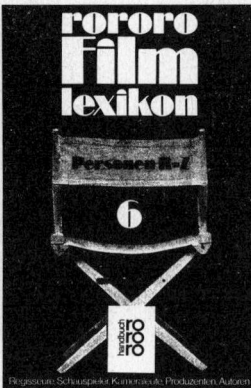

rororo
Film
lexikon

Personen R–Z

6

handbuch rororo

Regisseure, Schauspieler, Kameraleute, Produzenten, Autoren

Herausgegeben
von Liz-Anne Bawden
Edition der
deutschen Ausgabe
von Wolfram Tichy

Taschenbuchausgabe
in 6 Bänden
rororo handbuch
6234/DM 49,–
Jeder Band ist auch
einzeln zum Preis von
DM 9,80 erhältlich.

Das rororo Filmlexikon erfaßt
in 3000 Stichwortartikeln das
Medium weltweit und in allen
seinen Aspekten – als Kunstform
und Unterhaltungsware, als
Technologie und Industrie –
von den Anfängen bis heute.
Kein anderes Nachschlagewerk
in deutscher Sprache bietet
dem Filminteressierten mehr
Informationen.

Die **Bände 1–3** behandeln
– etwa 800 Filme mit künstlerischer, kommerzieller oder
historischer Bedeutung

– Bewegungen, Stile und Genres,
wichtige theoretische und kritische Arbeiten, gesellschafts-
politische Rahmenbedingungen
(Zensur, Propaganda)
– Produktionsfirmen und Film-
länder
– technische Entwicklungen und
Verfahren

Die **Bände 4–6** beschreiben
die wichtigsten Personen der
Filmgeschichte und -gegenwart:
– Schauspieler, Regisseure,
Kameraleute
– Produzenten, Kritiker,

Theoretiker
– Drehbuchautoren, Komponisten,
Designer.

Bibliographische Hinweise zu
jedem Stichwort und ein umfas-
sendes Sach- und Filmregister
mit allen erwähnten Filmen nach
Verleih- und Originaltitel
sowie ein vollständiges Perso-
nenregister machen
das Lexikon auch zu
einem Arbeitsbuch
für alle, die sich
mit Film professionell
befassen.

rororo

FOTO, VIDEO UND FILM in der Praxis

Diese Bücher vermitteln die notwendigen technischen Kenntnisse, fördern aber auch den Mut zur individuellen Auseinandersetzung mit der Wirklichkeit und führen weg von der Versuchung, bestehenden «professionellen» Normen nachzueifern.

Lechenauer, Gerhard
Filmemachen mit Super 8
Arbeitspraxis, technische Grundlagen, Geräte.
Erfahrungsberichte zu drei Super 8-Filmprojekten.
(7069)

Lechenauer, Gerhard
Filmemachen mit 16 mm
Technische Grundlagen, Geräte, Arbeitspraxis, Erfahrungsberichte.
(7188) Ersch.-Termin unbestimmt

Lechenauer, Gerhard
Videomachen
Technische Grundlagen, Geräte, Arbeitspraxis.
(7182)

Lechenauer, Gerhard (Hg.) u.a.
**Alternative Medienarbeit
mit Video und Film**
(7184)

Kuball, Michael
Familienkino
Geschichte des Amateurfilms in Deutschland.
Band 1: 1900–1930 (7186)
Band 2: 1931–1960 (7187)

«Familienkino» ist nicht nur interessant für
Hobbyfilmer; es dokumentiert ein Stück
deutscher Geschichte aus ungewohnter
Perspektive: die von Amateuren durch das
Objektiv ihrer Kamera.

Lustig, Peter
Vertonen
Der Ton zu den Bildern: Dia, Film und Video
(7189) Ersch.-Termin unbestimmt

Paech, Joachim / Silberkuhl, Anne (Hg.) u.a.
Foto, Video und Film in der Schule
Didaktische und pädagogische Voraussetzungen, technische Grundlagen, Geräte, Arbeitspraxis, Organisation.
(7183)

Richter, Peter-Cornell
Fotografieren
(7185)

Richter, Peter-Cornell
**Kinder fotografieren –
Fotografieren mit Kindern**
(7191)

Heinz Buddenmeier
Das Foto
Geschichte und Theorie der Fotografie als
Grundlage eines neuen Urteils
(7190)

«Eine Reihe, die als Einheit aufgefaßt werden kann ... Es gibt nichts
Besseres auf diesem Gebiet: Praxis-Bücher, die nicht nur Tips und
Tricks verbreiten, sondern auch das Selbstverständnis von Foto-, Film-
und Videoarbeit diskutieren ... Besseres muß erst noch geschrieben
werden!»
(aus «filter», Mai 1980)

Bücher über die wichtigsten Stile populärer Musik

Joachim-Ernst Berendt (Hg.)
Die Story des Jazz
Vom New Orleans zum
Rock Jazz
rororo sachbuch 7121

Samuel B. Charters
Der Country Blues
Songs und
Geschichten
rororo sachbuch
7492

Nik Cohn
AWopBopaLooBop ALopBamBoom
Pop History
rororo 1542

Tibor Kneif
Sachlexikon Rockmusik
Instrumente, Stile,
Techniken, Industrie und
Geschichte
rororo handbuch 6233

Tibor Kneif
Rock in den 70ern
Jazzrock, Hardrock, Folkrock
und New Wave
rororo sachbuch 7385

Jim Miller (Hg.)
Rolling Stone
Bildgeschichte der
Rockmusik
Band 1:
Von Sonny Boy Williamson
zu den Beach Boys
7283
Band 2:
Von den Searchers zu
Bruce Springsteen
7284

Arnold Shaw
Rock 'n' Roll
Die Stars, die Musik und die
Mythen der 50er Jahre.
rororo sachbuch 7109

Kaarel Siniveer
Folk Lexikon
rororo sachbuch 6275

Paul Oliver
Die Story des Blues
Worksongs,
Ragtime,
Rhythm
and Blues
rororo
sachbuch 7170

Texte und Bilder zur politischen Kultur

das neue buch
rowohlt

Romane, Erzählungen und Theaterstücke

Romane, Erzählungen und Theaterstücke

Matthies, Frank-Wolf
**Unbewohnter Raum
mit Möbeln**
Prosa
(148)

Michaels, Leonard
Trotzkis Garten
Prosa
(98)

Müller, Ernst
Traumwüsten
Ein Fortsetzungsroman
(173)

Nizan, Paul
**Aden.
Die Wachhunde**
(103)

Peters, Uwe Henrik
Hölderlin
Wider die These vom
edlen Simulanten
(164)

Pinter, Harold
**Niemandsland.
Monolog.
Die Geburtstagsfeier.
Der Hausmeister.
Die Heimkehr**
Fünf Theaterstücke
(69)

Piwitt, Hermann Peter
Rothschilds
Roman
(16)

Pynchon, Thomas
**Die Enden
der Parabel**
Roman
(112)

**Die Versteigerung
von No. 49**
Roman
(42)

V.
Roman
(74)

Rasp, Renate
Chinchilla
Leitfaden zur
praktischen
Ausübung
(39)

Regenass, René
Porträt eines Portiers
Erzählung
(125)

Rühmkorf, Peter
**Die Jahre
die ihr kennt**
Anfälle und
Erinnerungen
(1)

**Walther von
der Vogelweide,
Klopstock und ich**
(65)

Strömungslehre I
Poesie
(107)

Sanders, Ed
The Family
Die Geschichte
von Charles Manson
und seiner Strand-
Buggy-Streitmacht
(14)

Seuren, Günter
**Abschied von einem
Mörder**
Erzählung
(142)

Der Angriff
Erzählung (166)

Stalder, Heinz
**Das schweigende
Gewicht**
Erzählung
(159)

Stiller, Niklas
**Der Tod und
das Flugzeug**
Prosa/Essays/Gedichte
(97)

Stoppard, Tom
Travesties
Theaterstück
(81)

Ulbricht, Horst
Kinderlitzchen
Roman
(115)

Wolfe, Tom
**Radical Chic
und Mau Mau bei der
Wohlfahrtsbehörde**
(5)